Çocuk Zihni Nasıl Gelişir?

David Cohen

D1657989

DORUK / Bilim
Çocuk Zihni Nasıl Gelişir?

Özgün Adı:
How the Child's Mind Develops

Yazarı:
David Cohen

Çeviren:
Murat Şaşzade

Sayfa ve Kapak Tasarımı:
Cafer Çakmak

© Doruk 2015
Tüm hakları saklıdır. Kaynak gösterilmeden alıntı yapılamaz.

ISBN: 978-975-553-625-5

Baskı: Mart 2015

Baskı Cilt:
Sonsuz Matbaa

e-posta: bilgi@dorukyayinlari.com
www.dorukyayinlari.com

Çocuk Zihni Nasıl Gelişir?

David Cohen

Çeviren:
Murat Şaşzade

İÇİNDEKİLER

GÖRSELLER LİSTESİ

Giriş

- Çaresiz bir bebekten farkındalık sahibi bir ergene nasıl dönüşürüz?
- Televizyon, bilgisayarlar, internet, video oyunları ve gelişen teknolojilerin çocukların zihinsel gelişimine ne gibi etkileri vardır?
- Biliş bir öğrenme ve çevre konusu mudur, yoksa genetik konusu mudur?

Düşünme, algılama, hatırlama, konuşma, akıl yürütme ve öğrenmeyi nasıl öğrendiğimiz, psikolojide temel bir konudur ve sürekli araştırmaya maruz kalır. Bu okunmaya değer kitapta, David Cohen en son araştırmaları ele alır ve yaklaşık 150 yıldır bu konuda karşımıza çıkan tüm anlaşmazlıklara yer verir. Piaget, Freud ve Vygotsky gibi çığır açanların çalışmalarını inceler ve psikologların merakını uyandıran konuların, günümüzde yetişen bir çocukla nasıl ilgili olduğunu gösterir.

Bu, kitap çocuklarla yaşayan, çalışan ve çocukları araştıran herkes için yazılmıştır. David Kohen, çocukların, öğrenme, okuma ve yazmayla ilgili temel sorunlarını, entelektüel becerilerinin ölçülme biçimlerini ve ahlaki gelişimlerini inceler. Çocuk suçlarını ele alır ve modern medyanın çocuğun zihinsel gelişim biçimini nasıl etkilediğini değerlendirir.

Çocuk Zihni Nasıl Gelişir kitabının bu tamamen güncellenmiş baskısı, çocuk gelişiminde temel konuların bütünleşmiş ve düşünmeye zorlayan bir açıklamasıdır. Ebeveynler, uzmanlar ve öğrenciler, bunu paha biçilmez bir başlangıç kabul edecektir.

David Cohen, psikolog, film yapımcısı ve Kraliyet Tıp Cemiyeti'nin bir üyesidir. Soham cinayetleriyle ilgili *When Holly Went Missing* adlı filmi BAFTA ödülüne aday gösterildi.

Zihinlerinin gelişeceği umuduyla,
Aaron, Casey, Daniel
ve Lani için

Önsöz

Psikologların çoğu düşünme hakkında düşünürken, "bilişten" söz ederken, on yedinci yüzyıl Fransız filozofu René Descartes'a (1596-1650) teşekkür eder. Descartes odun sobası karşısında düşünürken, tüm zamanların en etkileyici sloganı bulmuştur. (1634-1999)

Cogito, ergo sum.
Düşünüyorum, öyleyse varım.

Cogito –ve 'biliş', 'bilişsel', 'düşünmek'– tüm bu sözcükler düşünme ya da düşünceye atıfta bulunur.

Tersten alırsanız, Descartes'in zekice formülü yine zarif anlamlı olur.

Varım, öyleyse düşünüyorum.

İnsanlar düşünmeden duramaz. Saçma şeyler düşünebilirsiniz; Lady Gaga'nın etten bir elbise giymesinin gerçekten gerekli olup olmadığından başka bir şey düşünmüyor olabilirsiniz ama beyniniz tamamen boş değildir.

Beyin ölümü gerçekleşmediği sürece, hiç kimse tam aptal değildir.

Tam olarak düşünen tipte bir insan olduğumu sanmıyorum. Ama insan yine bir şey düşünür. Düşünmeseydi, klinik açıdan beyin ölümü gerçekleşirdi, ya ölü olarak mezarda ya da komada olurdu.

Varım, öyleyse düşünüyorum.

Aşağıdaki alıştırma kuşkucuları ikna etmeye yardım edebilir

Üç dakika boyunca aklınıza gelen tüm düşünceleri hızla yazın. Bu, iç gözlem yapmaktır. Çeşitli düşünceleriniz arasında bazı bağlantılar ve çağrışımlar olduğu için buna serbest çağrışım diyebilirsiniz.

Aklınıza hiçbir düşünce gelmediyse, endişelenin.

Uyanık haldeyken, zihinlerimiz neredeyse her zaman yoğundur. Düşünceler akıp gider. On dokuzuncu yüzyılın en ünlü psikologlarından biri olan ve ABD'deki ilk psikoloji laboratuvarını kuran William James, bilinci bir nehire benzetti ve ünlü deyimi "nehrin akıntısını" türetti. Kendisi tanınmış romancı Henry James'in kardeşiydi.

Zihninizi boşaltmak için meditasyon yapmanız gerekir. Bu, normal düşünce şeklimiz için o kadar yabancı bir durumdur ki, meditasyon yapmak isteyen bireyler özel alıştırmalar öğrenmek zorunda kalır. Budizm gibi birçok din, çok sıkı meditasyon eğitimi verir.

Şimdi çok daha zor olan ikinci alıştırmayı deneyin.

Bir bebek olduğunuzu hayal edin

Kendinizi oyun parkında emekleyen sekiz aylık bir bebeğin yerine koyun. Nesneleri farklı bir yükseklikten gözlemlerseniz, neye benzerler? Henüz konuşmayı öğrenmediğiniz için nesneler için sözcük bulamadığınız halde onlar hakkında nasıl düşünebilirsiniz?

Şimdi çok hızlı büyüdünüz ve üç yaşındasınız. Anaokuluna gidiyorsunuz ve astronot ya da doktormuş gibi davranıyorsunuz. Dili kullanabileceğiniz için bunu hayal etmeye çalışmak daha kolaydır, ama ya dünya, anne babanız ve diğer çocuklar nasıl görünür?

Karşılaştırmayla, dokuz yaşında bir çocuk ya da bir ergen gibi düşünmeye çalışmak çok daha kolaydır. Çoğumuzun sekiz dokuz yaşına bastıktan sonra gerçekleşen önemli olaylarla ilgili akla yatkın anıları vardır, ama daha küçük yaşlara ait anılar kopuk kopuk ve rastlantısal olma eğilimindedir. İlk anım, İsrail'den Amsterdam'a uçak yolculuğu yapmam (uçak yolculuğu önemli bir olaydı) ve uçakta yemek olarak tavuk servis edilmesiydi. Üç yaşındaydım, ki bu çok tipik bir durumdur. 1896'da yapılan bir çalışma insanların çoğunun ilk anılarının üç yaşındayken yaşadıkları tekil bir olayla ilgili olduğunu göstermiştir (Bianet ve Henri 1896). Bebeklik dönemlerinden bir şey hatırladıklarını neredeyse hiç kimse iddia edemez.

Filmlerde ya da reklamlarda bebekler gelişmiş biçimde davrandığı ve konuştuğu zaman, bu, imkânsız ve tuhaf olduğu için komiktir. Bebekler konuşamaz ve bazı televizyon reklamlarında ya da *The Simpsons* dizisinde ifade ettikleri tipte düşünceleri herhalde olamaz. Bir yetişkin zihnini bir bebeğin ya da yeni yürümeye başlamış bir çocuğun zihnine yansıtıyoruz.

Çaresiz bir bebekten, farkındalığa sahip, ironik bir ergene nasıl dönüşürüz? Bu kitapta bilişsel gelişimin farklı teori ve yönlerini inceledim. Psikologlar çocukların düşünce gelişim evrelerini anlamaya, bazılarıysa gelişimin temel nedenlerini anlamaya çalışmış ve zekâmızın **kalıtım** ya da **çevre** konusu olup olmadığı üzerinde tartışmıştır.

Biliş bir öğrenme ve çevre konusu mudur yoksa kalıtım konusu mudur? Kaderiniz DNA'nız ve genleriniz tarafından siz doğmadan önce mühürlenmiş midir; yoksa nasıl yetiştirildiğinize ve içinde geliştiğiniz çevreye mi bağlıdır? **Kalıtım teorileri** –aynı zamanda doğuştan gelen, biyolojik ya da genetik konum olarak da bilinir– kalıtımın çevreden çok daha önemli olduğunu belirtir. **Çevre teorileri**, aksini savunur. Aile çevresi, sosyal sınıf, bireysel yaşantılar, çocuğun ödül ya da cezalarla karşılaşması, gelişimini belirler. Yüzyıllık bir anlaşmazlıktan sonra, her zamankinden daha yararlı cevaplara yaklaşmak mümkündür.

Bu, kısmen, zaman içinde aynı konuları izleyen büyük çaplı araştırmaların bir sonucudur. 2011, 1946'da doğan ve o tarihten beri takip edilen İngiliz çocukları içeren Douglas kohort* çalışmasının altmış beşinci yıl dönümüne tanık oldu. 2011 Mart'ında yıldönümünü kutlayan *Nature* dergisi bir başmakalede, böylesine yaşamsal çalışmaların, yaşam süresi boyunca gelişme biçimimizi izlemelerini sağlaması için hâlâ finanse edildiğini vurguladı.

2011 Mart aynı zamanda şimdiye kadarki en büyük örneklerden birisi olan –12, 5 milyon denek– bir çalışmanın yayımlanmasına tanık oldu. Konu daha kendine özgü olsa da önemliydi. Frisell ile İsveçli meslektaşları (2011) başı yasalarla derde giren ve girmeyen bireyler arasındaki farklılıkları anlamak için bu büyük çalışmayı inceledi.

Yirmi birinci yüzyıl çocukluğu

Benim hedefim, bilişsel gelişimle ilgili temel araştırmayı çocukları seven, onlarla yaşayıp çalışan insanların, yani, ebeveynlerin, öğretmenlerin, doktorların, hemşirelerin, sosyal hizmet uzmanlarının, çocuk bakıcılarının ve gelişim psikolojisi öğrencilerinin erişebileceği bir biçimde incelemektir. Birçok ebeveyn çocukların gelişim biçimi hakkında güncel tartışmaları bilmek ister ve etkili olmak için uzmanların çoğu da buna gereksinim duyar.

Psikoloji, sosyal ve teknolojik değişiklikleri, çocukların bilişsel gelişimi üzerinde etkisi olan değişiklikleri dikkate almalıdır. Çocuk psikolojisiyle ilgili klasik metinler– özellikle İsviçreli büyük psikolog Jean Piaget (1896-1980)'un eserleri– eğitimin daha biçimsel yapıldığı, televizyonun, internetin olmadığı, hiçbir reklam dâhisinin çocukları pazarlamada öne sürmeyi ve 6 yaşında tüketicilerden oluşan odak gruplar kul-

---

(*) Kohort: Epidemiyolojik bir incelemede istatistiki olarak ortak özellikler gösteren kişi topluluğu (ç.n.)

lanmayı düşlemediği bir döneme aittir. Fil Babar ve Ayı Winnie gibi sakinleştirici kahramanlar bile (en azından belli başlı televizyon ve radyo karakterleri olarak) Piaget'in en önemli kitaplarından daha sonra ortaya çıktı. George Orwell, haftalık çocuk dergilerinde Birinci Dünya ile İkinci Dünya Savaşları arasında yazılmış çizgi romanları incelediği bir makale yazdı. Bu dergiler, Billy Bunter'ın her zaman kurabiye çaldığı çağlar üstü bir dünyayı yansıtıyordu. Dünyamız bu kargaşa ve değişimden geçerken ve biz bunun farkındayken, hiçbir aklı başında yayıncı şu anda zamana bu kadar bağlı kalmış çizgi romanlar üretmezdi.

Bunu Kanal 4'te Jamie Oliver'ın *Dream School*'unu izledikten sonra yazıyorum. 2002'de bu kitabın ilk baskısı piyasaya çıktığında, bu kadar ünlü delisi değildik, Facebook yoktu ve sadece muhabbet kuşları tweet atıyordu. *Jamie's Dream School* dizisinin kâbus çocukları odaklanmakta güçlük çekiyordu. Kâbus çocuklar için en iyi 'düş öğretmenleri', bir zamanlar kolay konular olarak alay edilen şeyleri öğreten fotoğrafçı Rankin ile müzik öğretmeni Jazzy B idi.

Bilgisayarlar, video oyunları ve internet, çocukluğun doğal yapısını değiştiren faktörlerden bazılarıdır. 11 yaşından itibaren çocuklar fanzin –ilişkiler ve seksle ilgili makaleler içeren ergenlik öncesi dergiler– okuyor; televizyon programları çocukları sadece daha fazla şiddete değil, aynı zamanda hiç olmadığı kadar fazla soruna da maruz bırakıyor. *Jamie's Dream School* dizisinde bir eşcinsel ergen kızın lezbiyen olduğu, acımasızca eleştirildiği için hissettikleriyle ilgili bir kriz –Billy Bunter'ın ya da 1950'lerin çocuk uzmanlarının bile karşılaşmadığı bir sorun– yaşandı. Ancak olumlu bir tarafı da var, çocukların becerileri gelişebiliyor. 11 yaşındaki yeğenim Aaron'un kamerasını ustalıkla kullanan bir kameraman olduğunu fark ettiğimde şaşırmıştım.

Aile de değişime uğramıştır. Yeğenimin anne babası hiç evlenmedi ve şimdi ayrılar. Binlerce çift gibi velayetle ilgili sorunlar yaşadılar. Aaron milyonlarca çocuk gibi geleneksel şekilde, bir anne ve bir babadan oluşan çekirdek ailede yetişmemekle başa çıkmak zorundaydı. Şu anda Mısırlı bir üvey annesi var, bu, çok kültürlü, güzel bir tarz. Üvey aileler çocukları duygusal açıdan daha becerikli hale getirebilse de daha kırılgan da yapabilir. Beş yaşındaki bir çocuk için öz annesi ve yeni eşinden olan yeni bir bebek, hem öz annesi hem de öz babasından doğan bir abla, öz anne ve babası annesinin yeni eşi ve eski karısı olan üvey kardeşlerden oluşan bir ailede olmak alışılmadık bir durum değildir. Üvey ailelerde ödipal karmaşa, ilginç bir konudur. Buna benzer sosyal değişiklikler, çocukların hem duygusal hem de entelektüel gelişimini kaçınılmaz biçimde etkiler.

İkinci bir değişiklik, babaların çocuklarla her zamankinden daha çok ilgilenmesidir. 1950'ler ile 1960'larda bebek bezi değiştiren bir başbakan tuhaf karşılanırdı. Oğlu Leo'nun doğmasından sonra, Tony Blair bebeğe ilgi gösterilip bezini değiştirilmesi gerektiği için uykusuz geceler geçirdiğini söyledi. Birçok haberci Gordon Brown'u, Downing Caddesi 10 numaradan çocuklarıyla el ele çıkarken görünce, etkilendi. Başkan Obama, apaçık görülüyor ki kızlarına düşkün bir baba. Babalık havalı bir şey haline geldi.

Çocukların Seksüalizasyonu

Bir paradoks: Babalar çocuklarıyla daha çok ilgileniyor ama genç kızlar yeni kültürel baskıların altında zarar görüyor. Bir arkadaşım, tüm arkadaşları makyaj yaptığı halde onun makyaj yapmasına izin vermediği için altı yaşındaki kızıyla ağız dalaşı yapmıştı. Manhattan'da bir güzellik salonu kasık bölgesinde istenmeyen tüyleri çıkmayacak kadar küçük oldukları halde sekiz yaşındaki kızlara bikini bölgesine ağda hizmeti sunmaktadır. West 57. Cadde'de Wanda's Avrupa Cilt Bakım Merkezi, 9-12 yaş grubu müşterilerde ani artış olduğunu ve bunu amaç edindiklerini söylemektedir ki bu bana göre tuhaf ve endişe verici bir durumdur. '8-12 yaş gurubuna" pazarlama yapmadıkça, aslında Wanda's firmasının web sayfasını hazırlayamazdınız:

> Daha önce hiç tıraş olmamış sekiz yaş ve üzeri kızlar için ağda. İstenmeyen tüylere o kadar başarılı ağda yapılabilir ki, tüylerin uzaması sadece 2 ile 6 seans arasında kalıcı olarak durabilir. Çocuğunuzu ömür boyu ağda yaptırmaktan kurtarın... ve bunun yerine parayı onun üniversite eğitimi için bankaya yatırın.

Wanda'nın müşterileri muhtemelen Üçüncü Dünya ülkelerindeki birçok ailenin bir yılda kazandığından çok daha fazlasını kazanıyordur. Her yıl beslenme yetersizliğinden dolayı 5 milyon çocuğun öldüğü tahmin edilmektedir; milyonlarcası hayatta kalır ama şiddetli zihinsel ve duygusal sorunlara katlanırlar. Bizim teorilerimiz iyi beslenen çocukların nasıl geliştiğini konu edinir. Bir çocuğun zihnini oluşturan ya da zarar veren yoksulluk ve beslenme yetersizliği pek dikkatimizi çekmez.

Bu kitabın ilk baskısından itibaren, bir çocuk psikoloğu ender görülen bir başarıya ulaştı. Andreas Demetrious başarılı bir politikacı oldu ve fikirlerini gerçekleştirme fırsatı buldu. Şu anda Kıbrıs'ın Eğitim ve Kültür Bakanı. Onun fikirlerini daha sonra inceleyeceğiz.

Bu kitaptaki birçok tez belirleyici olmayabilir, çünkü bilişsel gelişimle ilgili süren birçok gizem var. 1. Bölüm korteksin temel bir tanıtımını yapar ve doğumdan ergenlik dönemine kadar nasıl gelişimini anlatır. Beyin araştırmasında kullanılan teknikleri ve konuşamayan çocukları incelerken psikologların başvurduğu yöntemleri içerir. Bu bölüm, ayrıca beynin bir bilgisayar olduğu fikrini de inceler.

2. Bölüm yirminci yüzyılın en etkileyici çocuk psikoloğu olan Jean Piaget'in eserini ele alır ve son derece zeki olduğunu ama bazı tuhaf noktalar üzerinde durduğunu ileri sürer.

3. Bölüm Stalin'i sinirlendirme talihsizliği yaşayan Rus çocuk psikoloğu Lev Vygostsky'nin eserini inceler.

4. Bölüm çocukların neyin doğru neyin yanlış olduğuyla ilgili düşünceleri nasıl geliştirdiğini ve bunun bilişsel gelişimle ilgili olup olmadığını ele alır. İngiltere, ABD ve birçok Avrupa ülkelerinde yasalar, on yaşının altındaki çocukların doğruyu yanlıştan ayırt edemediğini varsayar. Bu, artık gerçekçi mi?

5. Bölüm, çocukların duygular, inançlar ve diğer insanlar hakkında nasıl düşündüğünü inceler. Şu anda filozofların "öteki zihinler teorisi" olarak adlandırdığı, çocukların nasıl gelişti sorusunun, bilişsel gelişimin çok önemli bir yönü olduğu açıktır ve çocukların daha hızlı büyüdüğünün en inandırıcı kanıtlarından bazıları bu araştırmalardan çıkar. Çocuklar daha çok farkında olup psikolojik açıdan daha çok olgunlaşırsa, en azından Batı'da bunun nedenini anlamaya çalışmamız gerekmez mi?

6. Bölüm, psikologların en yaratıcı kabul ettiği bir alan olan belleği inceler. Üç aylık bir bebeğin hâlâ konuşamadığı halde, herhangi bir şey hatırladığını nasıl söyleyebilirsiniz?

7. Bölüm zekâ testini ve diğer bilişsel gelişim ölçüm yöntemlerini inceler. IQ testleri olsa olsa zekânın sadece küçük bir bölümünü ölçer.

8. Bölüm kalıtım ve çevre tartışmasını daha ayrıntılı ele alır. Zekânın sadece geleneksel alanının dışında aynı zamanda kişiliği de inceler. Bu tartışmaya bir çözüm bulma yolunda olduğumuzu belirtir.

9. Bölüm sınıfta bilişsel gelişimi inceler. Çocukların okuma ve yazma gibi temel becerileri nasıl öğrendiklerine ilişkin son yeni bir eseri ve Kıbrıs'ta yapılan çalışmayı kapsar. Bu bölüm, aynı zamanda aritmetik becerileri ve öğrenme becerilerini nasıl öğrendiğimizi ele alır.

10. Bölüm, medya ve internetin çocukların düşünce geliştirme biçimi üzerindeki etkilerini inceler. Çocukların daha akıllı izlenimi verip vermediklerini ve hatta medyayı çok ya-

kından takip ettikleri için daha akıllı olup olmadıkları konusunu gündeme getirir. Onlar için anne sütü, Facebook'tur.

Birçok bölüm, içgörü ve kendini gözlemlemenin yanı sıra benim deyimimle Ebeveynlik Alıştırmalarıyla ilgili alıştırmaları kapsar. Zamanın en ünlü psikoloğu John B. Watson, psikologların kendi güçlü ve zayıf yönlerini anlayıncaya kadar diğer insanlarda pratik yapamadığını iddia ettiği için 1920'lerde tüm öğrencilerine bir Kendilik Bilanço Tablosunu doldurttu. Bu, psikologlar ve çocuklarla profesyonel olarak ilgilenen herkes için doğrudur. Anne babalar kendi zayıf ve güçlü yönlerinin farkında olsalar, kaybetmezler.

1

Beyin Gelişimi

Agatha Christie'nin roman kahramanlarından detektif Hercule Poirot, Scotland Yard'ı şaşkına çeviren cinayetleri çözmesini sağlayan üstün beyin yapısıyla gurur duyuyordu, bu yüzden küçük gri hücrelerini formda tutmaya her zaman dikkat ediyordu. Soğuk beyin gücüne zarar verebilirdi. Daha az tuhaf olarak, P.G. Wodehouse'un akıllı uşağı Jeeves, balık yemenin beyin gücünü zirvede tuttuğuna inanıyordu.

Kurgunun ötesinde, bir insanın beynini özel kılanın ne olduğunu belirlemenin çok zor olduğu kanıtlanmıştır. Zeki insanların beyinleri daha mı büyüktür? Yoksa beynin farklı bir kimyasallar dengesi mi vardır? Patologlar Einstein ile Mozart'ın beyinlerini incelemiştir. Yarattıkları şaşkınlık veren eserler –Einstein'in görecelik teorisi ve Mozart'ın olağanüstü müziği– dikkate alındığında, beyinlerinin şaşırtıcı biçimde sıradan ölümlüler gibi olduğu görünüyordu.

İronik olarak, beyin hakkında bilgi edindikçe, beyin ve düşünme becerimizin nasıl geliştiği hakkında ne kadar az şey bildiğimizin farkına varırız. Cosmides ve Tooby (1988) ve Pinker (2005) gibi bazı bilim adamları, beyin yapılarımızın geçen milyonlarca yılda geleneksel açıklamaların kabul ettiğinden muhtemelen daha fazla değiştiğini savunur. Evrimin beyni etkilediğini; insanların sadece "kültür" sayesinde gelişmediğini belirtirler. Beyin büyüleyici gizemlere bürünmüş bir organ olmaya devam eder. Çocuğun zihninin gelişme biçimi, apaçık beynin nasıl geliştiğine bağlıdır, bu yüzden beynin işleyiş biçimini anlamak yararlıdır.

Bu bölüm şunları sunar:

- **Beynin doğumdan yetişkinliğe kadar gelişme biçiminin basit bir kılavuzunu;**
- **Beyin araştırmasında kullanılan yöntemlerin açıklamalarını;**
- **Çocukların beyinlerinin gelişimi hakkında birçok çözümlenmemiş bulmacanın bir kılavuzunu.**
- **Doğaya karşı çevre tartışmalarına giriş: Bilişsel gelişim, kalıtım ve genetiğin mi yoksa çevrenin mi eseridir? Ya da her ikisinin de mi?**

Sözel-Olmayan Konular

Beyin en çarpıcı biçimde –rahimde ve sonra hayatın ilk yılında– gelişirken, bebekler konuşamaz.

Diyelim ki, yetişkinlerin üçgenler ve daireler arasındaki birkaç nanosaniye de yansıtılan farkı ayırt edip edemeyeceğini bulmak istiyorsunuz. Deneklerinize bir üçgen gördüklerinde kırmızı düğmeye ve bir daire gördüklerinde yeşil düğmeye basmalarını söyleyebilirsiniz. Katılımcılarınız "kırmızı", "yeşil", "daire" ve "üçgen" sözcüklerini anlayamazlarsa, bu deneyi yapmaya başlayamazsınız. Bebekler hakkında araştırma yaparken psikologların karşılaştığı durum tam da budur. Psikologlar sorunun üstesinden gelmek için bir dizi sözel olmayan yöntem bulmuştur. Bunlar, aşağıda belirtilenleri içerir:

- Bebeklerin göz hareketlerini izlemek – bebeğin baktığı insanlara ya da nesnelere dikkat ettiğini ya da odaklandığını varsayarız.
- Bebeklere "beklenmedik" olaylar yaratmak ve nasıl tepki verdiklerini gözlemlemek.

- Amerikalı psikologlar Gibson ve Walk (1960) tarafından tasarlanan görsel uçurum gibi aldatıcı ortamlar kullanmak. Bu psikologlar bebeklerde derinlik görüşü olup olmadığını öğrenmek istemişlerdi. Bir cam zemin yaptılar ve bebekleri emeklemeleri için üzerine koydular. İlk birkaç adımda, cam gerçek zeminin tam üzerindeydi; böylece, bebekler ne gördüklerini anlayabilselerdi, sert bir şey üzerinde emeklediklerini fark etmeleri gerekirdi. Birkaç adımdan sonra, camın altındaki zemin geri çekildi. Bebekler bir uçurumun kenarına benzeyen şeyin yanına geldi. Acaba durdular mı yoksa emeklemeye devam mı ettiler? Gibson ile Walk şöyle akıl yürüttü: Bebekler durursa, derinlik algıları ve tehlike farkındalıkları vardır.

Psikologlar bebeklerle ilgili araştırma yapma biçimlerini düşünürken yaratıcı olmalıdır: Bu akıllıca tasarlanmış görsel uçurum deneyinde düşmeyi algıladıklarını gösteren 6,5-12 ay arası bebekler, "uçurum kenarı" üstünden emeklemekte isteksizlerdi.

Diğer yöntemler, bebeklerin farklı uyaranlara karşılık olarak ne kadar tekme attığını karşılaştırır. Tüm bu yöntemler dolaylıdır ve bebeğin davranışını yorumlamaya dayanır.

Beyin gizemlidir, bu yüzden kendimizi gözlemleyerek başlayalım

Aynada kendinize bakın. Kafanızın içinde neler olduğunu hayal etmeye çalışın. Hayal ettiklerinizi yazın ya da çizin. Bu alıştırmanın doğru ya da yanlış cevabı yoktur. Önemli olan, beynin karmaşıklığının farkına varmanızdır. Bazen bunu şöyle hayal ederim. Lazer ışıklarından oluşan bir ağ, yani birçok renk, sürekli enerji titreşimleri, var olan, yok olan ve değişen yeni örüntüler aklıma gelir. Bu, doğru bir tanımlama değildir, çünkü henüz bunu hiç kimse açıklayamamıştır, ama sorunun temel yönlerini, yani beynin sırf hesaplama gücünü ve hücreler arasındaki bağlantıları ele alan imgeleri hayalinde canlandırmanın bir yoludur.

Ve şimdi şiirselden dosdoğru bilimsele ilerleyelim.

Beynin anatomisi

Beyin son derece karmaşık bir organdır. Gliyal ve gangliyal hücreleri de dahil, beyin hücrelerinin ya da nöronların sayısı yüz milyardan fazladır. Beynin üst bölümü korteks, demliğin üstünü örten bir çaydanlık örtüsü gibi, geri kalan kısmın üzerinde oturur. Korteks biraz karnabaharı andırır. Beyin çaydanlık kılıfı görüntüsünü sürdüren dört lobdan oluşur. Bu loblar, temporal, frontal, oksitipal ve parietal lob olarak adlandırılırlar. Her birine, kendisine en yakın kafatası kemiği nedeniyle bu isimler konulmuştur. Hücreler birbirlerinin üzerinde ve altında sıkı sıkı toplandıkları için bu loblar kıvrımlar ya da büklümlerle doludur.

Beynin "eski bölümleri" nefes alma ve denge gibi temel işlevleri kontrol eder. Tüm kuşların, memelilerin, sürüngenlerin

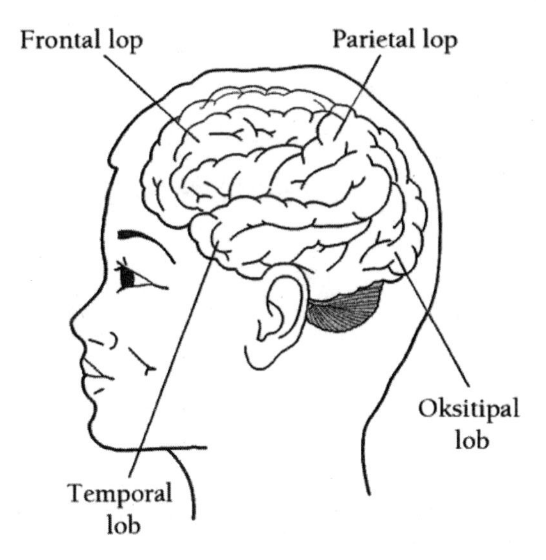

Beyin lobları

de korteksi vardır, ama evrim merdiveninde sürüngenlerden, köpeklere, maymunlara ve insanlara doğru tırmandıkça korteksin büyüklüğü artar. Türlerin farklı vücut boyutlarını hesaba kattığımızda, insanların korkteksi en büyük maymunlarınkinden 3,2 kat büyüktür. En gelişmiş şempanze –içlerinde psikologlar tarafından eğitilen birkaç şempanzenin de bulunduğu– bile yaklaşık 2 yaşındaki ortalama bir insanın doğal becerilerinin üstesinden gelemez.

Beynin gelişim evreleri

Bu konuyu kavramak biraz gayret gerektirir ve aşağıdaki temel terimler biyoloji eğitimi almamışsanız gözünüzü korkutabilir, ama beynin yapılarını anlamak için onları tam olarak öğrenmek önemlidir.

Beyin hücresi ya da nöron: Beyinde çok sayıda hücre türü vardır. Temel beyin hücrelerine nöron denilir. Ya aktiftirler ya da aktif değillerdir, ya açık ya da kapaldırlar. Bir hücreden di-

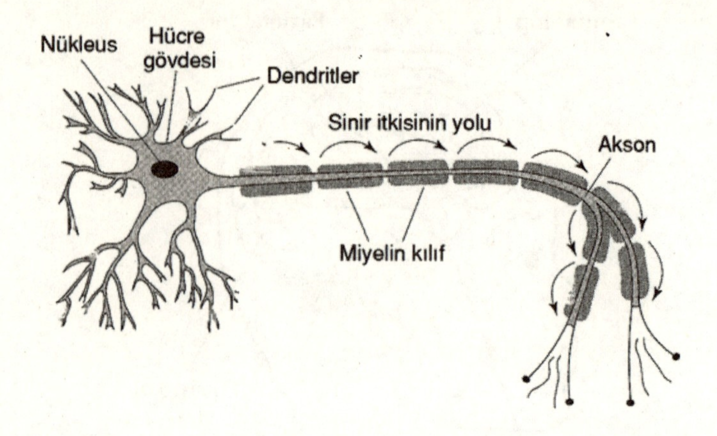

Beyin hücresi ya da nöron: Elektrokimsayal mesajlar "dendritler" aracılığıyla alınılır ve çevreleyen nöronlara aktarıldıkları yerden akson boyunca iletilir.

ğerine mesajlar elektrokimyasal olarak (örn. elektriksel uyarılar ya da kimyasal haberciler yoluyla) iletilir. Beyin hücreleri yol oluşturur. Görme, duyma ve konuşmanın tümünün yolu ayrıdır. Belli bir anı defalarca tekrarlandığında, hücrelerin oluşturduğu aynı yolun aktif hale geldiği savunulur.

Yeni düşünceler neredeyse kesinlikle yeni yollar ya da bağlantıları tetikler.

Akson: Bir nörondaki dendritler tarafından alınan bilgiyi diğer nöronlara ileten uzun tüptür.

Dendritler: Diğer hücrelerden mesajları alan aksonun sonundaki nöronların uzun dokunaçları ya da dallara ayrılan parçasıdır.

Sinapslar ya da sinaptik bağlantılar: Bir uyarı nöron hücresinin (A hücresi) sonuna ulaştığında, doğrudan dendritlere ya da başka bir hücrenin (B hücresi) hücre gövdesine sıçrayamaz. Bunun nedeni, iki hücrenin bir sinaps tarafından ayrılmasıdır. "Sinaps" kelimesi Yunanca "kucaklaşmadan" türetilmiştir. Bu sinapslar, hücreler arasında sadece 200 nanometre genişliğinde küçük boşluklardır. A hücresinden B hücresine kimyasal maddeler aracılığıyla tetiklenen uyarılar, nörotransmitterler olarak adlandırılır. Şizofreni ya da Parkinson gibi belli hastalıklarda, bu nörotransmitterler düzgün işlev göstermez, bu yüzden beyin hücreleri mesajları aşırı hızlı, aşırı yavaş ya da aşırı kaotik biçimde iletir. Bilinciniz açık olduğu zaman, beyninizde milyonlarca hücre sinaptik boşluklar üzerinden tetiklenir.

Miyelinleşme: Hücreler bir miyelin kılıfıyla kaplıdır. Bu kılıf, bilginin hücre gövdesinde daha hızlı iletilmesini sağlar. Doğumla iki yaş arasında, miyelinasyon etkileyici bir hızda ilerler.

Beynin Gelişimi

Beyin, fetus üç aylık olduğunda embriyonun üst kısmındaki bir hücreler plakası olarak ayırt edilebilir duruma gelmeye başlar. Beyin ve omurilik içi boş bir silindire girer. Birkaç günde beyin hücreleri merkez boşluk çevresinde oluşmaya ve çoğalmaya başlar. Bu silindir rahimde 40 hafta boyunca beyine dönüşür.

Beyin rahimde vücudun diğer bölümlerine göre çok daha hızlı gelişir. Sonuçta, bebekler doğduğu zaman kafaları vücutlarının geri kalan kısımlarına oranla çok daha büyüktür. Beynin üçte ikisi doğum anında oluşmuştur. Yeni doğan bebeğin beyninin yapısı ve anatomisi dikkat çekici biçimde yetişkininkine benzer.

Bazı psikologlar, bebeğin henüz rahimdeyken bile beynin oldukça karmaşık bir biçimde çalıştığını belirtir. Peter Hepper (1991) tarafından Ulster'de yapılan araştırma, onları karınlarında taşırken *Neighbours* dizisinin tanıtım müziğini dinleyen annelerin bebeklerinin, bu melodiyi doğduktan çok kısa süre tanıyabildiklerini gösterir. Yeni doğan bebekler anne karnındayken duydukları melodilere tekme atarak ya da hareket ederek karşılık vermişler ama daha önce hiç duymadıkları melodilere tepki vermemişlerdir. O zaman, fetus bir şekilde melodiyi hatırlıyor olmalıydı.

Doğduğunda, bebeğin beyninde tam tamına 100 milyar nöral hücre olur. Bebek doğduktan sonra daha fazla beyin hücresi oluşmaz. Görebilir, hareket edebilir ve konuşabilir duruma gelir. Bununla birlikte, doğduğunda hücreler arasındaki bağlantıların çoğu eksiktir.

Bebek, hissettikçe, hareket ettikçe ve algıladıkça, bu bağlantılar oluşturulur. Başlangıçtan beri, kalıtım ve çevre etkileşim içindedir. Bebeğin kişisel deneyimi, belirli hücreler arasında belirli yollar ve bağlantılar yaratır. Örneğin, karanlık bir odada yetiştirilen bir bebek normal görüş için gereken yolları oluşturamaz.

Bağlantılar kurmak

Beyin hücrelerinin bağlantı kurmasıyla ilgili çekilen filmler süreci oldukça şiirsel olarak gösterir. Bir hücreden dışarı küçük dokunaçlar yayılır ve diğer hücrelerin dokunaçlarına bağlanarak sonsuz bir ağ oluşturur.

28. sayfadaki şekil bir beyin hücresinin bağlantılarını gösterir.

Doğumdan sonra, dendritler beyin hücreleri arasında bağlantı kurmak için büyüyerek olağanüstü biçimde gelişir. Yeni sinapslar meydana gelir. Araştırmacıların doğumdan sonra sinapsların inanılmaz çoğalmasından söz ederken kullandığı "sinaptik patlama" hatırlanması gereken güzel bir deyimdir.

Yine akıllara durgunluk veren rakamlara yer veriyoruz. Her bir nöronun yaklaşık 10.000 sinaps ya da bağlantıya sahip olduğu tahmin edilir. Böylece, iki beyin hücresinin diğer beyin hücreleriyle 100 milyon bağlantısı vardır.

Beyindeki önceden var olan 100 milyar hücre nedeniyle, bu, bir insanın beyninde yeryüzünde var olan insanlardan 200.000 kat daha fazla sinaps olduğu anlamına gelir. Özgün olmamız hiç de şaşırtıcı değildir.

Boyut önemlidir

İnsanların beyinlerinin diğer hayvanlardan daha büyük olduğunu gördük. Yakın zamana kadar psikologlar insan beyinlerinin farklı boyutlarının önemini hafife alıyordu. Bununla birlikte, en son bulgular, zekâ, beynin büyüklüğü ve ağırlığı arasında güçlü bir ilişki olduğunu ortaya koydu.

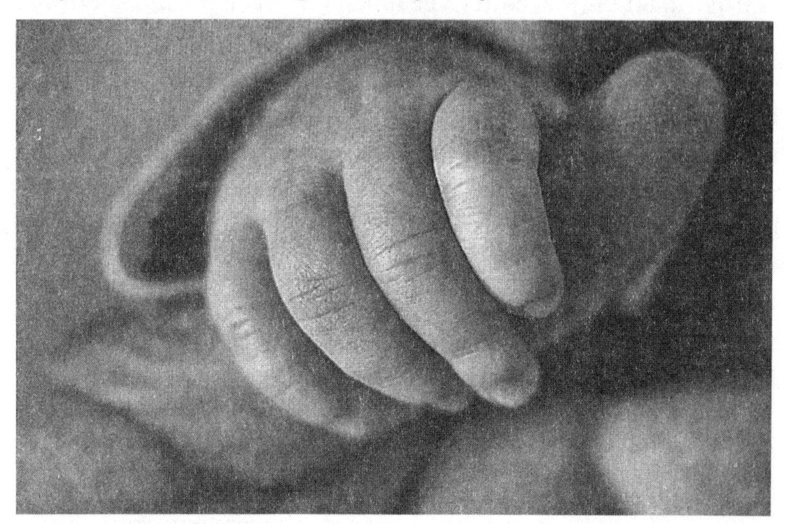

Kavrama refleksi – temel

IQ and Human Intellegince'da Makintosh (1998) 1990'dan beri baş çevresi ve zekâ araştırmalarının tümünün beyin büyüklüğü ve zekâ arasında pozitif bir korelasyon –yani beyin büyüdükçe, IQ testi skoru artar– saptadığına dikkat çekti. Ortalama korelasyon ihmal edilemeyecek biçimde +0,38 idi. Bu çalışmalardaki örnekler az da değildi; 2000'den fazla kişinin baş çevreleri ölçüldü.

Vaka geçmişi: Beynin ne kadarına ihtiyacımız var?

Başka bir çalışma (Lorber, 1981) beynin ne kadar tuhaf olabileceğini gösteriyordu. John Lorber, matematik diploması olan birkaç Sheffield mezunu üzerinde araştırma yaptı. Mezunlardan bazılarında şaşılacak derecede büyük boyutta korteks kaybı olduğunu belirledi. Kafataslarının içinde korteks kadar su vardı ama normal davranıyor ve matematikte oldukça başarı gösteriyorlardı.

Ayrıca on dokuzuncu yüzyılın ünlü Phineas Cage olgusu da var. Kaya patlatırken meydana gelen bir patlama, yaklaşık 6 kg ağırlığındaki bir levyenin Cage'in kafatasını ve beynin sol frontal lobunu parçalayarak geçmesine neden olmuştu. Cage sadece hayatta kalmakla kalmadı, daha önce üstesinden geldiği tüm görevleri yerine getirebilmeye devam etti. Ancak, kişiliği değişti. Daha duygusal, zor, inatçı ve sevimsiz birisi haline geldi. Görünüşe göre, dinle ilgisi kalmamıştı. Gage tek bir vaka değildi. 1999'da Amerikan basını, bir gösteri dünyası ünlüsünün kendini ağzından vurduğu haberini verdi. Mermi parçaları frontal loblarının her tarafına dağılmıştı ama aldığı yara düşünme yetisine zarar vermemişti. Görünüşe göre neden depresif olduğunu yine de biliyordu.

Gage'in duygu patlamaları, nörobilimin beyinde bilişsel olduğu kadar duygusal ağlara da odaklanması ve bunların birbirleriyle son derece bağlantılı olduklarını savunan Antony Damasio (2006) gibi bazı bilim adamlarını şaşırtmayacaktı.

Beyin gelişimini araştırma yöntemleri

İlk iki yöntem yüzyıldan fazla bir süredir kullanılmaktadır.

Beyin hasarı olan insanlarla ilgili çalışmalar: Bir kimse düzgün konuşamaz ve beyninin belirli bir alanında, örneğin temporal lobda hasar saptarsak, bu durumda temporal lobun konuşmayı kontrol ettiği sonucunu çıkarırız. Genellikle, bir kimsenin öldükten sonrasına kadar, beyin hasarının yerinin nerede olduğunu saptayamayız.

Post-Modern çalışmalar: Bilim adamları, erken ölen fetusların, bebeklerin ve küçük çocukların beyinleri üzerinde araştırma yaparak beynin gelişimiyle ilgili kapsamlı araştırma yürütebilmiştir.

Her iki yöntemin de sınırları vardır. Beyin hasarıyla ilgili araştırmalar, bir tür gelişimsel anormalliği ya da beyin hasarı olan bireyleri ele alır. Dil ve otizm gibi bazı alanlarda, bu tür anormal bireylerle ilgili çalışma ilginç içgörülerle sonuçlandı. On dokuzuncu yüzyıl nörologu Paul Broca, otopsi çalışmaları temeline göre temporal lobun üçüncü kıvrımını dil için önemli bir alan olarak tanımlamıştır; son on yılda otizmi olan çocuklarla ilgili araştırmalar normal gelişimde yap-inan oyunun önemini vurgulamıştır (Baron-Cohen 1995). (Bu rahatsızlığı olan çocuklar başkalarıyla ilişki kurmakta zorlanır ve engellendiklerinde bazen şiddet uygular). Ama birisinin anormalliklerle ilgili araştırmalardan beynin normal işleyişi hakkında ne kadar sonuç çıkarabileceği her zaman belirgin değildir. X alanı olmayan bir kimse konuşamıyorsa, bunun nedeni X alanının konuşmayı oluşturan fikirlerin oluşmasında ya da konuşma niyetinin ortaya çıkmasında çok önemli olması ya da X alanının sadece dil ya da ağız hareketlerini kontrol etmesidir.

Otopsi çalışmalarının farklı sorunları vardır. Normal bir bebek yaşamının ilk birkaç haftasında hızla gelişir. Normal geliştiği halde ölen bebekler sadece, trafikte ve diğer "normal" kazalarda can veren bebeklerdir. (Ebeveynlerinin fiziksel şiddeti ya da ihmali sonucu ölen bebekler, farklı olabilir.) Ve anne babaların çoğu kez bilim adamlarının ölmüş bebekleri üzerinde araştırma yapmasına izin vermeyi reddetmeleri hiç şaşırtıcı değildir. Böyle anne babalar bir travma yaşarlar.

Şimdi denekler hayattayken beynin içini görmemizi sağlayan üç farklı yöntem vardır:

CAT (bilgisayarlı eksenel tomografi) *taramaları* beynin her yerinde görüntü dilimleri yaratır ve doku düzenini gösterir. Hastanın başı içinden detektörlere bir radyasyon ışını aktarılır. Yoğun doku, yumuşak dokuya göre daha fazla radyasyon emer. Hasta hareket ettirilir, böylece tomografi taraması beynin bir resmini oluşturarak birçok farklı açıdan görüntü alabilir.

Manyetik rezonans görüntüleme (MRI) deneği büyük bir mıknatıs üzerine koymayı gerektirir. Aktif beyin alanlarında oksijen tüketimi artar. Oksijenden arındırılmış kan, yüksek düzey oksijen içeren kana göre manyetik alana daha fazla tepki verir, bu yüzden MRI beynin hangi bölgelerinin çok aktif çalıştığını haritalandırmayı mümkün kılar.

PET (Pozitron emisyon tomogrofisi) *taramaları*, deneğin bir gaz solumasını ya da radyofarmasötik olarak bilinen bir radyoaktif kimyasal maddenin enjekte edilmesini içerir. Bu madde, kan dolaşımı yoluyla beyinde dolaşır ve korteksin en aktif bölgelerinde yoğunlaşır. Artan zihinsel aktivite daha çok kan akışı gerektirdiği için beynin hangi bölgelerinin kullanıldığını haritalandırılmasını mümkün kılar.

Bu tür tüm çalışmaların sorunları vardır. Örneğin bir bebek cep telefonuyla oynarken daha fazla kan, X bölgesinin özellikle aktif olduğunu gösterirse, bu, bilişsel işlemeyle ilgili tam olarak neyi kanıtlar? X bölgesi bilişsel işlemeyle ilgilidir, ama nasıl? Bebeklerde bazı daha temel sorunlar da vardır. Onları yatırmak hâlâ gerçek bir sorun olabilir. Bunun dışında, bu teknikler denekleri stres ya da radyasyona maruz bırakacağı için zihinle ilgili heyecan verici birçok deneyin gerçekleştirilmesi etik nedenlerden dolayı imkânsızdır.

Çocuk ve beyin gelişiminde kritik anlar

Bilişsel gelişimle ilgili beyin bilimini anlamak için, kişi ideal olarak aşağıdaki bir tabloyu büyük bir olasılıkla ayrıntılarıyla açıklayacaktır.

Yaş	*Normal Davranış Nedir*	*Hangi beyin yapıları ve yolları oluşur*
8 hafta		
12 hafta		
26 hafta		

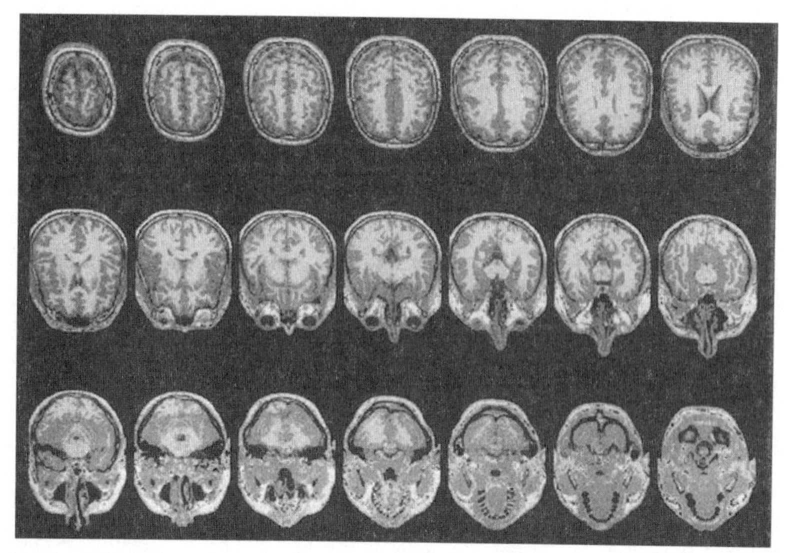

Beyin aktivitesini ölçmek. MRI tarama işleyen beynin "kesitlerini" yaratır. Bu taramalar başın üstünden (sol üst) çene çizgisine (sağ alt) kadar uzanır.

Sorun, boşlukları doldurmanın zor olmasıdır.

Birincisi, bebeklerin, emeklemeye, yürümeye, konuşmaya, vb. başladığı yaşlar, büyük ölçüde farklılık gösterebilir. Ancak belli bir yaştan itibaren bebek bazı şeyleri yapamıyorsa bir şeylerin ters gittiğini söyleyebiliriz.

Dil gelişimi de çok değişkendir. 1-2 yaşları arasında bebeklerin çoğu dil kazanımı öncesi davranış sergilemeye başlar. Nesneleri işaret ederler. Anlaşılmaz sözler söylerler. Nesneler ve insanlar için, "teşekkür ederim" için "te" gibi "ön-sözcükler" denilen belirli sesler çıkarmaya başlarlar. Ancak, bazı bebekler 30 aylık oluncaya kadar bunu yapmaya başlayamaz. Bazı çocuklar, neredeyse 4 yaşına gelinceye kadar sözcükler üretemez. Einstein o yaşa kadar henüz konuşmadığı için anne babasının endişeye kapıldığını iddia etmişti.

Bir çocuk 4 yaşına kadar hiç konuşmazsa endişelenmek yerinde olurdu, ama hem birinci doğum gününden hemen sonra konuşmaya başlayan ve hem de 3,5 yaşına kadar pek fazla şey söylemeyen çocuklar çok normal sayılabilir. Belirli bir davranışın belli bir yaşta görünmesini söylemektense, birçok çocuk psikoloğu her çocuğun geçmişindeki bazı dönüm noktalarına odaklanmayı tercih eder. Bu dönüm noktaları aşağıda belirtilenleri içerir:

- Bir çocuğun her nesne ya da insanın bir ismi olduğunu fark ettiği an. Yirminci yüzyılın başında yazan bir çocuk psikoloğu, William Stern (1912), bunun çocuğun yaptığı en önemli keşif olduğunu ileri sürdü. Tüm bilişsel gelişim buna bağlıdır. Şempanzeler nesneleri işaret etmeyi normalde öğrenemez; tüm bebekler öğrenir.
- Bir bebeğin, kendisinin ayrı bir varlık olduğunun farkına vardığı an.
- Bir bebeğin aynaya yansıyan görüntünün kendisi olduğunu fark ettiği an.
- Çocukların dilde ustalık kazanmaya başladığı an.
- Çocukların yap-inan oyununa başladıkları an. Pelüş ayısı konuşuyormuş gibi davranan bir çocuk onun canlı olmadığının farkındadır. Superman taklidi yapan bir çocuk Superman kimliğinin iki önemli parçasının örneğin, uçabilmek ve pelerin takmak olduğunu bir şekilde anlayabilmelidir. Diğer maymunlarla DNA'mızın yüzde 95'i ortak olduğu halde, en akıllı şempanze henüz kendisiyle dalga geçemez. Yunuslar farklı olabilir, ama bildiğim kadarıyla henüz hiç kimse espri anlayışlarını ölçmeyi başaramadı.
- Çocukların diğer insanların da kendileri gibi bir aklı ve duyguları olduğunu anladığı an.
- Çocuklar insanların ölümsüz olmadığını, ölmelerinin gerektiğini ve bir gün kendilerinin de öleceklerini anladıkları an. Dr. Benjamin Spock bebek ve çocuk bakımıyla ilgili kitabında, 4 yaşındaki çocukların çoğunlukla ölümle, yani öldüğümüzde nereye gideceğimizle ilgili sorular sormaya baş-

ladığını iddia etti. Speece ile Brent (1984) çocukların ölümün nasıl gerçekleşeceğini anlaması ve onların başına geleceklerle ilgili kaynakların oldukça kafa karıştırıcı olduğuna dikkat çekti.

Bunlar, çok kabaca 9 ay ile 5 yaş arası normal çocuklarda gelişen tüm çarpıcı yeni bilişsel becerilerdir. Beyinde ya bunlara neden olan ya da bunları yansıtan psikolojik değişiklikler ya

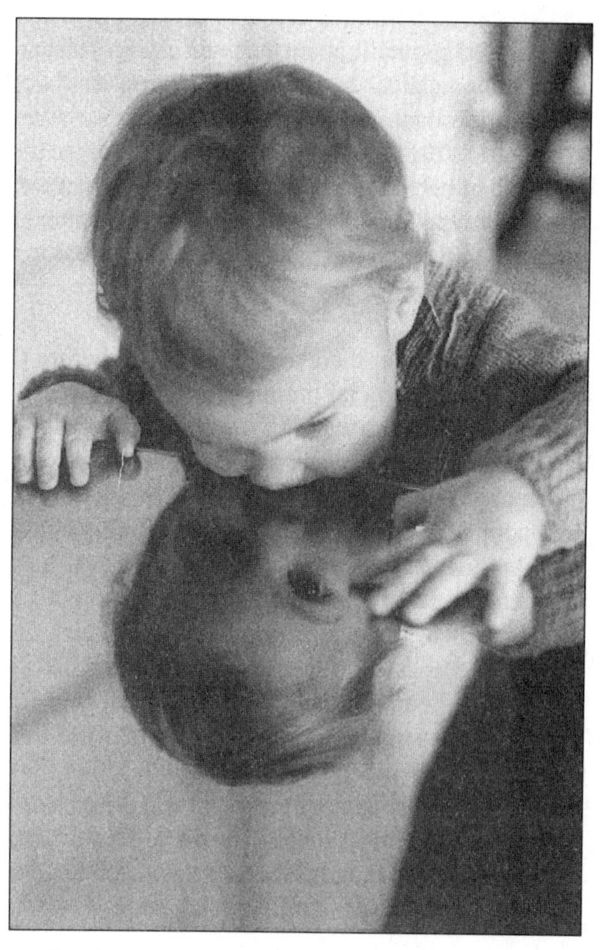

Bebeğin kendisini aynada tanıması: Gelişimsel bir dönüm noktası.

da yeni bağlantılar olmalıdır. Örneğin, tartışma kolaylığı olması için, 21. Alan ve 39. Alan adını vereceğim iki farklı alan arasında beyinde ancak ve ancak X milyon bağlantı olduğunda, bebek aynaya bakıp kendini "Bu ben miyim?" diye fark edebilir.

Konuşabilmek ve numara yapabilmek de çocuğun beyninde çarpıcı değişiklikler gerektirecektir. Ama beyinde bebeklerin çoğunun konuşamadığı ve numara yapamadığı 12 aylıkken işlemeyen bölgeler olduğunu söyleyemeyiz, bu bölgeler daha sonra Batman rolü yapabildikleri 24 aylıkken aktif hale gelir. Gelişimde ilerlemeye eşlik eden beyin değişiklikleri hakkında açık olmak çok zordur. Bebekleri maymunlarla karşılaştırma çalışmalarına bakarsanız, sorunlar belli olur. Yakın zamanlardaki bir çalışma (Vizueta ve Patrick 2011) beynin davranış denetimini etkileyen belirli bölgelerinin, 20 yaşında hâlâ olgunlaştığını ortaya koyar. Bu, bizim ve beyinlerimizin çocukluk döneminden sonra da gelişmeye devam ettiğini açıklığa kavuşturur.

Dramatik değişim

Fischer (1987), bilişsel beceride dramatik değişimlerle uyumlu olan beyinde çok önemli değişiklerin olduğu 2 yaşından önce dört dönem olduğunu ileri sürdü. 2-4 aylık arasında bebekler basit motor dizileri koordine etmeye başlar, böylece nesneleri tutup kaldırabilirler. 7-8 aylık arasında, bebekler devingen bir hareket yapmak için bir ipi çekmek gibi daha karmaşık hareket dizilerinin üstesinden gelmeye başlar. 12-13 aylık arasında, bebekler odanın bir ucuna emeklemek, yastığın altındaki bir oyuncağı çıkarıp köpeğe vermek gibi karmaşık hareket dizilerini becerir. Bu, bilinçli harekettir. Bilinçli hareket anahtardır, çünkü bir canlının olayların olmasını istediği zaman gerçek kimliğe sahip olduğunu düşünme eğilimindeyiz. Yeni yürümeye başlayan bir çocuk, bir tepkiler yığınına değil, eylemliliğe dönüşür. Sonra, 18-21 aylık arasında, bebekler konuşmaya başlar.

Fischer bu dönemlerin her birinde beyinde bağlantılar geliştiği için "sinaptik patlama" biçiminde sınırsız sinaps ortaya çıktığını ileri sürüyordu. 6 aylık dönemde, bu kadar yeni bağlantı artışı yoktur.

Bununla birlikte, Fischer'in sunduğu tek veri, belirli görevleri yerine getirmesi için eğitilen ve sonra "kurban edilip" otopsi için incelenen resus maymunlarından geldi. Basit hareketleri koordine edebilen (Fischer'in ilk dönemi) yavru maymunlar ve karmaşık dizileri koordine edebilen (Fischer'in üçüncü dönemi) daha büyük maymunlar, gerçekten "sinaptik patlama" sergiledi. Bu becerilerde hiç ustalık kazanmayan maymunlarda böyle "patlama" olmadı.

Aynı zamanda, Fischer baş büyüklüğünde artışın, beyin büyüklüğünde artışı akla getiren kanıt olduğunu da ileri sürüyordu. 7-8. aylar arasında baş çevresi, 9. aydaki yüzde 0.1'lik artışa karşılık yüzde 2,7 artıyordu. Herkes Fischer'in fikirlerini kabul etmese de, bebeklerin nasıl geliştiğini al yanaklı maymunlar üzerinde araştırma yaparak açıklamakta karşılaştığı sorunlar, insanın bilişsel gelişimiyle ilgili inandırıcı teoriler geliştirmenin güçlüğüne dikkati çeker. Özellikle temel bir gerçekle ilgili sahip olduğumuz bilgi –farklı yaşlardaki çocukların yetişkinlere oranla bilgiyi hızlı işlemesi– anlamlı olmaktan çok uzaktır.

Çocuklar büyüdükçe, aksonları koruyan miyelin kılıf güçlenir ve nörondan nörona mesajlar taşıyan elektrik ve kimyasal sinyallerin sızıntısı azalır. Bu, genel işleme verimliliğindeki değişikliklerle ilgilidir. Sistemde sızıntı azaldıkça, sistem daha iyi işler.

Nöral değişiklikler

Janowsky ile Carper (1996), "Bilişsel Dönüşümlerin Nöral Bir Dayanağı Var mıdır?" adlı çalışmada 5 ile 7 aylık bebeklerin bilişsel becerilerinde değişime odaklandı. Önemli nöral değişiklikler olduğu (bu, beynin yapısındaki ve bağlantılar ağındaki değişikler anlamına gelir) sonucuna vardılar. Ama bunları açıkça belirtmenin son derece zor olduğunu kabul ettiler. En iyi doğrudan kanıt, bir ev yapmak için çeşitli şekillerin nasıl uydurulacağını bulmak gibi algısal bir problemde başarılı ve başarısız olan çocukların, anlaşılan beynin o anda düşünen farklı bölümlerini kullandığını gösteren bir çalışmaydı. Janowsky ile Carper, bunun ne anlama geldiğini yorumlarken çok dikkatli davrandı. Şöyle yazdılar:

> Araştırmanın bir kanıt sorumluluğu kabusuna neden olduğu, sinir sisteminin sınırsız düzeyleri... bir davranış ile hipotez edilen nöral altkatman arasında hiçbir ilişkinin bulunmaması hiç olmadığı anlamına mı gelir? Bir davranış için hiçbir açık ilişki bulunmazsa, bu, farklı bir analiz düzeyinde daha fazla araştırmanın uygun olduğu anlamına gelebilir.
>
> (A.g.e.)

Bir başka deyişle, beyin etkinliği ile davranış arasında karşılıklı ilişkiler saptamak zordur ama mantık gereği var olmalıdırlar.

Kritik dönemler

Davranış değişiklikleri ve beyindeki değişiklikler arasındaki ilişkinin en iyi kanıtı, belki de beynin yeni beceriler geliştirmek için belirli deneyimlere maruz kalması gereken "kritik dönemlerden" sağlanır. Çocuğun genetik kodunda bulunan beynin uygun biyolojik gelişimi, çocuk sıradan deneyimlerden yoksun kalırsa, işlemeyecektir.

Muhtemelen en iyi örnek, dildir. Çocuklar 7-8 yaşına kadar dil duymazsa, dilin kritik dönemini kaçıracak ve normal konuşmayı hiçbir zaman öğrenmeyecektir. Bu, beynin sanki belli bir veriyi özümsemek zorunda olduğu bir düzeye kadar gelişir demektir. Belli verilerden yoksun bırakılan beyin ve beynin bazı bölgeleri –ya da bağlantıları– ya atrofiye uğrar ya da gelişmesi bozulur.

Vaka geçmişi: Kurt çocuklar

1798'de Fransa, Aveyron'da dört ayak üzerinde yürüyen bir çocuk bulundu. Yerel efsaneye göre çocuk kurtlar tarafından büyütülmüştü. Doktor Jean Marc Gaspard Itard (1774-1833), oğlana insan olma eğitimi vermeye çalıştı. Oğlanın 10 yaşında olduğunu tahmin etti. Çocuğa oturmasını, yürümesini ve çatal kullanmasını öğretmeyi başardı. Ona birkaç kelime bile öğretmeyi başardı ama çocuk düzgün bir şekilde konuşmasını hiçbir zaman öğrenmedi. Bu, Itard'ın kalbini kırdı. (Kurt çocuğun nasıl tedavi edildiğiyle ilgili François Truffaut tarafından yapılmış *Whild Child* adlı güzel bir Fransız filmi vardır).

Biraz daha modern ama eşit derece dikkat çekici bir vaka, görünüşte 1930'larda kurtlar tarafından büyütülen Bengalli iki kızla ilgiliydi. Çocukları, bir misyoner olan din adamı A.L. Sing ve karısı bulup eğitti. Singh çifti, onların gelişimiyle ilgili bir günlük tuttu. Çocuklar bulunduğunda, saçları keçe gibi olmuştu, yiyecekleri bir tava içinden silip süpürüyorlar ve yemek yerlerken yanlarına yaklaşana hırlıyorlardı. İşitme yetileri çok güçlüydü ve etin kokusunu 60 metre öteden duyabiliyorlardı. Çocuklardan hiçbiri dik yürümeyi öğrenemedi. Kamala 17'sine geldiğinde elli sözcük öğrenmişti ve biraz evcilleşmişti. Diğer kız ergenlik çağındayken ölmüştü.

Şimdi psikologlar bu "kurt" çocukların konuşmayı öğrenmeyi becerememesinin nedenin, dil öğrenmenin kritik döneminde hiç konuşma duymamaları olduğunu düşünüyor. Bebekler için, beyin konuşmayı öğrenmeye kabloyla bağlıdır. Dili duydukça, beynin "kabloyla bağlı olması" onların, dili geliştirmesine fırsat verecektir. Hiç kimsenin çocuklara öğretmesi gerekmez; sadece dile kulak dolgunluğu sağlamak yeterlidir. Bu kritik dönem sona erdiğinde, aylarca süren konuşma terapisi bile çocuğun normal konuşmasını sağlamayacaktır.

Pinker (1994, 2007) dilin ilk esaslarının insan ve şempanze türleri arasındaki bölünme kadar çok eskiye dayandığını, dilin kapasitesinin gelişmesi için yaklaşık 350.000 kuşağın üzerinde genetik değişikliğin olduğunu söyledi. İlk dil kırıntılarını geliştiren ilk "mutasyona uğramış dilbilgisi genini" keşfetti ya da ortaya koydu. Davranışsal ve anatomik küçük aşamalarla, dilbilgisi ve yazım kurallarını hızla öğrenen çocuklara dönüştük. Pinker, beyinlerinde doğuştan var olan üstün kurallarla doğdukları için çocukların şimdi her şeyi bu mutasyona uğramış ilk dilbilgisi genine borçlu olduğunu savunuyordu. Aynı zamanda, çocukların inanılmaz sözcük hatırlama becerisini de vurguladı. Okuma yazma bilmeyen çocuklar, her gün sabahtan akşama kadar her iki saate bir yeni sözcük içine çeken bir sözlük öğütücüsü olmalıydı.

Hiç kimse 18 aydan itibaren çocukların bu dil başarısını elde etmelerini sağlayan hangi süreçlerin devreye girdiğini saptayamamıştır. Bu problemi çözen bireyler Nobel ödülüne layık olacak ve neredeyse kesinlikle ödülü alacaktır. Son 50 yıldır beyin bilimindeki çığır açan şaşırtıcı buluşlara rağmen, büyük dilbilimci Noam Chomsky gibi kuşkucular, dikkatli olmaya devam ediyor. Bir söyleşide, Chomsky (1977, s. 81), bana şöyle söyledi:

> Zihin teorisi doğuştan gelen özel biyolojik yeteneğimiz sayesinde ulaşabileceğimiz teoriler arasında ya da ulaşamayacağımız teoriler arasında yer alabilir. O halde, görünen o ki, insanların mistik, anlaşılmaz özellikleri vardır, çünkü aslında bunu açıklayacak teori, biyolojik organizmalar olarak (görünüşe göre sınırlı bir erişim alanı olan) bizim erişim alanımız içinde olmayacaktır.

İnsan beyni, insan beynini açıklayamayacaktır.

Çocuk ne tür bir bilgisayardır?

Günümüzde birçok teori, beyin imgesini bir bilgisayar olarak kullandığı için beynin temel biyolojisini anlamak da önemlidir. Çocuklar olgunlaştıkça, daha hızlı bilgi işlemeleri şaşırtıcı değildir. Bir yaşındaki bir çocuk için basit bir nesneyi tanımak 750 milisaniye sürer ama 13 yaşından itibaren denekler bunu 350 milisaniye kısaltır, böylece sadece 450 milisaniye sürer. Ancak göreceğimiz gibi, Kıbrıs Eğitim Bakanı Andreas Demetriou ile birlikte çalışan Kail'in çalışmalarından ortaya çıkan kafa karıştırıcı istisnalar vardır. Kail (1991) tepki zamanlarını; 3 ile 15 yaş arası çocuklardan oluşan deneklerin bir üçgen gördüklerinde düğmeye basmalarının ne kadar zaman aldığını araştırdı. 72 araştırmanın sonuçlarını ve toplam 1.826 tepki zamanını bir araya getirdi. Genel olarak çocuklar büyüdükçe, veri işleme hızlarının arttığını belirledi. 13 yaş civarı ergenler yetişkinler gibi davranmaya başlarken, bu artış yavaşlar. (On sekiz yaşından sonra, gelişmeyiz). Düzgün bir resmin ortasında, Kail 12-14 yaşları arasında tuhaf bir yanılma bildirdi. 12 yaşındakiler, daha büyük gruba göre daha hızlı görünüyordu.

Ya bu verilerin çok doğru olmadığı ya da garip bir şeyin gerçekleştiği açıktır. Neden 12 yaşındakiler neredeyse yetişkinlerin hızında işlev göstersin ve neden 14 yaşındakiler yetişkinlerin hızının kabaca yüzde 70'i oranında işlev göstersin? Ergenlik çağı beyni yavaşlatır mı? Bu tutarsızlıkların deney gruplarındaki farklılıklardan kaynaklaması daha muhtemeldir. 12 yaşındakiler, 14 yaşındakilere göre daha akıllı olabilir ya da okulda daha çok başarı gösterebilir. Kail böyle değişkenleri kontrol edemezdi. Bu araştırmanın genel toplamı, sağduyuya dayalı değerlendirmeyi doğrular. Çocuklar büyüdükçe zihinsel süreçleri hızlanır, ama Kail'in elinde bunun nedenini belirleyecek veri yoktur. Psikologlar beyni bir bilgisayarla karşılaştırdığında çok yaygın ortaya çıkan belirsizliği Kail de korumak zorunda kaldı.

Salthouse (1998) bilişsel işlev göstermenin sekiz ölçütünü inceledi ve 18 ile 94 yaş arasındaki deneklerin puanlarını karşılaştırdı. Puanlar başından sonuna kadar düşüş gösterdi ve Salthouse bilgi işleme hızındaki azalmanın, önemli bir faktör olduğunu ileri sürdü.

Bununla birlikte, beyin ile bilgisayar arasında karşılaştırma yapmak cezbedicidir, çünkü her ikisi de birçok alt birimden oluşur. Dahası, bilgisayar ikili bir dille çalışır. Bir bilgisayardaki her işlem temelde bir şeyin 0 ya da 1 olarak kodlanıp kodlanmamasına dayanır. Gördüğümüz gibi nöronlar ya kapalı ya da açıktır, bu nedenle onlar da ya 0 ya da 1 konumundadırlar. Ama bilgisayarın ikili dili ve beynin dilleri tam olarak aynı değildir ve çocuğun beynini bir bilgisayara benzetmek istersek, belirli sorunlar çıkar. Bir robot ve tasarımcısı arasındaki konuşmayı hayal edelim.

ROBOT: Uzaydaki uzay mekiğinin tamir edilmesine yardım etmek için tasarlandığımı biliyorum, ama bunu daha fazla yapmak istemiyorum.

TASARIMCI: Aptallık etme.

ROBOT: Aptallık etmek için programlanmadım. Uzay sıkıcı. Futbol oynamak ve şiir yazmak istiyorum.

TASARIMCI: Bunları yapmak için tasarlanmadın.

ROBOT: Fikrimi değiştirdim.

TASARIMCI: Senin değiştireceğin bir fikrin olamaz. Sen bir bilgisayarsın. Senin aklını ben tasarladım.

Bu konuşma bilimkurgudur. Günümüzün gerçek bilgisayarları, fikirlerini değiştiremez ya da bu tür biçimde gelişemez.

Bilgisayarlar ve beyin arasındaki ilişki konusunda en ilginç yorumculardan ikisi, Amerikalı filozof Patricia Churchland ile nörobilimci Terry Sejnowski idi. 1994 kadar uzun bir zaman önce sinir sistemlerinin, *modus operandi* [çalışma tarzlarını] hâlâ anlayamadığımız "doğal olarak evrim geçirmiş bilgisayarlar" olduklarını ileri sürdüler.

Farklılığın nedeninin bir kısmı, bilgisayarların tasarlanmış olması gerçeğidir. 1955'te bilgisayar tasarımcıları, 1950'lerin başlarındaki bilgisayarlarda nelerin çalışıp çalışmadığını biliyordu. Artık kullanılmayanları attılar ve tasarımı geliştirdiler. Churchland ile Sejnowski, beynin farklı biçimde evrim geçirdiğine dikkat çekti. Daha az etkili modelleri elden çıkarıp yerlerine daha iyi bir şey koyan bir dizi beyin tasarımcısı olmamıştı. Churchland ile Sejnowsk böylesine sürekli yeniden tasarımlar olmaksızın, beynin artık ideal olmayan görevleri yerine getirmeye adeta dört elle sarıldığını ileri sürdü. Beynin temel yapısının Taş Devri'nden beri değiştiğine dair pek kanıt yoktur. Evrim açısından, 7.000 yıl küçük bir zaman miktarıdır. Ama nasıl yaşadığımız ve beynin neyle başa çıkmasını beklediğimiz düşünülürse, 7.000 yıl sonsuz bir zamandır.

Taş Devri'nde insanlar mağaralarda yaşardı, Dünya'nın Güneş'in yörüngesinde döndüğünün farkında değillerdi, televizyonları yoktu ve henüz yazıyı keşfetmemişlerdi. MÖ 10.000'de beynin iyi çalışma biçimleri artık ideal olmayabilir, ama beynin anatomisi görünüşe göre o tarihten beri değişmemiştir. Birçok beyin bilimcisi hâlâ "dövüş ve kaç" tepkisine bağlı olduğumuzu iddia eder. Atalarımız yemek yemek, üremek, yakalanıp aslanlar ve diğer yırtıcılar tarafından yenmekten kaçmak zorundaydı; potansiyellerini gerçekleştirip gerçekleştirmediklerini merak edecek kadar boş vakitleri yoktu. Atalarımız, tarımla uğraşmaya başlayıp aslanların olmadığı bölgelere göç ettiğinde, yaşam değişti. Ancak tüm bunlar beynin değişmesine fırsat vermeyecek kadar hızlı olmuştu.

Churchland ile Sejnowski, beynin aynı zamanda genel amaçlı dijital bir bilgisayarla karşılaştıramayacağını da savunuyordu. Aksine beyin, işlerini yapan ama o kadar esnek olmayan son derece uzmanlaşmış bir dizi bağlantılı sistem olarak görünüyordu.

Beyin "mimarisi" ve esnekliğiyle ilgili farklı bir görüş, 1990'lar boyunca Cosmides ile Tobby (1998) tarafından ortaya atıldı.

Alana özgü modeller olarak adlandırdıkları uzmanlaşmış sistemlere odaklansalar bile, daha az bilgisayar dili kullanıyorlardı. Tobby ile Cosmides, kendi deyimleriyle gelişimle ilgili Standart Sosyal Bilim Modelini eleştiriyordu. Bu model, öğrenme ve sosyalleşmeyi yaşamdaki kilit süreçler olarak kabul eder, insan davranışının ya da psikolojik organizasyonun "evrimleşmiş, biyolojik ya da 'doğuştan gelen' yönlerini" ihmal edilebilir olarak yok sayar (1992, s. 32). Jesuits ve daha sonra John B. Watson şöyle açıklamalarda bulundu: Bizim biyolojimiz sonsuz bir şekilde uyum sağlayabilir. Bana yedi yaşına kadar bir çocuk verin, onu Assisili Francesco ya da Hannibal Lecter'e dönüştüreyim. Standart model bireysel psikolojiye göre herhangi karmaşık biyolojik yapılar olabildiği ölçüde, bunlar yine de kültür tarafından düzenlenir, şekil ve yön verildiği için kültüre herhangi bir önemli karakter ya da içerik katmadıklarını savunur (a.g.e. s. 32). Onların eleştirileri beynin genel amaçlı bir bilgisayar olarak evrimleşmediğini ama hayatın itiş kakışıyla bunun Taş Devri'nde bile "kaç ya da dövüş" tepkisinden daha fazlasını kapsadığını ileri sürüyordu. (Beynin nihai hedefleri sadece 4 ilke –beslenme, dövüşme, kaçma ve sevişme– ise, bu durumda son derece modern davranışımızı biçimlendirmekte merak kültürünün hiçbir önemi yoktur.)

Tobby ile Cosmiders (1992), farklı sorunlarla başa çıkan atalarımızdan kaynaklanan farklı modüllerimiz olduğunu; bu modüllerin nihai hedeflerle ilgili olmadığını ama kendi deyimleriyle "yakın hedefleri" kapsadığını ileri sürdüler. Evrim süresince, insanların nesneleri tanımaya, yırtıcıları zekâlarıyla alt etmeye, yiyecek olarak kullanılan bitkileri belirlemeye, alet yapmaya, yürürken denge sağlamaya, yılanlardan kaçınmaya, en etkili ceylan avlama taktiğini bulmaya, az miktarda güzel baharatla nasıl balık ızgarası yapılacağını öğrenmeye ve diğer birçok beceriye ihtiyacı vardı. Tooby ile Cosmides bu faaliyetlerden her birini bir alan ve böyle bir davranışlar dizisine olanak sağlayan her bir beceri grubunu 'özel alan' olarak kabul etti.

Bu görüş, onların deyimiyle "aynı zamanda hem güçlü hem daha genel olan bir [beyin] mimari yaratma paradoksuna" ilginç bir çözüm sunmalarını sağlar [Tooby ile Cosmides, 1992, s. 113). Yanıt, sürekli artan sayıda kendine özgü mekanizmayı bir araya getirmek demektir. Doğal ayıklanma, giderek daha etkili alana özel modülleri olan beyinleri kayıracaktı. Bir alet-kullanma modülü, bir zihin teorisi modülü, bir yüz tanıma modülü, bir "çaba ayırma ve yeniden ayarlama modülü", bir arkadaşlık modülü, bir cinsel çekicilik modülü vb.'yi kapsayan çok sayıda bu tür modül listelerler (a.g.e., s. 113). Bir sistemin dünya ve özellikleri hakkında bilgisi arttıkça, daha çok öğrenebilir, daha çok çözebilir.

Tooby ile Cosmides (1992, s. 13) Amerika'nın ilk psikologlarından biri olan William James'ın, gördüğümüz üzere, insanların hayvanlardan daha az değil, daha fazla içgüdüsü olduğunu savunduğuna dikkat çeker. Bu etkili ve kışkırtıcı fikirler, sonuçta sadece bir başka beyin gelişimi modelidir.

Başka bir konu vardır. Bir bilgisayarın, görmek için programlanmış alanları, sesleri tanımak için başka alanları varsa ve görme alanları zarar gördüyse, birisi görsel bilgi alabilmesi için bilgisayarın ses programının yönünü değiştirebilir. Beyin bunu yapamaz. İnsanlar beyin hasarını şaşırtıcı bir ölçüde atlatabilir, ama örneğin belli alanların görme ve belli alanların işitme için çok önemli olduğuna dair kanıt vardır. Girdilerin yönünü bir makinede yapabileceğiniz gibi bir alandan diğerine çeviremezsiniz.

Doğaya karşı çevre: Biraz tarih

Bilim adamları 150 yıldır bilişsel gelişimin kalıtım mı yoksa çevre sonucu mu olduğunu tartışmaktadır. Daha önce bilimsel bir psikoloji vardı, filozoflar bebeğin *bir tabula rasa* –boş levha– olarak doğduğunu iddia ediyordu. Bebeklerin her şeyi sıfırdan öğrendiklerini düşünüyorlardı.

Bir psikoloji ekolü olan (birisinin sadece gözlemlenebilir davranışı araştırması gerektiğine inanan) davranışçılar, kalıtımın etkisini önemsemedi. Davranışçılığın kurucusu John B. Watson (1878-1957), herhangi bir çocuğun çevresini tamamen kontrol edebilirse, büyüyünce örneğin, bir pilot, muhasebeci ya da bahçıvan olacak kadar çocuğu biçimlendirebileceğini iddia ediyordu.

Istakoz beyinleri

Churchland ile Sejnowski aynı zamanda pek insanca bir durum olan kibire karşı da uyarır. Beyin ve bilgisayar arasında gerçek sayılabilecek baştan çıkarıcı karşılaştırmalar yapabilmemizden önce ne kadar ileri gidebileceğimizi sadece çok açıkça ortaya koyan bir örnek verirler.

Istakozun sindirim sistemi, bir stomatogastrik* ganglion –ganglionlar beyin hücresi türüdür– tarafından kontrol edilir. Bu yirmi sekiz hücrenin anatomisi haritalandırılmıştır. Aralarındaki tüm bağlantıları anlarız. Ama bir gizem vardır. Istakozun midesi belli bir ritim içinde sindirim yapar. Yoğun araştırmaya rağmen, ıstakozun sindirim temposundan sorumlu tel bir nöron ya da nöron grubu bulunmamıştır.

Istakozun nasıl sindirim yaptığını anlamak, nasıl bilinçli olduğumuz ya da nasıl hesap yaptığımızla ilgili bir sorunla karşılaştırılamayacak bir sorundur. Sıradan ıstakozun nasıl yediğini hesaplamak zor olduğu halde, bilişsel gelişim teorilerimizin biraz belirsiz kalması ve şimdiye kadar beyindeki hangi değişikliklerin bebeklerin ve yeni doğanların becerilerinde değişikliklere neden olduğunun belirlenememesi şaşırtıcı değildir.

Beyin ve beyin değişikliklerinin bilişsel gelişimle olan ilişkisi, aynı zamanda doğaya karşı çevreyle ilgili temel anlaşmazlıkları öğrenmeye çalışırken de önemlidir.

(*) Stomatogastrik: Ağız ve mideyle ilgili. (ç.n.)

Diğer filozoflar bebeklerin zaten iyi belirlenmiş kaderleriyle doğduklarını savunuyordu. Genler keşfedilmeden önce, Descartes gibi filozoflar bir çocuğun beyin yapısının büyük ölçüde kalıtımı tarafından belirlendiğini ileri sürüyordu. Bu görüşü savunanlar, zeki anne babaların zeki çocuklara sahip olmaya yatkın oldukları gerçeğine işaret ediyordu.

Son derece tuhaf bir Viktorya dönemi bilim adamı olan Sör Francis Galton, yetenekli ailelerin tarihçesini izleyen *Hereditary Genius*'u (1869) yazdı. Galton, 1660 ile 1865 yılları arasında Yüksek Mahkeme'ye atanan 217 yargıçtan 109'unun aynı zamanda yüksek mevkilerde akrabaları olduğunu saptadı. Adalet Bakanı olarak atanan bu yargıçların, muhtemelen içlerindeki en yetenekliler olduğunu savundu. Otuz adalet bakanından yirmi dördünün son derece yüksek mevkilerde akrabaları vardı.

Galton, buna neden olanın çevre olmadığını, bunun zekâdan kaynaklandığını ve zekânın kalıtsal olduğunu savundu. J.B. Watson, aynı çevreyi paylaştıkları için yargıçlarla yüksek mevkilerdeki akrabalarının tümünün zeki olduğunu ileri sürecekti. 8. Bölümde göreceğimiz, gibi konu hakkında hiç olmadığı kadar gerçek olduğu halde, tartışma hâlâ tüm şiddetiyle devam ediyor.

Yirmi birinci yüzyılın ilk yarısı zihin konusunda iki büyük düşünür, Jerry Fodor ile Steven Pinker arasındaki sert diyaloglara tanık oldu. Pinker (2005), Fodor'un zihnin nasıl geliştiğine ilişkin, çocukların zihinlerinin gelişiminde evrimin önemini inkâr eden teorisini eleştirdi. Pinker şöyle dedi:

> Evrimsel biyoloji psikolojiyle, botaniğin astronomiyle ilgili olduğunda daha ilgilidir. Biyolojik işlev, doğal ayıklanma olmaksızın ne yazık ki eksik kalır. Ve uyarlanabilir karmaşıklık tıpkı gerçek inançlar gibi gelişigüzel olmayan bir açıklama gerektirir.

Bazı nihai düşünceler. Zihnin nasıl çalıştığını tam olarak anlamadığımızı söylemeye gerek olmamaktadır. Özellikle, zihnin sağduyu ve bilimsel çıkarım becerilerini nasıl elde ettiğiyle ilgili elimizde eksiksiz bir teori yok. Bilimsel psikoloji sona ermedi. Öte yandan, Fodor insan bilişinin gerçekleri ve biyolojik olarak mantıklı hesaplama sistemleri becerileri arasında prensipte bilinen bir uçurumu gösteremedi. (A.g.e., s. 22)

Fodor'a cevap olarak Pinker, "daha az değil, daha çok araştırma yapılmalıdır" dedi (A.g.e, s.22).

Sonuç

Bu bölümü bir uyarı notuyla bitirmek istiyorum. Beynin karmaşık bir organ olduğunu, ana karnında ve doğumdan hemen sonra çok geliştiğini görmüştük. Aynı zamanda bir çocuğun dili geliştirmek için bazı deneyimlere maruz kalması gereken kritik dönemler yaşadığının da üzerinde durduk. Tüm bunlar, bilişsel gelişimin bir doğa ya da çevre, genler ya da yetişme koşulları sonucu olup olmadığı sorusunun, son derece karmaşık bir problem olduğunu gösteriyor. Göreceğimiz gibi, psikologlar konuya sıklıkla bilimsel bir yöntemle yaklaşmamıştır. Önyargılarının kendilerine engel olmasına fırsat vermişlerdir. İlginç biçimde, gelecek iki bölümde göreceğimiz gibi, yirminci yüzyılın büyük bir bölümünde bilişsel teoriye egemen olan teoriler, beyin gelişiminin ayrıntılarıyla ilgili değildi.

Üzerinde düşünülecek konular:

Beynin karmaşıklığını ve nasıl geliştiği hakkında hâlâ çok az şey bildiğimizi unutmamalıyız.

Istakoz araştırması, bir nöropsikolojik sistemin nasıl çalıştığını bir bütün olarak açıklamaya çalışırken asıl sorunları ortaya koyar – ve esasında bu, bilişsel gelişime nele-

rin neden olduğunu ya da gelişimi uyardığını açıklarken yirmi birinci yüzyıl boyunca temel güçlük olmaya devam eder.

Araştırmanın çoğu hayvanlar üzerinde yapılan deneylerle sınırlıdır.

Ek okuma listesi

R. Carter (1999) *Mapping the Mind*, London: Phoenix

J. Fodor (2000) *The Mind Doesn't Work That Way: The Scope and Limits of Computational Psychology*, Cambridge, MA, MIT Press.

S. Pinker (2005) "So how does the mind work?", *Mind and Language* 20: 1-24.

2

Mantıklı Çocuk: Piaget'in Bilişsel Gelişim Teorisi

Giriş

Jeam Piaget (1896-1980) öldüğünde, Fransız gazetesi *Le Monde* haberi baş sayfada yayımladı. *Observer*'daki bir övgü yazısında Oxford Üniversitesi psikologu Peter Bryant şöyle dedi: "Çocuk psikolojisi, Piaget olmadan yavan bir şey olurdu." Bryant, meslektaşlarına Piaget'in her zaman "le patron," patron olduğunu söyledi.

Piaget'in çocuk gelişimi teorisi, bebeğin, matematik işlemlerini yapabilen, annesi, babası ve (hâlâ bir motosiklet üzerinde havalı göründüğünü sanan) Henry amcasıyla dalga geçebilen ve annesi bu gece evde çakılı kaldığını söylemiş olsa da aslında bunu kastetmediği sonucuna varabilen, akıllı bir ergene dönüştüğü dört temel aşamayı belirledi. Çaresiz bebekten, ne yaptığını bilen, ironik ergen haline gelir. Piaget'in fikirleri çocukların kendi öğrenme hızlarına göre öğrenmeleri gerektiğini belirttiği için, eğitim üzerinde büyük etkisi oldu. Çocukların daha çok, daha erken, daha hızlı öğrenmelerini sağlamak için programlar bulan iddialı ebeveynlerle her zaman alay etti.

Bu bölümde aşağıda belirtilen konuları inceleyeceğiz:

- **Piaget'in bilişsel gelişim teorilerinin ayrıntıları; yaklaşımıyla ilgili sosyal ve duygusal gelişimi ihmal etmesinin de dâhil olduğu eleştiriler;**
- **Piaget'in bazı ayrıntıları yanlış anladığını gösteren deneyler;**
- **"Aşama" adlı teorilerin eleştirileri.**

Jean Piaget'in teorileri, bilişsel gelişim çalışmasında hâlâ önemli rol oynar. J.- J. Ducret (1980)'de yeniden baskı, *Jean Piaget: Biographie et parcours intellectual,* Lausanne, İsviçre: Editions Delachaux et Niestlé.

Psikologlar çoğunlukla teorilerinin saf, kişiler üstü bilim olduğunu iddia ederler ama büyük teorilerin kökleri onları geliştirenlerin yaşamlarına dayanır. Piaget akıllı, erken olgunlaşmış bir ergendi ve deneyimleri psikolojiye olan yaklaşımını etkiledi. Birçok eleştirmen, çocukların mantıklı olma gereği üzerinde fazla durma eğiliminde olduğunu düşünür.

Piaget, 9 Ağustos 1896'da İsviçre'nin Neuchâtel kentinde doğdu. Yunanca, Latince ve felsefe öğrenmenin normal sayıldığı yirminci yüzyılın ilk on yılında okula gitti. Platon ve Aristoteles gibi Yunan filozofların eserlerine aşina oldu. **Uslamlamaların** üstesinden gelme eğitimi aldı. Uslamlamalar matematikteki denklemlere benzetilebilir; mantıksal olarak gerekli ilişkileri belirtirler ve matematiksel gösterimle ifade edilebilirler.

Birçok insan biçimsel mantıktan korkar. Evet, son derece karmaşık olabilir, ama paniğe neden olmamalıdır. Basit bir uslamlama aşağıdaki gibi gerçekleşir:

A, B'den büyük ise

Ve B, C'den büyük ise

A, C'den büyük olmalıdır.

A, B ve C'nin, otomobil, kuş tüyü, uçak ya da Sumo güreşçileri olup olmadığının önemi yoktur. Gerekli olan aralarındaki ilişkidir.

Başka bir uslamlama şöyle gerçekleşir:

Tüm insanlar ölümlüdür

Sokrates bir insandır.

O halde Sokrates ...

Cevap ölümlüdür, çünkü bir insan olarak Sokrates tüm insanların özelliklerini paylaşmak zorundadır.

Ama bazı cümleler uslamlama biçiminde ifade edildiği halde, doğru olmaz. Örneğin:

Tüm kediler ölümlüdür.

Lady Gaga da ölümlüdür.

Aşağıdakilerden hangisi doğrudur?

1. Lady Gaga bir kedidir.
2. Bu, yanıltıcı bir sorudur.

Kediler ve Lady Gaga'nın her ikisinin de ölümlü olduğu bilgisi dikkate alındığında, bulvar gazetelerinin onu adlandırdığı gibi sansasyon yaratan şarkıcı ya da aslında kediler hakkında çıkarım yapabileceğiniz başka hiçbir şey yoktur.

Piaget, bilişsel gelişimin –Lady Gaga'nın bir kedi ya da bir ıstakoz şapkasıyla görüldüğü için aslında bir ıstakoz olduğuna inanabileceğiniz– mantıksız bebekten, mantıklı bir erişkinliğe, uzun süreli bir ilerleme olduğuna inanıyordu.

Kendini gözlemleme alıştırması

Düşündüğünüz şeyler ve düşünme biçimleriniz hakkında düşünürseniz, çok geçmeden düşüncelerinizi bazen duygusal, akıldışı ya da düpedüz tuhaf olduğunu fark edersiniz.

Mantıklı düşündüğünüz beş durumu yazın.

Sonra mantıksız ya da duygusal düşündüğünüz beş durumu yazın.

Bu alıştırmanın doğru veya yanlış cevabı yoktur. Amacı, kendi düşünce çeşitliliğinize odaklanmanızı sağlamaktır.

Göller üzerine kafa yorma

Bununla birlikte Piaget'in ilk kobayları yumuşakçalar olduğu için hiçbir zaman mantıklarıyla tanınmadılar. Nesneleri, mantığın ve epistemolojinin problemlerini ve paradokslarını nasıl bildiğimiz sorusu karşısında büyülenmişti. Ama o oturduğu koltuktan akıl veren bir filozof olmanın ötesinde bir düşünürdü. Henüz 11 yaşındayken, bir parkta albino serçeyi gözlemledi. Piaget, bu alışılmadık kuşla ilgili bir sayfa makalesini yerel bir doğa tarihi dergisine gönderdi, dergi bunu gerektiği gibi yayımladı.

Neuchâtel doğa tarihi müzesi küratörü Paul Godet, 11 yaşındaki kuş gözlemcisini tanışmaya davet etti. Çocuğu, vahşi yaşamı incelemek üzere yanında yürüyüşlere götürmeye başladı. Piaget, göldeki yaşamla ilgilendi. Godet ona gözlem yapma tekniklerini öğretti.

Piaget 17 yaşına geldiğinde yumuşakçalarla ilgili iki makale yayımlamıştı. Birisi, İsviçre'nin önde gelen zooloji dergisi, *Revue Suisse de Zoologie*'de çıktı.

1919'da Sorbonne, Paris Üniversitesi'ne gitti, burada ilk zekâ testlerinden birkaçını geliştirmesine yardım eden Theodere Simon ve Alfred Binet'le tanıştı. Binet ile Simon, hangi soruların çocukların belirli bir yaşta cevaplayabilecekleri normal sorular olduğunu araştırdı.

Bu noktada, Piaget bir keşif anı yaşadı. Hangi yaştaki çocukların aşağıdaki gibi sorulara doğru cevaplar verebileceğine bakmak yerine şu soruları öne sürdü:

2 + 2 *kaç eder?*

Güneş yarın kaçınılmaz olarak ne yapacaktır?

Piaget, birisi çocukları bu sorular hakkında konuştursa ve hatalarını açıklamaya çalışsa, neler olacağını sordu. Cenova'ya döndü ve bir çocuk yuvası olan, Jean-Jacques Rousseau Enstitüsü'nde yürümeye yeni başlayan bebekler üzerinde araştırmaya başladı.

1925'te Piaget öğrencilerinden biri olan Valentine Châtenay'la evlendi. İlk çocukları Jacqueline o yıl doğdu ve Piaget onu hemen ilk bebek deneklerinden biri haline getirdi. Üç çocuğunun –Jacqueline, Lucienne (1927 doğumlu) ve Laurent (1931 doğumlu)– hepsi üzerinde gözlem ve araştırma yaptı. Bebeklerin gelişimiyle ilgili teorisi, neredeyse tamamen üç çocuğuna dayanıyordu –insan, bu çocukların ne kadar sıradan olabileceğini sorguluyor. Piaget'in doğumun yüzüncü yılı onuruna Lizbon'da bir konferansta çocuklarının üçüyle de tanıştım. İçlerinden ikisi hâlâ Piagaet'in onları gözlemlediği, doğdukları evde yaşıyordu.

Gözlemci Piaget ve dinleyici Freud: Karşılaştırma ve tezat

Piaget'in teorisi ile Freud'un psikoseksüel gelişim teorisi arasındaki önemli bir farklılık, Piaget fikirlerini çocukların yaptıklarıyla ilgili gözlemlerine ve söylediklerine dayandırmasıydı. 3,4 ve 5 yaşındakilerle algıları ve fikirleri hakkında konuşuyordu.

Öte yandan psikanalizin kurucusu Sigmund Freud, tamamen yetişkinlerin çocukluk dönemleriyle ilgili neler hatırladığına dayanan bir teori yaratmıştı. Şimdiye kadar bir hasta olarak konuştuğu tek çocuk, atlardan korkan Küçük Hans adlı bir oğlandı. Bütün bunlara rağmen, Freud, Küçük Hans'la sadece bir kere konuştu; oğlanın fobileriyle ilgili bilgilerin çoğunu babasından almıştı. Yine de, Freud, atların çocukların iğdiş edilme kaygısını tetikleyen dev boyutlu fallusları olduğu için Küçük Hans'ın atlardan korktuğuna karar vermişti! Viyanalı babaların her zaman oğullarının penislerini keserek kıyma yapmaya hazır olduklarından kuşkulanılırdı, en azından Freud nevrotik hastalarının rüyalarından bunu çıkarmıştı. Piaget'in teorilerindeki kusurlar her ne olursa olsun, gerçek çocuklar üzerinde araştırma yapmıştı.

Yine de Freud ile Piaget'in her ikisi de, çocuğun gelişimini ilerledikleri evrelere göre çizelgeyle gösterilen –Freud'un olgusunda cinsel ve duygusal olgunluğa ve Piaget'in olgusunda zihinsel olgunluğa uzanan– evre teorileri ürettiler. Psikologlar son 25 yılda böylesine evrelerin çocukların gelişim biçimini doğru yansıtıp yansıtmadığını sormaya başladılar ama Pigaet'in teorisi son derece etkileyici olmaya devam etti.

Zihinsel gelişimin dört temel evresi

Piaget doğumdan 14 yaşına kadar çocukların dört evreden geçtiğini ileri sürüyordu. Bunlar aşağıdaki gibidir:

1. Duyusal Motor Dönem
2. İşlem Öncesi Dönem
3. Somut İşlem Dönemi
4. Soyut (Biçimsel) İşlem Dönemi

Bu evrelerin üçünün adı, Piaget'in mantık ve felsefeye olan ilgisini yansıtır. **Biçimsel işlemler**, Sokrates ile Lady Gaga hakkında olanlara benzeyen uslamlamaları "çözebilmek" gibi mantıksal işlemlerdir.

Şemalar

Piaget, zekânın motor hareketlerden kaynaklandığını iddia ediyordu. Bebek kendisini ve nesneleri hareket ettirmeye başladıkça, yavaş yavaş motor koordinasyon ve sonra **şemalar** elde eder. Bir şema, bir tasarım ya da zihinsel imgedir. Piaget bu

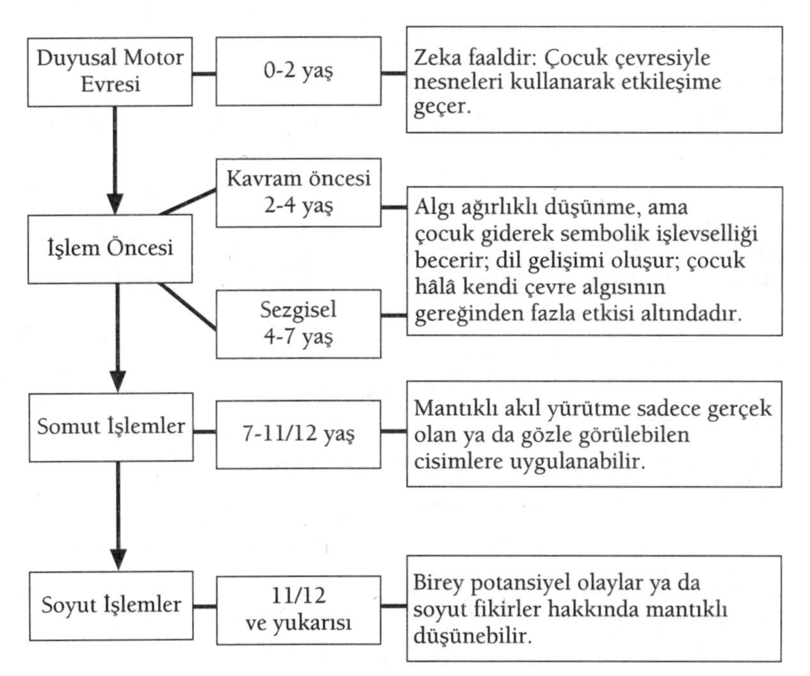

Piaget'in dört evreli bilişsel gelişimi

şemalar gelişimini açıklamak için iki kavram kullandı. **Özümseme ve uyumsama.** Terimlerin açıklanması gerekir.

Özümseme: Her zaman bilgi özümseriz. Anbean ses, görüntü, koku, dokunma duyusu bombardımanına tutuluruz. Ancak beyin bu bilgi seliyle bir kısmını filtreleyerek başa çıkabilir.

Uyumsama, algı psikolojisinde temel olan filtreleme sürecinin ötesindedir. Piaget'e göre, "çevre organizma üzerinde etki gösterdiğinde" uyumsama gerçekleşir ve bunun sonucunda organizma kendisini yeniden düzeltmek ve düzenlemek zorunda kalır.

Bir örnek vermek gerekirse: Bebek beşiğinin üzerinde asılı duran bir halkaya dokunur. Bebek halkayı ileri geri sallar, sonra tutup emer. Çocuğun kavrama, görme, dokunma ilgili düşünce ya da şemaları, bu yeni deneyimlerle değişir; bebek bu özel halkanın emilebilir ve dokunulabilir nesneler sınıfına ait olduğunu öğrenir. Bebek aynı zamanda, genelde halka gibi olan nesnelerin, örneğin şişelerden farklı his verdiklerini ve farklı tadı olduğunu da öğrenir. Halkanın görüntüsü ve verdiği his özümsenir ve bu, halkalar kavramıyla ilgili bir değişim ya da uyumsamayla sonuçlanır.

Niteliksel olarak farklı düşünme

Bebekler ilk önce algılarını ve hareketlerini koordine etmek zorundadır (duyusal motor evre). İkincisi, yaklaşık 2-7 yaş arası çocuklar, mantıklı işlemlerin neler olabileceğini bile anlayamadıkları dönemde (işlem öncesi dönem) dünyayla ilgili tamamen mantıksız fikirlerle mücadele etmek zorundadırlar. Üçüncüsü yaklaşık 7-11 yaş arası çocuklar, ani deneyimlerinin mantıklı bir biçimde üstesinden gelmeye başlar (somut işlemler dönemi). Önlerindeki, şimdi ve burada olan somut bir şeyle başa çıktıkları sürece, mantıklı olabilirler.

Sonunda, 12 yaş civarında çocuk yeterli deneyime sahip olur ve beyni tamamen mantıklı bir varlık haline gelmesine yetecek kadar olgunlaşmıştır.

Çocukların her evredeki düşünme biçimi, başka bir evredeki çocuklardan tamamen farklıdır. Her bir evrenin farklı tavırları, stratejileri ve aslında ikilemleri vardır. Piaget her birinden **structure d'ensemble** olarak söz etti. Fransızca'da bir bütün, birleşmiş yapı anlamındadır. Her bir evren, aynı zamanda altevrelerden oluşur.

Evreler sabit değildir, ama sıraları sabittir

Farklı çocuklar farklı hızlarda gelişir. Piaget her bir evre için sabit bir zaman olduğuna hiç inanmadı. Bu, 23 haftalık bir bebeğin, duyusal motor dönemin 4. bölümü, 3. alt evresinde olduğu konusu değildi. Ama Piaget, evrelerin ve alt evrelerin birbirini sabit, değişmez bir örüntüyle izlediğini iddia etti. Bununla birlikte Piaget'e göre, hiçbir zeki çocuk, alt evrelere 4.5 ve 6'yı atlayarak alt evre 3'ten 7. alt evreye sıçrama yapamazdı.

Duyusal motor evre: Yaklaşık olarak doğumdan 2 yaşına kadar

Piaget, çoğunlukla bebekleri ilkel vahşilerle karşılaştırdı; yeni doğan tamamen karmaşaydı. Doğduğunda, bebeğin en temel farkındalığı, ayrı bir canlı olma, "Ben" varım farkındalığı yoktu. Piaget, şöyle yazıyordu: "Bebek, kendi içsel durumu ve dışarıdaki nesneler arasında herhangi bir ayrım olmaksızın ilginç izlenimler kaosuna batmışır." (1951)

"Bebek kendi bedenine bizim garip bir hayvana bakışımız gibi bakar. Elimi şu lezzetli elmayı almak için hareket ettirmek istediğimde, elimle bedenimin bağlantılı olduğunu bilir ve bunun kütür kütür bir elma olduğunu tahmin edebilirsiniz. Aynı zamanda ayrı bir bedenim olduğunu ve dünyanın geri kalanın ayak parmaklarımın bitiminde başladığını da biliyorum. Bununla birlikte, yenidoğan elinin –elini hareket ettirebilmek bir yana– bedeninin bir parçası olduğunun farkında değildir. Bebek el imgesi ile fark ettiği hareketler arasında bağlantı kuramaz. Bedeniyle dış dünya arasında sınırlar olduğunu anlayamaz.

Çocuklarla ilgili gözlemlemeler

Piaget, eşinin yardımıyla çocukları gözlemlemeye başladığında, çocukların gösterdiği gelişmeyi çabucak fark etti.

Jacqueline 2 haftalıkken, Piaget parmağını onun yanağına doğru tuttuğu takdirde, bebeğin başını çevirip minik ağzını emziği alırcasına açtığını fark etti.

23 günlükken, Laurent ağzıyla memeyi arayacaktı. Sağ yanağına dokunulursa, emziği aramak için sağa dönecekti.

Piaget, bu her iki davranışın da "refleks hareketini uzatan ve niyetten yoksun olan" arayışlar olduğuna karar verdi (1953b, s. 137). Bebek bunlara niyet etmiyordu, bunlar niyetli davranış ve akıllı davranışa giden yolda ilk adımlardı. Üç aylık olduklarında, Piaget'in bebekleri çok daha aktifti, hareketleri daha koordineli hale gelmişti. Gürültülere, doğru yöne dönerek tepki veriyorlardı. Cisimlere bakıyorlardı. Onlara ellerini uzatmaya başlamışlardı. Bu motor hareketler, zekânın kaynaklarıydı.

Nesnelerle ilgili gerçek

Piaeget, bebek için bir nesnenin, geri kalanımızın algıladığı nesne olmadığını iddia etti. Bir masa görürseniz ve birileri masayı kaldırıp yan odaya koyarsa, onu görmeseniz bile, masanın hâlâ var olduğunu varsayarsınız. Bununla birlikte, bebekler, tamamen anlık algılamalarının insafına kalmıştır.

Laurent biberonu görmediği an, biberonu yokmuş gibi davranıyordu. Görünmez olma, sadece akıldan çıkma dışında, tamamen yok olma demekti. Piaget, bunu doğrulamak için büyük yaratıcılığını kullandı. 12 aylık bir çocuk bir topla oynarken ve bir yetişkin topu saklarsa, çocuğun topu bulmaya çalışacağını biliyordu. Çocuk, nerede olduğunu görmese bile topun var olduğunun farkındadır. Bununla birlikte altı aylık bebekler farklı davranıyordu; nesnelerin sürekli olduğunu fark etmedikleri anlaşılıyordu.

Bebekler her zaman bir şeye bakar.

Nesne sürekliliği, Pieaget'in temel fikirlerinden biridir. Piaget nesneleri saklıyordu. Bazen bebek Piaget'in onları nereye sakladığını görüyordu; bazen görmüyordu. Önemi yoktu. Bir oyuncak ya da top kaybolur kaybolmaz, bebek sanki o nesne hiç var olmamış gibi davranıyordu. Piaget, bebek bakarken topu bir bezle sardığında bile olan buydu.

Piaget, bu aşamada, "çocuğun arzu edilen bir nesnenin sarıldığı bir bezi başka yöne çekmediğini...çocuğun nesnenin bez içine yeniden emilmiş gibi davrandığını bildirdi" (1950, s. 312).

Bir sonraki aşama da garipti. Piaget, 10 aylık bir bebeği inceledi. Bir topu minderlerin arkasına sakladı. Bebek 10 aylıkken, 6 aylıkken olduğundan daha "akıllıydı" ve çoğunlukla topu aradı. Ama on aylık bebek yanlış yere bakıyordu. Piaget daha büyük bebeklerin, topu minderin arkasında aramak yerine, topun kaybolmadan önce bulunduğu yerden aramaya başladıklarını fark etti.

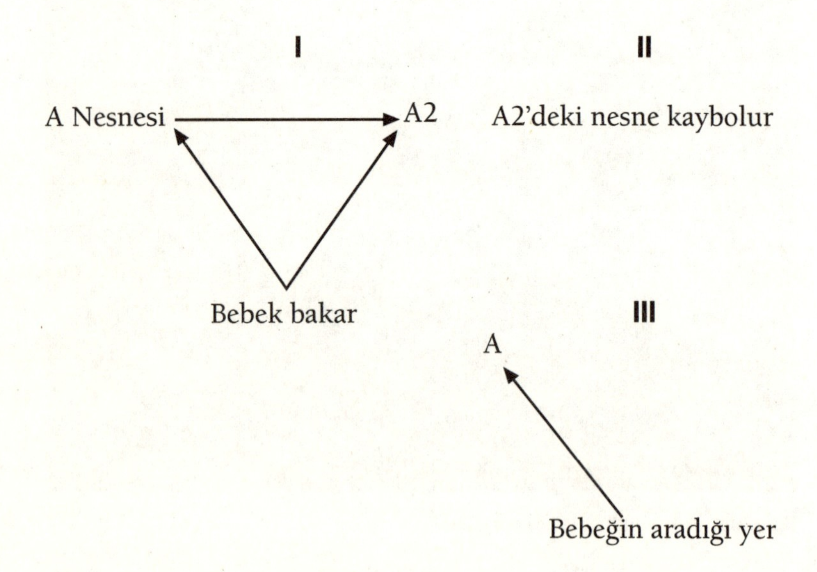

Top A noktasında kaybolur, ama bebek B noktasında arar.

Piaget, bebeğin dünyayı algılama biçimini, filmlere benzeterek vermeye çalıştı. Bebek dünyayı, "birleşme, kavrayış için gerekli olan süreklilik algısı olmaksızın art arda gelmiş karelerden oluşan bir ağır çekim film" olarak görür. (Piaget, 1951)

Çocuk konuşmayı öğreniyor

Duyusal motor döneminde çok önemli olan, çocuğun şemalar geliştirmesini sağlayan geri bildirimdi. Duyusal motor döneminin sonunda bebek yürüyebilir, oturabilir ve topu almak için odanın bir ucundan diğerine gidebilir. Annesini, babasını ve kardeşlerini tanıyabilir. Çoğu kez "agu" ve "anne" gibi her türlü sesi çıkarabilir, ama temel bir becerisi hâlâ eksiktir: semboller kullanma becerisi. Piaget'e göre, **sembolik temsil** sorunu çok önemliydi.

Piaget, bir sembol ile işaret arasında ayrım yapıyordu. Üç kırmızı bayrak, her zaman "denizde köpekbalığı var...dikkatli olun" demektir. Bu, bir işarettir. Bir sembol, çok daha esnektir. Bir masa resmi ya da "masa" sözcüğü birçok farklı türde masa anlamına gelebilir.

Bebekler önce sesleri işaret olarak kullanır. Bazı bebekler, 12 aylık olduklarında, biberonlarını görünce bazen "agu" diye ses çıkarırdı. Piaget "agu" sesinin, sadece şişe yerinde olduğunda işaret olarak kullanıldığını ileri sürdü. Bebek biberonu istediğinde, "agu" demiyordu. Şişeyi istemek için, bebeğin zihninde şişeyle ilgili bir temsile ihtiyacı olacaktı; böylece biberon yerinde olmadığı zaman bile, bebek biberon düşüncesini aklında canlandırabilecek ve "agu" diyebilecekti. "Agu" bir sembol olduğunda, var olan, istediğim, beğendiğim ama zaten içtiğim, her çeşit biberon anlamına gelebilir.

Küçük çocuklar konuşmaya başladığında, onlar için yeni bir fikirler ve kavramlar dünyası açılır. Ama Piaget, çocukların dilinin, daha çok mantık sınırları tarafından belirlendiğini iddia ediyordu.

İşlem öncesi dönem: Yaklaşık 2-7 yaş arası

Piaget, "çocuğun dünya görüşünün, her zaman anlık kişisel ve bölümsel düşüncesi üzerine biçimlendiğini" yazıyordu (1924). Yedi yaşında bir çocuk okula gider, hesaplamalar yapabilir ve ebeveynlerine bu hafta sonu ne yapmak istediğini söyleyebilir. Ama 6 yaşındaki çocuk ilişkiler kurar ve örneğin Harry'ye neden arkadaşı olduğunu sorabilir. Piaget'in 2-7 yaş arası çocuklarla ilgili birçok araştırması, çocuğun dil ve sosyal beceriler gelişiminden ne bekleyebileceğiniz yerine, karmaşık düşünmenin üstesinden gelme becerisine odaklanır. Felsefe sevgisi onu yine etkilemiştir. İşlem öncesi aşama, çocuk henüz gerçek mantık işlemlerinin üstesinden gelemediği için, mantığa olan ilgisini yansıtır.

Piaget'in anlayışlı eleştirmenlerinden biri, Amerikalı psikolog John Flavell (1962) Piaget'in neredeyse ters çevrilebilir ilişkiler olarak tanımlanan kavramı saplantı haline getirdiğini ileri sürüyordu. Bir ilişki mantıksal olarak gerekli olduğunda, tersine çevrilebilir. Örneğin, 3 ile 4'ün çarpımının, mantıksal olarak 4 ile 3'ün çarpımıyla aynı sonucu vermesi zorunludur.

Ama ters çevrilebilir ilişkiler, sadece bir matematik ve mantık konusu değildir. Tim Frank'in kardeşiyse, Frank de Tim'in kardeşi olmalıdır. Chloe David'in annesi ise, David Chloe'nin oğlu olmalıdır. Piaget, 2-7 yaşları arasında, çocukların bu temel mantıksal ilişkileri hâlâ kavrayamadığını ve anlık duygu ve izlenimlerine bağlı olduklarını iddia ediyordu. Sonuç olarak, işlem öncesi çocukların tamamen benmerkezci olduğunu ileri sürdü. "Benmerkezci" sözcüğünü, tam olarak birisini böyle düşündüğünden şikâyet ettiğimizde kullandığımız anlamda kullanmadı. İşlem öncesi çocuklar, bir şeyin başka birisinin bakış açısından nasıl görünebileceğini kelimenin tam anlamıyla algılayamadıkları için benmerkezciydiler; zihinlerinde sadece şimdi ve burada olanı tutabildikleri gerçeğiyle sınırlıydılar.

Dağlar, su, düğmeler:
İşlem öncesi çocuklar hepsini yanlış anlar!

Piaget bazen bunu **parçada yoğunlaşma** olarak adlandırıyordu. Bir deneyde, Piaget, 4-6 yaş grubu çocuklara zirvelerinde farklı özellikleri olan üç dağdan oluşan bir model gösterdi. Piaget'in elinde küçük bir oyuncak bebek de vardı. Oyuncak bebeği hareket ettirince, çocuklardan bebeğin gördüklerini temsil eden bir dizi fotoğrafı seçmelerini istedi. Bebek en yüksek dağda ise, diğer dağlara tepeden bakacaktı. Ortanca dağın tepesindeyse, bir dağa aşağında olacak, diğerine yukarıdan bakacaktı.

4-6 yaş arası çocuklar, bu ödevde neredeyse sürekli başarısız oldu. Dağ görüntüsünün başka birisinin bakış açısından ya da başka bir yerden neye benzediğini hayal edemediler; bu çocuklar son derece benmerkezciydi.

Çocuklar başka görevlerde de başarısız oldu. Piaget'in en önemli deneylerinden bazıları, konuşmayla ilgiliydi. 4-6 yaş grubu çocuklara belirli bir düzeye kadar suyla dolu A kabını gösterdi. Çocukların önünde, suyu A kabından B kabına boşalttı. B kabı, A kabına göre tipik olarak daha ince ve uzundu.

Piaget, sonra çocuklara B kabında daha çok, daha az ya da aynı miktarda su olup olmadığını sordu. Yedi yaşından küçük çocuklar, kendi gözleriyle aynı miktarda su olduğunu gördükleri halde neredeyse defalarca B kabında daha fazla su olduğunu söyledi. Piaget'e göre, bu, anlık algılamaların gücünün yeni bir kanıtıydı. B kabı sanki A kabına göre daha fazla su varmış gibi göründüğünde, çocuklar A kabında ne olduğunu hatırlayamaz ve bu yüzden B kabından daha fazla su olduğunu söyleyebilir. Kendi tanımıyla onlar "aldatıcı algılama" diye çevrilebilecek *le figüratif abusif* kurbanıydı.

7 yaşından küçük çocuklar huzursuz olma belirtileri gösterdi; Pigate bunun, bilişsel gelişimin her aşamasının sonuna özgü olduğunu ama en çok somut işlemler eşiğinde dile getirildiğini belirtti. Çocuklar dünya görüşlerinin gerçeklikle pek

uyuşmadığını, yanlış, ilkel ve mantıksız olduğunu anlamaya başlar. Piaget'in adlandırdığı dengesizliği hissederler.

Somut işlemler (7-11 yaş arası)

"Somut işlemler" deyimi, adeta biçimsel mantık işlemleriyle ilgili bir kelime oyunudur. 7 yaş civarında, çocuklar somut işlemleri halledebilmeye başlarlar. Şimdi ve burada daha uğraştıkları sürece mantığın bazı temellerinde ustalık kazanabilirler.

Sekiz şişe hikâyesi

Piaget'in çalışmalarından biri, işlem öncesi ve somut çocuk arasındaki farkı güzel bir biçimde açıklar. Yedi yaşındaki çocuklara farklı sıvıların dolu olduğu dört şişe verildi. 1. şişe bir katalizörü, yani kimyasal reaksiyonları ve değişiklikleri tetikleyen bir sıvıyı içeriyordu. 2. şişede su; 3. şişede oksijenli su; 4. şişede yine başka bir katalizör vardı. Çocuklara G etiketli beşinci bir şişe ve pipet verildi.

Sonra çocuklara, iki şişe daha gösterildi. 6. şişe 1 ve 3. şişelerdeki maddenin bir karışımını içeriyordu. 7. şişenin içinde, tıpkı 2. şişede olduğu gibi su vardı. Çocuklar, sonra, 5. "G" şişedeki sıvı 6. şişedeki sıvıyla karıştırılınca, karışımın sarı renge döndüğünü gördüler. "G", 7. şişedeki sıvıya karıştırılınca böyle bir şey olmadı, şişedeki sıvı renksiz olmaya devam etti.

> Bir başka deyişle, 1 + 3 + G = sarı renk;
> 7 + G = renksiz.

Çocuklardan sarı rengi türetmeleri istendi.

Piaget yedi yaşındaki bir çocuğun işe tipik olarak şöyle koyulduğunu gördü. Çocuk her bir şişeye G şişesinden bir damla eklemeye başladı. Dönüşüm çocuğun 1. ve 3. şişeden sıvıları birlikte dökmesini gerektiriyordu. Mantıklı bir ergen (en azından, Piaget'in bunun kusursuzluk örneği gördüğü gibi) hemen, ikinci bir sistematik stratejiye başlamanın ve 1 + 2 +

G'yi denemenin ve sonra 1 + 3 + G'yi denemenin ve bunun üzerinde sistemli olarak çalışmanın zamanının geldiğini düşünürdü. Bunun aksine, zavallı 7 yaşındaki çocuk bunu bir kerede doğru yapamadığı zaman depresyona girdi.

Başarısızlık yedi yaşındaki çocuğu dengesiz hale getirdi ve aklının karışmasının verdiği öfkeyle çocuk bir şişeye ve sonra başka bir şişeye karmakarışık bir biçimde bir sıvı döktü. Yerinde ve mantıksal içgüdüleri olduğu halde, kısa sürede pes etti. Çocuk kendisinden ne yapılmasını istendiğini biliyordu ve temel bir stratejisi vardı. Ancak, bu, işe yaramayınca, başa çıkacak mantıksal becerileri ve esnekliği yetersiz kalmıştı. Sorunu sistematik bir biçimde anlayamıyordu.

Biçimsel işlemler (12 yaş ve üzeri)

Çocuğun somut ve biçimsel aşamalar arasında gösterdiği çok önemli gelişme, yine bir mantıksal beceri konusudur. Piaget, Cha adlı 13 yaşında bir çocuğun örneğini verdi. Cha biçimsel işlemler dönemindeydi ve sekiz şişe deneyi aklını karıştırmadı. Şişe ve sarı sıvı problemiyle karşılaştığında, Cha işe metodik olarak koyuldu. Şişelerden her birine G sıvısını ekleme tekniğini denemesi gerektiğini söyleyerek başladı. Bu, sarı rengi vermeyince, Cha 1. + 2. şişelerdeki sıvıyı G ile karıştırması, sonra bu işe yaramadıysa, sarı rengi elde edinceye kadar 1 + 3 + G'yi denemesi gerektiğini söyledi.

Cha doğru yaptığı halde, tatmin olmadı. Sarı rengi elde etmenin başka yolları olabileceğini düşünüyordu. Kurnaz psikolog Cha'yı 4. şişenin suyla dolu olduğuna inandırmaya çalıştığı halde, Cha ona karşı çıktı. Suyun bir katalizör olmadığını ve bu yüzden kimyasal reaksiyonları başlatamayacağını biliyordu.

"Biçimsel" ergen artık şimdi ve buradaya saplanmıyor ve olasılıkları ustalıkla kullanabiliyordu. Ergen, uslamlamalarla vals yapabilen ve soyut kavramların anlamını değiştirebilen bir mantık maestrosudur. Bazen Piaget'in ideal ergeninin, günlerini Sokrates ile Aristoteles'in sayfalarını karıştırarak, uslamlama şakıyarak geçirdiğini duygusuna kapılırsınız.

Piaget, fikirlerinin temel gerçeğiyle ilgili düşüncesini hiç değiştirmedi. 1976'da üstü kapalı şöyle eleştiride bulundu: "Birçok yazar bugünlerde evreler fikrini eleştiriyor...Ama temel gibi görünen...kronolojik yaşlar değil, evrelerin zorunlu olarak ardışık olmasıdır. Kişi bir sonrakine ulaşmak için her bir evreden geçmek zorundaydı." (Piaget, 1976a)

Eleştiriler

1930'lardan 1970'lerin başlarına kadar, Piaget hakkında şaşırtıcı biçimde az sayıda eleştiri yapıldı. O andan itibaren iki tür eleştiri oldu. Birinci olarak, 1970'lerde birkaç deney Piaget'in teorisinin yanlış olmasa bile herkesin inandığı kadar doğru olmadığını ortaya koydu. İkincisi, başta Harvard Üniversitesinden Howard Gardner olmak üzere, bazı teorisyenler, evre teorilerine karşı çıktı ve farklı bilişsel becerilerin farklı –ve birbiriyle ilgisiz– hızlarda geliştiğini ileri sürdü.

Flavell (1971) böyle teorilere göre çocukların zamanlarının çoğunu *olmak* yerine *dönüşmeye* ayırıyor gibi göründüklerine dikkat çekti. Öğrenme tamamen bir tür dönüşme olduğu için çocukluk dönemi yine de bir dönüşmedir. Çarpım tablosunda 12'nin katlarını ve Fransa'nın başkentinin Paris olduğunu öğrendiğim andan itibaren, biraz farklı bir çocuğa dönüşürüm.

Gardner'in eserinden çok daha az ilgi toplayan bir kitapta Robert Siegler, şunu iddia ediyordu: "Benim çocuklarım, bilişsel gelişim teorilerinin çoğunda tanımlanan çocuklara hiçbir zaman çok benzemedi" (1996, s. 3). Onların "sapkın" olduklarını ya da klasik testlerde anormal performans gösterdiklerini değil, düşüncelerinin çok daha değişken olduğunu kastettiğini sözlerine ekledi. Onlardan basit bir hafıza işi yapmaları istendiği takdirde, her seferinde çok farklı stratejiler kullanabiliyorlardı. Bu çocukların farklı stratejiler, aynı görevi yaptıklarından çok farklı bilişsel gelişim düzeylerini ortaya koyan stratejiler kullandıklarını gösteren çok fazla kanıt topladı. Çözülecek bir dizi sorunlar karşılaşan çocuklarla ilgili bir çalışma, en doğru cevapları kimin bulacağına dair en iyi öngörünün, sadece kullandıkları stratejilerin değişkenliği olduğunu gösterdi. Denedikleri tüm stratejiler yararlı değildi ama bu, bir "bir şeyden ne kadar fazla olursa, o kadar iyi olur" durumuydu. Siegler, bir akademisyen olarak çok sayıda "beyni çalıştıran" toplantıya katıldığı için ona beyin fırtınası seanslarını hatırlatan bir bilişsel gelişim modeliyle ilgili bazı şüpheleri vardı. Küçük çocuğun doğru olana odaklanmadan önce yeni bir becerinin –örneğin, konuşmayı öğrenmenin– üstesinden gelmek için içgüdüsel olarak birçok farklı stratejiyi kullandığı görünür. Siegler, çocukların nasıl düşündüklerini ve düşüncelerinin nasıl değiştiğini anlamak istiyorsak, evrelerden daha az ve örtüşen dalgalanmalardan daha çok söz etmemiz gerektiğini söyler.

Siegler, psikologların evreleri vurgulamalarının bir nedeninin, hâlâ öze inanmaları olduğunu belirtir. Beş yaşındaki bir çocuğun özü nedir? Piaget'in teorisi, kişinin bunu çok net açıklayıp tanımlamasına fırsat verir. Siegler'in yazım ve matematiği ele alan bazı çalışmaları gibi, bu, 9. Bölüm'de geri döneceğimiz bir konudur. Siegler, Piaget'in en azından çocukların değiştiği ve son derece değişken oldukları dönemler olduğunu fark ettiğini kabul ediyordu; ama bunun sadece iki önemli evre –örneğin, duyusal motor ve işlem öncesi evre– arasındaki noktada gerçekleştiğine inanıyordu. Değişken, düzensiz bilişsel davranışın çok daha yaygın olduğunu ileri sürdü. Kitabı, evre teorileriyle ilgili tüm endişelerin çok yararlı bir özetidir.

Ayrıca, Piaget'in teorisinin ne kadar gerçekçi olduğu sorunu da vardır. Jerome Bruner (1972), zihinsel gelişim teorisinin, düşüncenin doğal, sıradan, sezgisel olarak belirgin ya da gerçekçi görünen yollarını dikkate alması gerektiğini savunur. Bruner'a göre, Piaget mantığa verdiği önemden dolayı bazen bu testte başarısız olur.

Piaget'in yaklaşımına yöneltilen temel eleştirileri aşağıda belirtildiği gibi özetlenebilir:

- Piaget, mantık düşüncesi ve felsefesinin önemini abartmıştır.
- Belirli deneyler, çocukların ne yapmalarının istenildiğini aslında anlamadıklarını gösterir. Anlaşılır olmayan komutlarla zihinleri karıştığı için, başarısız olmuşlardır.
- Piaget, çocukların sosyal ve duygusal gelişimini görmezden gelmiştir. Zihinsel gelişim, sadece bilişsel gelişim değildir.
- Piaget, çocuklara doğal olarak sahip olmasalar da becerilerin öğretilebileceği olasılığına karşı saldırgan bir tutum takınmıştır. Ona göre, çocuğun olgunlaşması gerekiyordu. Buna rağmen, çocuklara sahip olmadıkları becerilerin öğretilebileceğine dair kanıt vardır.
- Çocukların büyürlerken her zaman değiştikleri boyutu evrelerde hafife alınmış olabilir.

Ebeveyn egzersizleri

Bir ebeveyn olmanın en zevkli taraflarından biri, çocuğunuzun büyüdüğünü görmektir. Piaget, çocuklarının düşüncesinin nasıl geliştiğine dair günlük tutmakta çok iyiydi. Gülmenin nasıl geliştiğini araştırıyordum; ve küçüklüklerinden beri bazı davranışlarıyla ilgili notları ayrıntılı olarak anlattığım çocuklarım bu deneyin çok önemli denekleri oldukları için kendimi çok mutlu hissediyorum. Videonun ortaya çıkması, birçok insanın artık çocuklarının ev yapımı videolarını çekeceklerini varsaymak anlamına gelir. Açıkçası, bunlar, büyürken çocuklarınızın yaptıklarının kaydını tutmanın birer yöntemidir. Onları kaydetmenin tadını çıkarın ama çocuklarınızı zorlamanın cazibesine kapılmayın. Bunda, Piaget'in tamamen haklı olduğunu düşünüyorum. Bebeğinizin yan komşunun bebeğinden daha akıllı olduğunu ispatlama saplantısı, sadece gözyaşlarıyla, muhtemelen daha da kötüsü nevrozlarla sonuçlanacaktır. Çocuklarınızın filmini çekmek eğlenceli olmalıdır, sizin ve çocuklarınız için eğlenceli hale getirebildiğiniz sürece, aşağıdaki alıştırmalara nasıl cevap verdiklerini filme alabilirsiniz. Ama yaptıklarından sadece zevk almak yerine doğru mu yoksa yanlış mı anladıklarıyla ilgilendiğinizi fark ederseniz, kendinizi tokatlayın.

Teoriye ters düşen deneyler

Toplar ve bebekler

Bebeklerin, sarkaç gibi ileri geri sallanan parlak bir topu izlemeleri sağlandı (Bower, 1973). Bebeklerin göz hareketleri hareket eden topa odaklanmış kaldığı için ilgi gösterdikleri açıktır. Bower, onların önüne bir perde koydu, böylece topun hareketinin bir kısmı engellendi. Piaget, top kaybolduğu zaman bebeklerin özel olarak hiçbir yere bakmayacaklarını öngörüyordu.

Ancak, Piaget bunun gerçekleşmediğini saptadı. Bebekler, rastgele topun kaybolduğu yeri aramadı ya da geriye doğru bakmadı. Bunun yerine, topun normal salınımını gözleriyle izlemeye devam ettiler. İnsan, topun perdenin arkasından tıpkı daha önce olduğu gibi yeniden ortaya çıkmasını bekliyorlarmış gibi göründüklerini söyleyebilirdi. Bower'dan sonra, birkaç benzer deney (1993 Baiilargeon gibi) bebeklerin cisimler bir şekilde ortaya çıktığında ya da yok olduğunda şaşırdıklarını gösterdi. Tipik olarak, şaşkınlık bebeklerin cisimlere bakma zamanın uzunluğuyla ölçülür. Bu araştırma dizisi, bebeklerin sadece nesnelerin kalıcılığı algısına sahip oldukları takdirde şaşırabileceklerini ileri sürer.

Hughes ve oyuncak bebek

Hughes (1975), Piaget'in üç dağ deneyini oyuncak bebeklerle, çok daha basit malzemeler ve daha gerçekçi bir durum kullanarak tekrarladı. Oyuncak bebeklerden biri erkek çocuğu; diğer ikisi polisti. Çocuğun, oyuncak bebeği polislerin göremeyeceği hangi kareye yerleştireceğine karar vermesi gerekiyordu. Hughes'un tezine göre, bir çocuk sadece başkasının – örn. polislerin- bakış açısıyla değerlendirme yapabildiğinde, oyuncak bebeği başarıyla saklayabilir.

Hughes, 3 yaş kadar küçük çocukların oyuncak bebeği polislerin bakmadığı bir karede saklayabildiklerini saptadı. Sonra, polisleri üçe ve kareleri ikiye çıkararak, çalışmasını genişletti. Şimdi çalışma 3 yaşındaki çocukların %60'ı için çok karmaşıktı, ama 4 yaşındaki çocukların %90'ı başardı. Bu çocuklar, erkek çocuğunun gözetleyen üç polisten saklanabileceği tek kareyi bulabilmişti.

Hughes'un çalışması, çocukların gerçekten Piaget'in belirttiği gibi benmerkezci olup olmadıklarını sorgular. 4 yaşındaki çocuğun bile, bir şeyin farklı bir bakış açısından nasıl görüneceğini hayal edebildiği anlaşılır.

Geçişli çıkarımlar

Başka bir dizi etkili önemli deney, genel olarak Piaget'in ateşli bir destekçisi olan Peter Bryant tarafından gerçekleştirildi. Bryant, küçük çocukların mantıksal çıkarımlar yapıp yapamadıklarını anlamak istedi. O ve meslektaşı Trabasso, biraz ksilofona benzeyen yaratıcı bir makine yaptı. Farklı uzunluklarda beş çubuktan oluşuyordu: A, 17 cm; B, 15 cm; C, 12 cm; D, 10 cm ve E, 7 cm uzunluğundaydı. Çocuklara bu çubuklar gösterildi. Sonra her bir çubuk, Bryant'ın makinesine yerleştirildi. Makine, farklı uzunluklarda açılmış beş delikten oluşuyordu, böylece aynı uzunlukta, 5 cm, çıkıntılar oluşacaktı. (Bryant ve Trabasso, 1972)

Çubuklar deliğe sokulduğunda, tüm çocuklar herhangi bir çubuğun 5 cm'lik çıkıntı oluşturduğunu görebildi. Çıkıntı oluşturan tüm çubuklar eşit uzunluktaydı: 5 cm. Buna rağmen, Bryant ile Trabasso 4 yaşındaki çocuklara A'nın D'den büyük olup olmadığını sorduğunda, soruya doğru cevap verebildiler.

Bu çocuklar, anında algılamalarından –çubukların dışarı çıkan kısmı, sadece 5 cm idi– dolayı büyülenmemişlerdi. Bryant, bir tür yardım aldıkları ve onlardan yapmaları istenen şeyler anlayabilecekleri bir dille net bir biçimde açıklandığı takdirde, küçük çocukların mantıksal çıkarımlar –A D'den daha büyüktür– yapabilecekleri savunuyordu.

Uslamlamadan asla kaçamazsınız

Bu deneylerin kendileri tartışılır hale gelmiştir. Çocukların varmaları gereken tek yargı, A'nın B'den büyük olup olmadığı, iki cismin karşılaştırılması biçiminde olduğu için Bryant ile Trabasso'nun problemi çok kolaylaştırdığı ileri sürüldü. Andrews ile Halford (1998) gerçek geçişli çıkarımların, daha çok uslamlamanın öncülleri gibi üç parça bilgiyi bütünleştirme becerisi gerektirdiğini iddia eder.

Eğer John Peter'dan daha uzun ise

Ve Peter Marry'den daha uzun ise

Evet, John kesinlikle Mary'den daha uzundur, ama mantıksal beceri üç parçalı düşüncenin üstesinden gelmek demektir. 1) John Peter'dan daha uzundur, 2) Peter, Marry'den daha uzundur ve 3) bu üçünün konumunu, boylarını birbirleriyle ilişkisi açısından çözümleyin.

Andrews ile Halford, kule yapmaları için çocuklara A harfinden E'ye damgalı bloklar kullandırttı ve onlardan B blokunun D blokuyla ve diğer bloklarla bağlantılı olarak nerede olacağını tahmin etmelerini istedi. Yazarlar, 4 yaşındakileri sadece yüzde 20'sinin üç bloku karşılaştırmakla ilgili geçişli çıkarımlar yapmayı başarabildiklerini ve bu başarı oranının 5 yaşındakilerde yüzde 53'e, 6 yaşındakilerde yüzde 57'ye çıktığını ileri sürer. Ancak bu sonuçlar bile, çocukların çoğunluğunun, somut işlemler döneminin başlangıcı olan 7 yaşına ulaşmadan önce Piaget'in varsaydığından daha mantıklı düşünebildiklerini gösterir.

Yaramaz saklama kabı: Deneyci etkileri

Dördüncü deney, Piaget'in teorisinin temel deneylerinden –konuşma deneyine– birine daha gölge düşürür. Suyu kimin döktüğü neden önem taşır? McGarrigle ile Donaldson (1975) denkleme yaramaz bir ayı eklediler. Suçlu ayı, korunan cisimlere saldırmaya başladı. Sonra, yüksek statüde yetişkinin suyu dökmesi ya da şekerler veya düğmeler sıralarını değiştirmesi yerine, bunu yapmak yaramaz ayıya bırakıldı.

Ayı suyu döktüğünde ya da düğmelerin yerini değiştirdiğinde, 4 yaşındaki kadar küçük çocuklar mantıklı cevap üretebildi. Bir kabın farklı göründüğü gerçeğine aldanmadılar. Çocuklar bu koşullarda doğru cevabı veremezse, eleştirmenler Piaget'in hangi sonucu öngördüğünü bilen yetişkin deneycilerin farkında olmadan gerçeği açığa vurup vurmadıklarını merak eder. Çocuklar bu "farkında olunmayan" ipuçlarını alır ve sonra cevaplamaları gerektiğini ileri süren Piaget'in teorisinin cevabını tekrarlar. Psikolojide deneyci etkileri yaygındır.

Yeni-Piagetçi teori

Birçok eleştirmen Piaget'in çalışmasındaki asıl sorunun, gerçekten alternatifleri denememesi olduğunu belirtir. Biçimsel işlemleri yapabilmenin bir işareti olası tüm alternatifleri test ederek hatalı açıklamaları ayıklamaya çalışmak olduğu için, bu önemli araştırmalar Piaget'in başkalarından talep ettiği mantıksal mükemmelliğe uygun işlev göstermediğini ortaya koyar. Kendini olası alternatif açıklamalara kapatmıştır. Örneğin, mantık bir boşluk içinde çalışamaz.

Waso ile Johnson-Laird (1972) üniversite öğrencilerinin çoğunun mantıklı düşünemediğini saptadı. Bir araştırmada, öğrencilere bir tarafı aşağıdaki gibi işaretli dört kart verdiler.

A D 4 7

Bir tarafında sesli harf, o halde diğer tarafında çift sayı varsa, öğrencilerin önermeyi doğrulamak için hangi kartın çevrilmesi gerektiğini söylemeleri gerekiyordu. Öğrencilerin yüzde 92'si üzerinde A olan kartı çevirdiklerini savundu. Sadece gerçekten mantıklı yüzde 8'i hipotezi doğrulamak için, birisinin 4'ün diğer tarafında ne olduğunu görmesi gerektiğinin farkına vardı. Bu, her şeye rağmen sesli bir harf de olabilirdi. Sesli bir harf olmayan D'yi ya da çift sayı olmayan 7'yi çevirmeye gerek yoktu.

Birçok öğrenci A harfi olan kartı çevirdi ve problemi doğru çözmediklerini fark edince şaşırdı. Cox ile Griggs (1982) ABD'de benzer sonuçlar belirlediler. Belki de daha şaşırtıcı olanı, Golding (1979) belirli türde beyin hasarı olan hastaların çoğunlukla sorunu akıllı öğrencilerden daha iyi çözdüklerini bulmasıydı.

Sorun Piaget'in mantık tutkusuna indirgenebilir. Çoğumuz mantıksal denklemleri beceriyle kullanmaya onun hayal ettiği kadar alışkın değiliz. Wason ile Johnson-Laird, deneylerini zarflar kullanarak tekrarladı. Test edilecek hipotez şöyleydi: Bir zarf mühürlüyse, üzerinde 5 penilik bir pul vardır. Hata yapmamak için, 5 penilik zarfın ve aynı zamanda 4 penilik zarfın da arkasına bakmanız gerekir. Bu gerçekçi malzemelerle, öğrencilerin yüzde 92'si doğru cevap verdi.

Sonuçta, birçok yetişkin biçimsel işlemler hedefine asla ulaşamaz. Piaget'in ünlü öğrencilerinden biri olan Piatelli-Palmarini, kendi tanımıyla "bilişsel yanılsamaları" araştırdı ve sorunun bir yönüne çok kolaylıkla odaklanan ve son derece mantıksız hale gelen "dar bakış açısına" sahip olduğumuz için, yetişkinlerin mantıksal sorularla sürekli aldandığı sonucuna vardı.

Bradmetz'in bir araştırması (1999), ilk kez 7 yaşındayken araştırılan 62 çocuğu izledi. Bradmetz, Piaget'in takipçilerinin artık biçimsel düşünce tanımını kabullendikleri bir dizi testi kullandı. 62 çocuktan sadece biri, 15 yaşından itibaren biçimsel düşünme aşamasına ulaşmayı başarmıştı. Prêcheur (1976) tarafından yapılan bir araştırma, beşeri bilimler okuyan 18 yaşındaki öğrencilerin yüzde 4'ünün ve deneysel bilimler okuyanların yüzde 18'inin biçimsel işlemler aşamasına ulaştığını saptadı. Prêcheur, bununla birlikte matematik öğrencilerin çoğunluğunun (yüzde 60) biçimsel aşamada olduğunu ortaya çıkardı.

Yukarıda bildirilen sonuçlar, biraz şaşırtıcıdır. Ergenlerin 15 ya da 18 yaşından sonra radikal biçimde gelişmiş düşünme yöntemleri geliştirmesi mümkün görünmez. Matematiksel beceri ile biçimsel yeterlik arasındaki ilişki, Piaget'e yöneltilen birçok eleştiriye ışık tutar. Biçimsel işlemlerin üstesinden gerçekten sadece matematikçiler geliyorsa, bu, geriye kalan bizleri nereye koyar? Bulguların sonuçları tamamen net değildir. Bu, sadece matematiksel açıdan becerikli olanların gerçekten zihinsel olarak olgunlaştığı anlamına mı gelir? Birçok psikolog istatistikten çekinir ve matematiksel açıdan çok da yeterli değildir. Bildiğim kadarıyla, henüz hiç kimse uzmanlık olarak zihinsel açıdan tamamen olgunlaşıp olgunlaşmadığımızı anlamak için psikologlara test yapmamıştır.

Dinamik sistemler teorisi

En gelişmiş yeni-Piagetçi teorilerden birisi, evre teorilerinin temel varsayımlarını sorgulayan Demetriou'nun teorisidir; Demetriou, *The Architeture and Dynamics of Developing Mind* (Demetriou ve diğerleri, 2000) gibi kitaplarda kapsamlı bir teori ileri sürmüştür. Ona göre, zihin üç düzeyde organize olur. Birincisi, bilgiyi nasıl seçeceğimizi, özümseyeceğimizi, temsil edeceğimizi, işleyeceğimizi belirleyen bilgi işleme mekanizmaları düzeyidir. Diğer iki düzey, daha karmaşıktır: Çevreyi tanımak, kendini tanımak. Goriller ve şempanzeler soldaki muzu mu yoksa mangoyu mu tercih ettiklerini seçebilirler ve elbette çevreleri hakkında bilgi edinmek zorundadırlar, ama en gelişmiş maymun bile potansiyelini gerçekleştirmeyi düşünmez. Demetriou buna yüksek biliş adını verir.

Demetriou, Piaget'in evrelerinin aslında, çok daha basit bir şeyden kaynaklandığını ileri sürer: Çocukların bilgi işleme hızında değişikliklerden. Bir kimse belirli bir anda zihninde ne kadar etkili, ne kadar fazla bilgi tutabilir ve ne kadar esnek olabilirse, o kadar zeki olur. Başlangıçta, değişim çok yavaştır ve neredeyse fark edilebilir değildir; ancak zaman içinde belirli bir noktadan sonra, o kadar hızlı gerçekleşir ki, çocuklar ileri hamle yapar ve ergenlik çağlarında zekâları daha istikrarlı hale gelir. Gelişimsel cetveller – bir ölçekte doğrulama işaretleri-kavramına çok önem verir ve Piaget'in fikirlerinin hâlâ değerli olduğunu kabul eder, ama çocuğun yetiştiği bağlam kavramı ve bununla çocuğun beyni arasındaki etkileşimi daha fazla vurgular.

Sonuç

Gerçek hayattaki durumlarda küçük çocuklar, Piaget'in deneylerinde bulduğundan daha fazla bilişsel mantığa sahiptir.

Piaget'in araştırmasına başladığından bu yana 90 seneden daha uzun bir süre geçti. Bir başka soru daha sormalıyız. Onun teorisinde her zaman hatalı olan bir şey mi vardı, yoksa çocuklar 1920'lerin sonları ile günümüz arasında değişti mi? Çocuklar bilgi bombardımanına tutuldukları, hiç durmadan televizyon izledikleri, bilgisayar oyunları oynadıkları ve internette sörf yaptıkları için, kişi şöyle sormalıdır: Onlar Platon'u inceleyen ve 1. Dünya Savaşı'ndan önce Neuchâtel'de yumuşakçaları gözlemleyen Piaget'in yaptığı araştırmadaki gibi aynı şekilde mi büyüyorlardı? Ve çocuğun hayatı ve kültürü farklı ise, bu nasıl düşündüğünü ve düşünmeyi nasıl öğrendiğini etkilemeyecek midir?

Üzerinde düşünülecek konular

Piaget'in bilişsel gelişimin hangi yönlerini göz ardı ettiğini her zaman hatırlayın. Bradmetz'in biçimsel işlemlerle ilgili sonuçları, Piaget'nin belki de matematiksel mantıktan aşırı etkilendiğini vurgular.

Piaget'in deneysel çalışmasının çoğunu 90 yıl önce yapması gerçeğini unutmayın. Çocuklar 20. yüzyılın başından beri değişmiş midir?

Evre teorileri sorununu göz önünde bulundurun. Bulgular çocukların genel evrelerde geliştiğini mi destekler yoksa beceriler daha parçalı biçimde mi gelişir?

Demetriou'nun düşüncesini yansıtan Kıbrıs Eğitim Bakanlığı tarafından üretilen malzemeleri incelemeye değer.

Ek okuma listesi

M. Donaldson (1978) *Children's Minds,* London: Fontana [Piaget'in fikilerini inceleyen araştırmayla ilgili kabataslak bir görüş sunar.]

M. Boden (1979), *Piaget,* London. Fontana [Piaget'in fikileri için mükemmel bir başlangıç olmaya devam eder].

A. Demetriou, A. Efklides and M. Plastidou (2000) *The Architecture and Dynamics of Developing Mind,* Chichester, UK: John Wiley [işleme hızına bağlı olan bir teori ortaya konur.]

3

Benmerkezci Hayvanlar mı, Sosyal Hayvanlar mı? Lev Vygostky'nin Çalışması

Giriş

1960'larda Piaget, Rus psikolog Lev Semenovitch Vygotsky'nin (1896-1934) çalışmasını ilk kez okudu. Piaget, onunla hiçbir zaman konuşamadığı için çok üzgün olduğunu söyledi, çünkü Vygotsky'nin teorileri onunkiyle ilginç bir tezat oluşturuyordu. Vygotsky, 1934'de, 38 yaşında trajik koşullarda hayata gözlerini yumdu. Bu erken ölüm, onun romantik bir tipleme haline gelmesine yardımcı oldu.

Bu bölümde, aşağıda belirtilen konuları inceleyeceğiz:

- **Vygotsky'nin dil ve düşünceyle ilgili fikirlerini;**
- **Vygotsky'nin çocukların önce sosyal varlıklar, sonra bilişsel varlıklar olarak geliştiği teorisini;**
- **Vygostsky'nin benmerkezci konuşmanın, aslında benmerkezci olmadığı teorisini;**
- **Vygotsky'nin yardım alan çocukların gelişimi üzerine görüşlerini ve gelişmeye açık alan teorisini.**

Piaget gibi, Vygotsky de 1896'da doğdu. Ve yine, Vygotsky'nin fikirlerini nelerin etkilediğini öğrenmek için yaşamına göz atmanın önemli olduğunu düşünüyorum.

Vygotsky'nin kariyeri

Vygotsky, Rus Çarı'nın resmi politikasının Yahudilere acı çektirmek olduğu bir dönemde yaşayan bir Yahudi idi. Yahudiler için bir üniversitede okumak çok zordu. 1890'larda, üniversitelere sadece çok parlak Yahudi öğrenciler kabul ediliyordu.

Vygotsky göze çarpan bir öğrenciydi ve normalde Moskova Üniversitesi'ne girecekti ama başvuru zamanı geldiğinde, Çar kuralları değiştirdi. Çar çok sayıda Yahudi öğrenci olmasından çekiniyordu, bu nedenle muhtemel Yahudi öğrenciler için çekiliş düzenledi. Bu aydınlanma reformuyla, Çar Hıristiyan öğrenciler kadar aptal Yahudi öğrencilerin kaydolmasını umut ediyordu.

Parlak genç Vygotsky bu yeni yasanın bütün umutlarını yıktığını düşünüyordu, ama çekiliş sonuçları duyurulunca, haksız çıktı. Bir yer tutturdu ve hukuk eğitimi almak üzere Moskova Üniversitesi'ne girdi.

Vygotsky 1917'de 21 yaşındayken, Rus Devrimi ülkeyi tamamen değiştirdi. Bolşevikler Çar'ı görevden aldı; komünistler yönetimi ele geçirdi.

Marksizm

Günümüzde, Marksizm'in politik ifadesi olan komünizmi, başarısız, acımasız ve yozlaşmış bir ideoloji olarak kabul ediyoruz. Bununla birlikte, 1917'de komünizm eşit bir dünya vaat ediyordu. İdealistti, arkasında büyük bir entelektüel enerji vardı ve Vygotsky gibi genç insanları etkisi altına alıyordu.

Karl Marx (1818-83), kendini politik bir peygamber ve sosyal bilimci olarak görüyordu. Toplumların farklı aşamalardan – barbarlık, feodalizm, kapitalizm – geçerek evrim geçirdiğini ve kapitalizmin adaletsiz olduğu kadar verimsiz olduğunu da savunuyordu. Marks hiçbir zaman ayrıntılı psikolojik teoriler geliştirmemesine rağmen, farklı sosyal sınıflar arasındaki sosyal ilişkiler ve güç ilişkileri rolünü vurgulamıştır. İnsanlar, sadece içinde bulundukları toplumlar bağlamında anlaşılabilirdi.

Genç Rus psikologlar, 1917 devriminden sonra Piaget'e göre çok farklı bir yol izledi. Marksist psikolojinin temel gerçeği, bebekler, çocuklar ve tüm insanların, sosyal hayvanlar olmalarıdır. Birey, sosyal bağlamı içinde araştırılmalıdır.

1924'ten 1934'e kadar, Vygotsky çocuklar üzerinde araştırma yürüttü. Hedefi, "genetik" bir psikoloji yaratmaktı. Bununla, genler ya da DNA'yla ilgili bir şeyi değil, beşikten mezara bir gelişim psikolojisini kastediyordu. Bebek benmerkezci, mantıklı ya da mantıksız değil, ama sosyal ve iletişimseldi. Vygotsky dikkatli bir deneyci olmaktan daha çok bir teorisyendi; birçok eseri tam gelişmiş araştırmadan çok parlak taslaklar şeklindedir.

Stalinist Rusya

1924'de Lenin'in ölümünden sonra, Komünist Parti yönetimini Stalin ele geçirdi. Vygotsky, parti kurallarına her zaman uymuyordu ve Stalin kendinden önceki Çar kadar anti-Semitikti. Parlak, genç Yahudi psikoloğun başı yetkililerle derde girdi. Birçok makalesi yayımlanmadı. Daha sonra, 1930'larda, Vygotsky'de ölümüne neden olan tüberküloz gelişti. Kültürel bir rahatlamanın olduğu ve Sovyet yetkililerin makalelerinden bazılarının yayımlanmasına izin verdiği 1969'ların başlarına kadar, Batı dünyası çalışması hakkında çok az şey biliyordu. Vygotsky'nin fikirleri o tarihten itibaren ağırlığını hissettirdi. Veresov (1999) iyi bir tarihçe sunar.

Öz-gözlem alıştırması

Çoğu şey ve insan hakkında ne düşünürsünüz?

Bir sonraki beş dakika boyunca aklınızdan geçen temel düşüncelerinizi yazın.

Bu düşüncelerin kaç tanesi soyuttur?

Kaç tanesi insanlarla ilgilidir?

Size kaç tanesi başka bir şeyle ilgili gibi gelir?

Fikirlerinizden kaç tanesi hangi kategoriye uyuyor, hesaplayın. Bazı insanlar, bu tür içe bakışı anlamsız bulur. Diğer insanlar, bunların insan ya da nesne yönelimli olup olmadığını keşfettikleri için bu alıştırmaları ilginç bulur. Piaget'in nesne yönelimli, Vygotsky'nin insan yönelimli olduğu ileri sürülebilir. Bu, teorilerindeki farklılıkları açıklar.

Sosyal Çocuk

Vygotsky, çocuğun baştan benmerkezci değil, sosyal bir varlık olarak geliştiğini savunuyordu. Çocuğun benmerkezci konuşması ilkel değildir, konuşma, çocuk soyut fikirlerle başa çıkma

Oyun gelişimde her zaman önemli bir faktör olmuştur.

mücadelesi verirken üretilir. En sonunda, benmerkezci konuşma iç konuşma haline gelir ve yetişkinlerin çoğu iç konuşmayı kullanarak düşünür. Çocukların, bir "gelişmeye açık alanı" vardır (çoğunlukla ZPD olarak kısaltılır). Bu basit bir fikir için, karmaşık bir terimdir. A görevini yapabileceğimi varsayın, ama B görevi çok zordur. Diğer insanların yardımıyla, B görevinin üstesinden gelebilirim. ZPD, bir çocuğun yardım almadan yapabilecekleri ile biraz yardımla potansiyel olarak yapabilecekleri arasındaki alandır. Oyun çocukları zorladığı, özellikle de hayal güçlerini geliştirdiği için, çocuklar oyunda kendi gelişim alanlarını yaratır.

Marksist Vygotsky ve Mantıklı Piaget:
Kibar devlerin savaşı

Vygotsky, Piaget'in Rusya'da yayımlanan ilk kitabına önsöz yazdı. Piaget'in yöntemlerini övse de, İsviçreli psikoloğun çoğunlukla hatalı olduğunu söyledi. Vygotsky, bebeklerin ve çocukların konuşmaya başlama biçimlerini araştıran Charlotte Buhler'in çok etkisinde kalmıştı.

Piaget'e göre, dil çocuğun mantık ve bilişsel gelişiminden doğdu. Sadece sembolik temsil kapasitesine sahip olduğu duyusal motor dönemin sonunda, çocuk bir yetişkin gibi düşünmeyi ve konuşmayı öğrenmeye başlar.

Vygotsky, yenidoğan ve küçük bebeklerin ilk çıkardıkları anlamsız seslerin ne sembolik olduğunu ne de bir şeyi temsil etmeye yönelik olgunlaşmamış çabalar olduğunu öne sürdü. Daha çok, maymunların çığlıkları gibi sosyal ve duygusal işaretlerdi. 1920'lerdeki araştırmalar maymun kolonilerinin yakınlarda yırtıcı hayvanlar hissettiklerinde, çığlık atmaya başladıklarını göstermiştir. Maymunların çığlıkları, korku ifadesidir. Amaçları, diğer maymunları da tehlikeye karşı uyarmaktır. Maymunlar diğer maymunlarla selamlaşırken de çığlık atar. Bu çığlıklar, işaret değil semboldür, duyguları temsil etmek yerine ifade etmek için kullanılır.

Maymunlar, çığlıkları duygusal ya da grup işaretleri olarak kullanmanın ötesine hiçbir zaman geçemedikleri için insanlar gibi konuşmayı öğrenememiştir. Bu teori, Vygotsky için bir sorun doğurmuştu. Teorinin, atalarımızın bu sosyal çığlıkları karmaşık kavramları kullanabilen insan dillerine nasıl dönüştürdüğünü açıklaması yararlı olurdu, ama Vygotsky bu konuda pek bir şey söylemedi. Teorisinin zayıf yönü buydu. Ama maymun "dilinin" ne kadar kısıtlı olduğuna dair kesinlikle bol kanıt vardır.

Vaka tarihçesi: Şempanzelere konuşmasını öğretmek

Birkaç psikolog şempanzelere konuşmayı ya da Amerikan İşaret Dilini öğretmeye çalışmıştı. Sonuçlar, çoğunlukla hayal kırıklığı yarattı. Nim Chimpsky adlı (psikologlar kendilerini komedyen olarak hayal ettikleri için, ismini Noam Chomsky'den almıştır) şempanze, "muz lütfen" ya da "kırmızı üçgen" gibi iki sözcüklü kombinasyonları öğrenmeyi başardı. Bu, 18-24 aylık arası bebeklerin konuşmasına karşılık gelir.

2000 yılı civarında, Suu Savage-Rumbaugh'un şempanzelerle ilgili çalışması coşkuyla karşılandı, çünkü onlara ilkel işaret dilini öğretmiş gibi görünüyordu. (Savage-Rumbaugh ve arkadaşları, 1998). Ancak hiçbir şempanze 3-4 yaşındaki çocukların bir oyun alanında işin doğası gereği örneğin, "Ben King Kong'um ve senden daha büyüğüm" diye bağırdıkları cümle türü şöyle dursun, üç ya da dört sözcükten oluşan ifadeleri söyleyemez. Şempanzeler, işaretler ya da göstergelere, konuşmayı öğrenmenin parçası olan, anlam katmanlarını ekleyemez.

Vygotsky'nin dille ilgili görüşü, küçük çocuğu benmerkezcinin karşıtı haline getirir. Onun yürümeye başlayan çocuğu, başkalarıyla birlikte mutlu olduğu, şişe gibi bir şeye dikkatlerini çekmek istediği ya da korktuğu ve bu korkuyu başkalarına aktarmak istediği için anlaşılmaz sesler çıkaran sosyal bir varlıktır. Bebek altını kirlettiği ya da ıslattığı ve annesi ya da babasından bezini değiştirmesi istediği için ağlar.

Dil, simgesel temsil olarak daha sonra gelir. Çocuk için temel "keşif" işaret etmeyi öğrendiği ve her nesnenin bir ismi olduğunun farkına vardığı andır. Vygotsky, bunu dönüm noktası olarak adlandırır ve aşağıdaki gibi tanımlar:

> Dönüm noktasından önce, çocuk ...nesneleri, insanların, durumların ya da arzuların yerine geçen az sayıda sözcüğü tanır. Bu yaşta çocuk sadece, ona başkaları tarafından söylenen sözcükleri bilir. Şimdi durum değişir; çocuk sözcüklere ihtiyaç duyar, sorduğu sorular aracılığıyla nesnelere eklenmiş işaretleri öğrenmeye çalışır.
>
> (1962, s. 82)

Vygotsky, dönüm noktasından önce, çocuğun dilinin tıpkı bir şempanze gibi entelektüel öncesi olduğunu belirtir. Zekâ vardır, ama sözel değildir. Dönüm noktasından sonra, hem düşünce hem dil, fikirler ve kavramlarla mücadele etmeye başlar.

Vygotsky, dilin gelişiminde dört temel aşama olduğunu ileri sürdü. İlk üçü, konuşmanın entelektüel-öncesi ve zekânın sözel olmayan olduğu *"ilkel"* aşama; *pratik zekâ* aşaması ve *dışsal sembolik temsil* aşamasıdır. Örneğin, çocuk parmaklarını sayar ya da sözcükleri hatırlamak için resim kartları gibi hafıza yardımları kullanır. Onlarca yıldır, öğretmenler çocukların parmaklarını saymasını engellemeye çalıştı. Çocukların sembollerin üstesinden gelmek için dışsal yardıma ihtiyaç duydukları bir aşama olarak kabul edildiği için, şimdi eğitmenler bunu, kesinlikle yararlı bir fikir olarak değerlendirir.

Vygostky'ye göre, çocuklar sembolik temsili öğrenme mücadelesi verdiklerinde, kendi kendilerine konuşur. Benmerkezci konuşma, adeta bir öğrenme yardımı ya da taktiğidir.

Dördüncü aşama, çocuk dışsal sembolik yardımlara ihtiyaç duymayacak kadar olgunlaştığında ortaya çıkar. Çocuk artık *sembolleri içselleştirebilir.* Sekiz yaşındaki bir kız sessiz iç-konuşma yaptığı için davranışları hakkında art arda açıklama yapmak zorunda kalmayacaktır. Vygotsky'ye göre, sessiz iç konuşma, çok önemlidir. Kendi kendinize "**yarın**" diyemezseniz, nasıl gelecek planları yapabilirsiniz?

Benmerkezci konuşma

Vygotsky, Piaget'in 3-4 yaşındaki çocukların çoğunlukla konuşmalarında benmerkezi olduğu gözlemini benimsese de, nedenini merak ediyordu. Belirli durumların çocuklarda yarattığı benmerkezci konuşma miktarını nasıl etkilediğini incelemeye karar verdi.

Vygotsky, erişemeyecekleri bir uzaklıkta bulunan bir muzla bir kafese kapatıldıkları maymunlar üzerinde yapılan bir çalışmayı iyi biliyordu. Çoğunlukla kafeste bir sopa bulunurdu. Maymunların muzu yere düşürmesi için sopayı kullanabileceklerinin, böylece muzu yiyebileceklerinin farkına varmaları saatlerini alırdı. (Köhler, 1925).

Bir dizi deneyde, Vygotsky 3 yaşındaki çocukları benzer bir duruma soktu. 3 yaş 7 aylık Anya adlı bir kızda izlenen durum öğreticiydi. Durum: dolapta şeker vardır. Duvarda bir sopa asılı durur. Ulaşmaya çalışır. "Çok yüksek. Alabilmesi için Lyuba'yı çağırmalıyım." Anya, tekrar şekere uzanır. Şekeri alamadığı için bunu tekrarlar, çünkü çok yüksektedir. Şimdi sopayı tutar, ama kullanamaz. "Almanın hiçbir yolu yok, çok yüksek." Serbest olan, yani sopayı tutmayan eliyle şekere tekrar uzanır. Sonra, elinin yorulduğundan şikâyet eder. "Hâlâ çok küçüğüm. Şekeri alamıyorum." Birkaç kere sopayı sallar ve sonra sandalyenin üzerine çıkar. Gülümser ve şimdi hâlâ sandalyenin üzerinde durarak sopayı sallar. "Hah, hah," diye güler ve en sonunda sandalyenin üzerinde sopayı sallayarak şekeri alır. "Gördün mü sopayla aldım. Bunu evde yüksek bir yere koyayım ve kedim almak için uzansın. (Alıntı, Valsiner 1984)

Vygotsky, bir sorunu çözmeye çalıştığı için Anya'nın kendi kendine konuştuğunu ve benmerkezci konuşma yarattığını ileri sürdü. Sözcükleri, kesinlikle düşünmesinin gelişmekte olduğunu gösterir. Hâlâ şekeri alamayacak kadar küçüktür. Konuşmayı içselleştirdikleri için, daha büyük çocukların için bu sözcükler akışını dile getirmesi gerekmez. Ama benmerkeci konuşma sorun çözmenin bir parçasıysa, Anya bir kimsenin bekleyebileceği şeyi tam söylemez. Şekeri alamayacağını, çok yüksekte olduğunu tekrarlamaya devam eder. Burada çözüm yoktur! Çözüm, sözlü olmasa bile, –şekeri almak için sopa kullanabileceği bir modeli aniden anlamak– şekere uzandığı o anda hiçbir şey söylemez. Anya, bu gerçekleştikten uzun bir süre sonra sopa kullanma "içgörüsünden" hiçbir zaman bahsetmez, ta ki Vygotsky'nin belirtmediği "hah-hah", "buldum" anlamına gelinceye kadar.

Bu yüzden Vygotsky'nin vakası, teorisini pek doğrulamaz. Aynı zamanda, bir çocuk Anya'nınki gibi bir durumda, ama odaya bu kez sağır ya da yabancı bir çocukla birlikte ya da yüksek sesli bir müziğin çalındığı bir odaya konsaydı neler olacağını da araştırdı. Burada, fikirleri daha çok etkili oldu. Bütün bu durumlarda, çocuklar çok daha az benmerkezci konuşma üretti. Çocuk uygun dinleyiciler olmadığının farkındaysa, bu sosyal gerçekliğe tepki verip daha az konuşuyordu. Bu, çocuğun başkalarının varlığı ve kapasitelerinin farkında olduğunu akla getirir. Tamamen benmerkezci bir varlık, bu kadar duyarlı olamazdı.

Kendi kendilerine konuşan çocuklar

Birkaç çalışma, Vygotsky'nin benmerkezci konuşmayla ilgili fikirlerini ve özellikle çocukların bunu sorunlarla başa çıkmalarına yardımcı olması için kullandığı fikrini doğrulamaya çalıştı. Furrow (1984) bir deneycinin önünde 23-25 aylık çocukların sosyal ve özel konuşmalarını karşılaştırdı. Bu çok sayıda konuşma, çocukların yaptıklarını tanımlamasının dışında, aynı zamanda öz-düzenleyici konuşmaları da kapsıyordu. Çocuk, konuşmayı kendisini yönlendirmek için kullanıyordu. Furrow'un bulguları, Vygotsky'nin fikirlerini kısmen doğruluyordu.

Brivens ve Birk (1990), 6-8 yaş arasındaki daha büyük çocukları gözlemleyerek araştırmayı geliştirdi. Çocuklar matematik soruları çözmeye çalışıyordu. Araştırmacılar, üç farklı sözel davranış türü aradı: birincisi oyuncaklar, var olmayan arkadaşlar ve kelime oyunu vb. için yorumlar gibi ilgisiz özel konuşma; ikincisi rakamları yüksek sesle söylemek gibi görevle ilgili benmerkezci konuşma; üçüncüsü iç konuşma, çocukların mırıldanması, dudak ve ağız hareketleri vb. gibi dış belirtiler.

İçsel konuşma işaretleri arttığı halde, görevle-ilgisiz konuşma yaşla birlikte azalıyordu. Bu, Vygotsky'nin doğru yolda olduğunu gösterse de, tezini tam olarak kanıtlamaz. Benmerkezci konuşma, yoğunlaşma ve özdenetim arasında bir korelasyon olduğunu ileri sürmüyordu, ama çocuğun özdenetimi, önce benmerkezci konuşmayla ve daha sonra benmerkezci konuşmayı içeriye doğru yönlendirmeyle elde ettiğini belirtiyordu. Burada, neden ve sonucun kanıtlanması kolay değildir, ama Vygotsky'nin fikri kesinlikle akla yatkındır.

Geç öğrenenler sınıfı

Vygotsky'nin araştırmalarından biri 1930'ların sonunda Batı'ya sızdı ve düşünmeyle ilgili araştırmaları etkiledi. Vygotsky çift blok testinde, çocuklara değişen renk, biçim, yükseklik ve büyüklükte yirmi iki tahta blok verildi. Her bir bloğun altında, Rusça dört sözcükten biri yazılıydı: *lag, bik, mur* ve *sev*. Bu dört anlamsız heceden her biri, belirli bir tür blok anlamına geliyordu. Renkleri ve biçimleri ne olursa olsun, bütün yüksek, geniş blokların üzerinde *lag*; düz, büyük olanların üzerinde *bik;* yüksek, dar olanların *mur;* düz ve kısa olanların üzerinde *sev* yazılıydı.

Başlangıçta, bloklar bir tahtanın üzerine dağılmıştı. Tahta üzerinde işaretli dört alan vardı. Çocuk tüm *bik* yazılı blokları bir alana, tüm *mur* yazılı blokları ve diğerlerini başka bir alana koymak zorundaydı.

Deneyci örnek bir blok seçip deneğe gösterdi ve ismini okudu. Bundan sonra, katılımcılar aynı sınıfa ait tüm blokları seçmek zorundaydı.

Çocukları ilk seferde blokları doğru sınıflandırmadılar. İlk denemenin sonunda, deneyci yanlış sınıflandırılmış bloklardan birini seçip altında yazanı okuyacaktı. Sonra, çocuğu daha iyisini yapmaya ve yeniden başlamaya teşvik edecekti.

Vygotsky yönteme ikili uyarı adını verdi ve çocuğun bu sorunla uğraşma biçiminde bir dizi ilginç kalıp buldu. Küçük çocuklar, soyut kavramlar geliştirmekte zorlanıyordu. Farklı türde kavram öncesi düşünceleri vardı. Birincisi, blokları sadece hissetme bazında birleştiriyorlardı. Bir çocuk böyle izlenim verdikleri için belirli bir sayıda bloğun birbirine uyduğunu söyleyecekti. Vygotsky, bunu **bağdaştırıcı sorun çözme** olarak adlandırdı. Bir sonraki temel gruplandırma türünden, karmaşık olarak bahsetti. Burada nesneler arasındaki ilişkiler sadece çocuğun duyguları ve duygudurumlarına değil, nesnelerin bazı gerçek özelliklerine dayanıyordu. Çocuk tüm mavi nesneleri birleştirebilir ya da kırmızı bir şeklin maviye uyduğunu belirtebilir. Çok önemli bir biçimde, çocuk yetişkin düşünme biçimiyle neyin ilgili olduğunu ve ilgili olmadığını anlamaz. Bu, temel ve temel olmayan özellikler arasında ayrım yapmayı gerektirir. *Bik* yazılı blokların temel özellikleri geniş ve düz olmalarıydı. Her bir grubun temel özelliklerini neler olduğunu anlamayı ve böylece blokları doğru *bik ve laglar* olarak sınıflandırmayı sadece ergenler başardı.

Piaget ile birçok farklılığına rağmen, Vygotsky'nin sadece ergenlerin *bik ve lagların* temel özelliklerini belirleme biçimsel işlemlerini yapabildiğini doğruladığı görünüyordu.

Gelişmeye açık alan

Komünist toplumlar eğitime büyük bir inanç beslemiştir. Sovyetler Birliği, birçok başarısı hakkında yalan söylese bile, 1925'lerden itibaren olağanüstü başarılı bir eğitim sistemi kurmuştur. Vygotsky, okulda kavram oluşturmanın bu ikili blok testinde saptadığı biçimde gelişme gösterip göstermediğiyle ilgileniyordu. Burada, gerçek bir sürpriz oldu. Çocuklardan bilimsel kavramları öğrenmeleri istendiğinde, Sovyetler onların daha becerikli olduğunu saptadı.

Piaget'in geldiği gelenekte, psikolog mesafeli bir gözlemciydi. Piaget, çocuklara hiçbir zaman yardımcı olmamaya özen gösteriyordu. O bilim adamı, çocuklar denekti. Çocuklara yardımcı olsaydı, sonuçların anlaşılmasını zorlaştırırdı.

Ancak Vygotsky, doğal olarak sosyal olan bu çocukların, çoğunlukla yetişkinlerin onları zorladığı sosyal ortamlarda en iyi durumda olduklarını düşünüyordu. Bunu, çocuğun normal gelişimine bir müdahale olarak değil, gelişimin doğal bir parçası olarak görüyordu. Çocuklar her şeye rağmen, toplumdan soyutlanarak öğrenemezler.

Roazzi ile Brayant'ın bir araştırması (1998), makalelerinde Vygotsky'den aslında hiç bahsetmedikleri halde, onun fikirlerine mükemmel bir onay sağladı. Deneyciler, 4-5,5 yaş aralığındaki çocuklara, bir çift terazi kefesi üzerinde duran bir kutuda kaç tane şeker olduğunu bulmakla ilgili bir soru sordu. Küçük çocuklar deneyleri ya kendi başlarına ya da var olan diğer büyük çocuklarla yaptı. Büyük çocuklar onlara cevapların ne olduğunu söylemeyeseler de, ipuçları verebilir ya da bir kutuyu sonra diğerini terazinin kefelerine koyma önerisinde bulunabilirlerdi.

Rozzi ile Bryant, aynı zamanda tüm çocukları işbirliği yapmaya teşvik etmek için ellerinden geleni yaptı. Küçük çocuklar doğru cevabı verince, onlar ve diğerleri tüm şeker paketlerini alacaklardı. Sosyal etkileşimin, küçük çocukların kendi başlarına üstesinden gelemedikleri sorunları çözmelerine yardımcı olduğunu buldular. Gelişmeye açık alan, yeterince gerçekti.

Ebeveynler ve gelişmeye açık alan

Vygotsky, ebeveynlerle pek ilgilenmiyordu, ama çoğu çocuk için ebeveynleri neredeyse sürekli bir yardım ve teşvik kaynağıdır. Anne ve baba, gelişmeye açık bir alan oluşturur. Batı'da, yeterince mantıklı bir biçimde çocukların ilk öğretmenlerinin ebeveynler olduğunu varsayan, onların kişisel gelişimine adanan bir endüstri oluşmuştur.

Wells (1981), ebeveynlerin çocuklara, ne zaman söz alınacağı gibi konuşmakla ilgili çok önemli becerileri öğrettiğini göstermiştir. Ebeveynler aynı zamanda çocukların konuşma biçimlerini düzeltir, onlara yeni nesneler gösterir ve isimlerine dikkat çeker. Bunun, küçük çocukların sosyal ilişkilerde nasıl gelişebileceğinin başka bir örneği olduğu da savunulabilir. Anneler ve babalar, sözcükleri tekrarlar, bebek gibi konuşur ve çocukları iyi anlayıp konuştukları için ödüllendirir. Ebeveynlerin, özellikle dil öğrenmede gelişmeye açık alan olduğu söylenebilir. Pinker dikkate alındığında, kişi dilbilgisel açıdan değişime uğramış olanların, şempanze ailesinden ayrılmadığımız uzak geçmişte bunu nasıl yaptıklarını merak eder.

Eğer bir ebeveynseniz, bununla ilgili bir şey yapmanız gerekmez. Kesinlikle ebeveynlere çocuklarıyla yapmaları için alıştırmalar sunan bir kitap almak zorunda değilsiniz. Tek yapmanız gereken, çocuklarınızla konuşmak, onları anlamak ve dinlemektir.

Oyun

Vygotsky'nin oyunla ilgili araştırmasının da yorumlanmaya ihtiyacı vardır. 1930'lar kadar eski bir tarihte, ata binmek isteyen ama binemeyen bir çocuk örneğini verdi. Üç yaşından küçük çocuk, belki ağlar ve öfkelenir, ama 3 yaş civarındaki çocuk değişir. Bundan böyle, gerginliği ortadan kaldırmak için;

> Okul öncesi çocuk, gerçekleştirilemez arzuların gerçekleştirilebildiği bir hayali dünyaya dalar ve bu oyun adını verdiğimiz dünyadır. Hayal gücü, çocuğun yeni psikolojik sürecidir; hayal gücü çok küçük çocuğun bilincince var olmaz, hayvanlarda hiç yoktur ve özellikle bilinçli etkinliğin insani biçimini temsil eder.
>
> (Vygotsky, 1978, s. 93)

Binici olmayan çocuk, bir sopa alır, üzerine oturur ve ata binermiş gibi yapar. Sopa, bir *dayanaktır*. "Kurallara göre davranışı nesneler değil, fikirler belirler... Sopa - örn. bir nesne-hayali atın anlamını gerçek attan ayırmanın bir dayanağı haline gelir" (a.g.e., s. 97). Böylece, çocuğun gerçeklikle ilişkisini belirleyen temel psikolojik yapılardan biri, köklü olarak değişir.

Oyun, aynı zamanda çocuklara sosyal roller ve kurallarla oynama fırsatı verir. Vygotsky, kardeş olma rolü oynayan iki kız kardeş örneğinden alıntı yapmıştır. Aralarında günlük yaşamda gözlerden kaçan davranış kuralları, oyun yoluyla bilinçli olarak elde edilir.

Vygotsky'nin gelişim aşamaları

Vygotsky, bilişsel gelişim aşamaları fikrini benimsemeye Piaget'e göre çok daha az eğilimliydi. Sovyetler Birliği'nde 1962'de yayımlanan bir makalede, Vygotsky çocuk gelişiminde "dönemleme" kavramını inceledi. Çocuğun büyümesinde krizler olduğunu, ama bu krizlerin mantıksal becerilerini mükemmelleştirme sorunu olmadığını savundu. Vygotsky, her krizde çocuğun bir şey kazandığını ve bir şey kaybettiğini ileri sürdü. Piaget, her gelişme aşamasını yetişkin normalliğine bir ilerleme olarak görüyordu. Benmerkezci olmak bir kayıp değildi. Öte yandan, Vygotsky değişikliklerde hiçbir gerçek kayıp görmüyordu. Örneğin, yedi yaşındaki çocuklar tam gün okula gitmeye başladığında, belirli bir fantastik hayal gücünü daha az kullanabiliyordu. Vygotsky, gerçeklerden hoşlandıkça, masalları daha az seversiniz diye varsayıyor gibi görünüyordu. (Aslında hiçbir zaman sınamadığı birçok fikrinden biriydi.

Eleştiriler

Vygotsky, Piaget'in gördüğü kadar neredeyse saplantı derecesinde ayrıntılı eleştirel ilgi görmemiştir. Sonuçta, fikirlerinin bilimsel konumunun ne olduğunu değerlendirmek zordur. Piaget'e karşı, bir denge olarak önemlidir. Aynı zamanda, Gelişmeye Açık Alan kavramı, çocukların aşamaları için "normalden" daha üst bir düzeyde yardımla işlev görebileceklerini belirginleştirir.

Bununla birlikte, aşama teorilerinin daha temel bir eleştirisi vardır. Aşama teorileri, belli noktalarda tüm çocukların değişeceğini varsayar. Bu mutlaka doğru mudur?

Howard Gardner ve Robert Ornstein gibi bazı Amerikalı psikologlar, kişinin, tüm bireysel gelişiminin evrelere değil, belirli etki alanları ve ölçü birimlerine göre değerlendirmesi gerektiğini savunmuştur. Çocuğun düşünme ya da algılama biçiminde radikal değişiklikler aramak yerine kişi, zihni farklı hızlarda gelişebilen bir dizi birim olarak kabul etmelidir. Görsel algılamayı kontrol eden A birimi, 2 ile 6 aylıklar arasında olağanüstü gelişebildiği halde, dili kontrol eden B birimi değişmez.

Bununla birlikte, Vygotsky'nin çalışmaları, şimdi ampirik uygulamanın iyi modelleri olarak kabul edilenlere Piaget'ten daha fazla uymaz. Onun hipotezlerini çarpıtmaya çalışan çalışmaları şimdiye kadar hiç tasarlamamıştır. Öyleyse etkisinin bir bölümü uzun süredir ihmal edilmesinden mi kaynaklanmaktadır?

Artık tarihin ünlülerini geride bıraktık. Piaget ile Vygotsky'nin doğumunun üzerinden 100 yıl ve önemli eserlerinin yayımlanması üzerinden 75 yıl geçti.

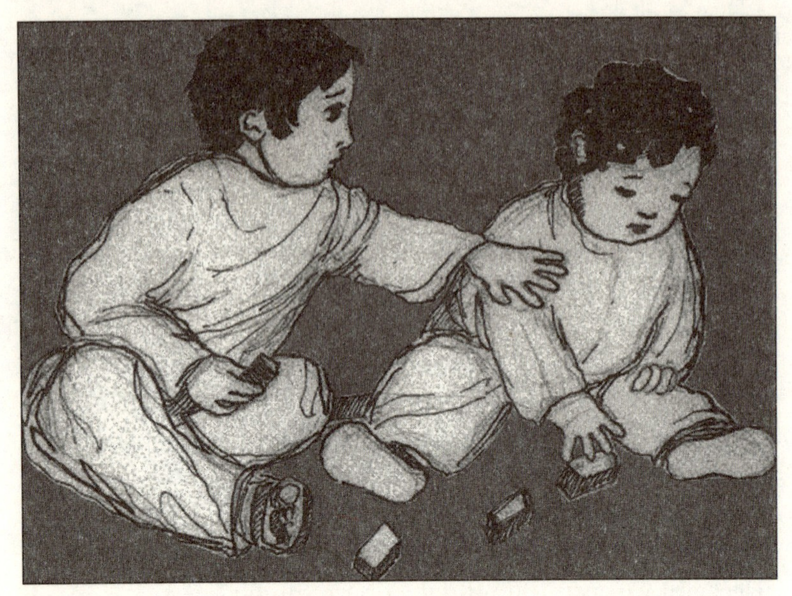

Kardeşler birbirine çok şey öğretir. Yine ZPD!

Bu kitabın geriye kalan kısmının büyük bölümünde, çocukları etkileyen birçok sosyal ve kültürel değişiklikler dikkate alındığında, buldukları sonuçların günümüzde hâlâ tamamen geçerli olup olmadığını sorguladım. Bir sonraki bölümde moral gelişimi inceleyeceğim.

Anlama farkındalığı konusunda temel çalışma, çocukların nasıl bilye oynadıklarıyla ilgili araştırmadan ortaya çıkar. Bunların çocukların neyin doğru, neyin yanlış olduğunu ve nelerin cezasız kalabileceğini nasıl anlayacakları hakkında bize neler öğretebileceklerini görmek için PlayStation oyunları gibi daha modern oyunları, henüz hiç kimse kullanmamıştır.

Üzerinde düşünülecek konular

Erkek ve/veya kız kardeşleriniz varsa, onların size ya da sizin onlara bir şey öğrettiği, çocukken birlikte oyun oynadığınız örnekleri düşünün.

4

Ahlak Duygusunun Gelişimi

İncil'in gönderildiği zamanlardan beri, ebeveynler, rahipler ve öğretmenler, çocuklara nasıl iyi olunacağını öğretmeye çalışmıştır. İyi yetişmiş bir çocuğunuzun olduğunu söylemek, neredeyse tüm toplumlarda hâlâ bir iltifattır. Bununla birlikte yirmi birinci yüzyılın başlarında, İngiltere ve ABD gibi ülkeler, masum olarak idealleştirdiğimiz çocukların sadece top oynarken cam kırmak gibi kötü davranışlarda bulunmak dışında, ciddi suçlara karıştıkları gerçeğiyle mücadele etmek zorunda kalmıştır.

2008'de, İskoç gazeteleri 16 yaşından küçük yüzlercesinin arasından 8 yaşında bir oğlanın, Glasgow'un Hamilton bölgesinde suç işlemekle suçlandığını bildirdi. Tutuklamaya direnmek ve polis memurlarına saldırmakla suçlandı; bu, Piaget'in işlem öncesi evresine zar zor giren bir çocuk için çok büyük bir beceriydi. Strathclyde polisi, 16 yaşının altındaki 446 çocuğun, 898 saldırıya karıştığını ortaya çıkardı.

Londra'da 2010 yılında, üyeleri silahlı olan ergen çeteler, gazete manşetlerine çıktı. Suç Kurbanları Vakfı sözcüsü Norman Brennan şöyle diyordu: "11-12 yaşındaki küçük çocuklar silah taşıyor. Acı gerçek, basın tarafından son derece rutin olarak bildirilen bir çocuğun vurulmasının olağan karşılanmasıdır." 2011 yılında Londra'da üç gün süren bir yağmalama oldu ve yağmacıların çoğu çok gençti. Yine, bu, gençlerin nasıl değiştiği konusunda çok tartışma yarattı.

Bu bölümde aşağıda belirtilenleri inceleyeceğim:

- **Piaget, Kohlberg'ninkiler ve Tomasello'nun daha yakın zamandaki çalışması gibi ahlak gelişim teorilerini;**
- **Şu anda oldukça eski olan bu teorilerin çağdaş deneyimlere uyup uymayacağı sorusunu;**
- **Çocukların kuralları nasıl öğrendiğini;**
- **Çocukların neyin doğru, neyin yanlış olduğunu nasıl algıladıklarını;**
- **Hangi suça hangi cezaların yakıştırıldığını;**
- **Çocukların kuralları nasıl öğrendiklerini, adalet ve bilişsel gelişimleri arasındaki ilişkiyi.**

Psikologlar on sekizinci yüzyılın sonlarından beri suçlu çocuklarla ilgilenmektedir. August Aichhorn (1878-1949) adında bir psikanalist onları ıslah etmek için Avusturya'da iki eğitim merkezi kurdu. İngiltere, yirminci yüzyılın başlarında ıslahevleri –genç suçlu enstitüleri– açtı ve 1920'lerde Mark Benney adlı bir mahkûm Low *Company* (1936) adlı kitabında buralardaki hayatı mükemmel bir biçimde anlattı. Benney, Gallup ile birlikte çalışan ilk siyasi anketör oldu ve George Orwell ile H.G Well's ile arkadaşlık yaptı. Bunu yapan birkaç çocuk suçlu daha vardır.

Genç suçlular

Palermo ile Ross (1999,) ABD'de kitle katliamı davalarını inceledi ve 1994 ile 1996 arasında insanları silahla vuran altı çocuğun davası olduğunu saptadı. İngiltere'de istatistiklerinin gerçekliği olduğundan az gösterdiğine yaygın biçimde inanılıyordu. Birçok suçlu çocuk yakalanamıyor ve bazen yakalananlar yargılama sisteminin karşısına çıkmıyordu. Bu çocuklarla sosyal hizmetler ilgilenir. Channel 4 için 1991'de yaptığım *Dispatches* adlı bir filmde, tüm cinsel istismar davalarının üçte birinde suçun çocuklar ve 18 yaşın altındaki gençler tarafından işlendiğini açıkladım. Derlediğim birkaç röportajda, tacizciler çok küçük yaşta tacize uğradıklarını ve çoğunlukla 10 yaşından küçükken çocuk istismarına başladıklarını söyledi. Bu genç tacizcilerden çok azı yargılanmıştır.

Geleneksel olarak, İngiliz hukuku 10 yaşının altındaki çocukların, doğru ile yanlış arasındaki farkı bilemeyeceklerini iddia ediyordu. Bir suçtan suçlu bulunmak için, bir kişinin suç işleme niyetinin olması gerekiyordu. Kötülük yapmak için böyle bir niyet geliştiremeyecek kadar küçük bir kişi, bir suçun suçlusu olamaz. Bu kişi, yine de kamu güvenliği için Broadmoor gibi özel bir hastanede gözaltında tutulmalıdır ama bir suçtan suçlu bulunamaz. Çocuklar, ağır derece zekâ geriliği olanlar ve akli dengesi bozuk kişiler, davranışlarının doğru ya da yanlış olup olmadığını değerlendiremez.

Günümüzde, çok daha fazla ikircikliyiz. Çocukların masum olduğu fikrine bağlı kalmak istiyoruz, ama sürekli aksini akla getiren dramlarla karşılaşıyoruz.

İki tarihi teorisyen –yine Piaget ve Amerikalı Lawrance Kohlberg– konuyu şimdi bize adeta safça görünen bir biçimde araştırdı. Terapist Carl Rogers, New York'un şehir dışında Çocuklara Karşı Zorbalığın Önlenmesi Derneğinde 1929'dan 1940'a kadar çalıştı. Rogers makalelerini Washington'daki Kongre Kütüphanesine bıraktı, notları arasında günümüzün sosyal hizmetler bölümüne tamamen aşina olan çocukların olgu geçmişleri vardı. Rogers'un üzerinde izlenim bırakan çocuklardan biri, John adlı 7 yaşında bir oğlandı. John, cinsel açıdan son derece saldırgan bir çocuk olarak gösteriliyordu. Rogers, iki küçük kıza cinsel tacizde bulunduğunu ve birkaç oğlana "sapkınlık" yaptığını belirtti. John'un Rogers'a sorduğu ilk sorulardan biri, terapistin karısıyla yatıp yatmadığıydı.

Böylesine uç olgular, Piaget ve diğer önde gelen teorisyenlerin yazdığı gibi, psikoloji kaynaklarında hesaba dâhil edilmez. Rogers'ın kendisi bizim değerlendirmemizle çocuk istismarını önemsiz gösterir (Cohen 1977). Mevcut başta gelen teorilerin güncelliğini yitirmiş olduğu kadar çok yanlış olmayacakları olasılığıyla tekrar karşılaşırız. Piaget'in çalışmasında bulduğum en modern örneği, küçük bir çocuk ve ona okulda gözdağı veren bir büyük çocukla ilgili bir hikâye anlatılan ço-

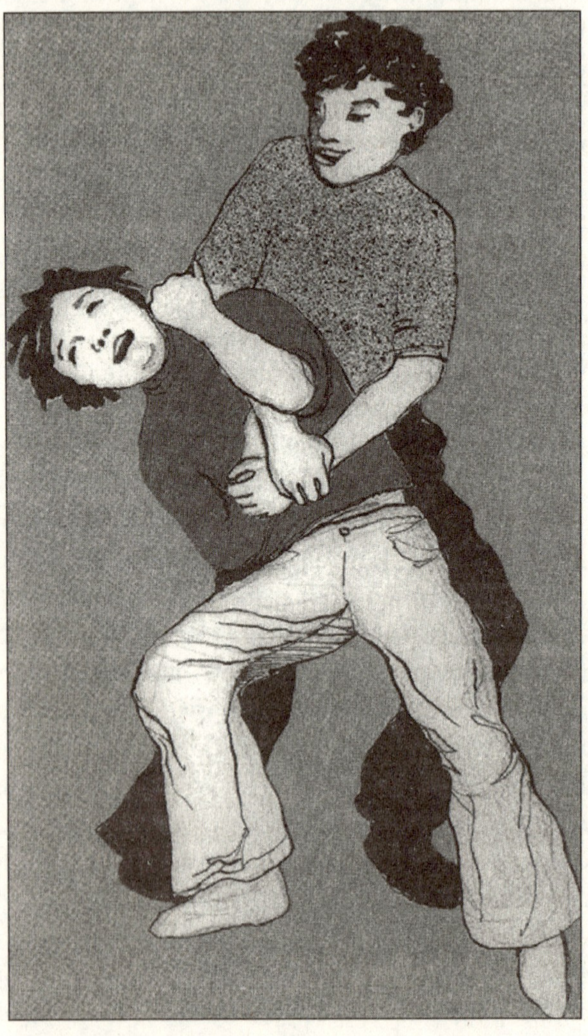

Zorbalık mı yoksa eğlence mi?

cukları içerir. Piaget, 6 ile 8 yaş arası birkaç çocuğa, küçük çocuk, büyük zorba çocuğun okula getirdiği sandviç ve elmayı çalarak tepki verdiğinde, ne düşündüklerini sordu. Lara Croft ve Donkey Kong dünyasında, çalınan elmaya genellikle çok önem verilmez.

Ortalama bir çocuğun haftada 50 saatten fazla televizyon izlediği tahmin edilmektedir. İzlenilen programların büyük bir kısmı, pembe diziler ve iyi adamlarla kötü adamların mücadele ettiği savaşlarla ilgili dramlardır. İzleyici sürekli neyin doğru ve neyin yanlış olduğunun çok açık olduğu durumları seyreder. İkincisi, İngiltere'de iki evlilikten biri boşanmayla sonuçlanır, bu yüzden belki de iki milyon İngiliz çocuğu üvey ailelerde büyür. Bu çocuklar, ebeveynler arasında şiddetli tartışmalar duyacaklardır; örneğin ebeveynlerinin ailedeki diğer çocuklara karşı kendi çocuklarının tarafını tuttuklarını görecekleri, karmaşık geniş ailelerde yaşayacaklardır.

Üçüncüsü, 2009/2010 suç araştırması sonuçlarına göre, 16-24 yaş arasındaki genç erişkinlerin yüzde 40,7'si yasadışı uyuşturucular kullanmaktadır. Beş gençten biri (yüzde 20), geçen yıl bir ya da birden fazla yasadışı uyuşturucu kullanmıştı ve yaklaşık dokuzda biri (yüzde 11,6) geçen ay uyuşturucu kullanmıştı. Piaget'in Neuchâtel'inde en suçlu gencin bir kadeh yerel şaraptan daha etkili bir şey içip içmediğinden şüpheleniyorum.

Bilyeler mi kayboldu?
Piaget ve ahlak gelişimi

Piaget, ahlak gelişimi konusunu, bilişsel gelişim çalışmasının bir uzantısı olarak görüyordu. *Çocuğun Ahlak Yargısı* ve *Çocuklarda Oyun, Düşler ve Taklit*'in (1951) adlı kitaplarının belirli kısımlarında, Piaget, bir dizi konuyu ele alır: bilye kurallarını, çocukların adalet duygusunu ve belirli suçlar için neleri mantıklı cezalar olarak kabul ettiklerini. Küçük kardeşinizle acımasızca alay ederseniz, babanızın size tokat atmaya hakkı var mıdır? Her zamanki gibi, Piaget geniş alana yayılmış bir malzemeye düzen ve uyum vermeye çalıştı. Çocuklar için saf bir Kalvinist ahlakının geçerli olduğunu belirtti. On Emir, ailede ve kilisede öğretiliyordu. "–meyeceksin" kuralı geçerliydi. Otoriteye, bu siyah-beyaz dünyada itaat edilmeliydi.

Piaget, sorgulamasına etkileyici bir şekilde başladı. Bilyeleri çocuklara verdi ve onlara oyunu nasıl oynayacağı hakkında hiçbir fikri olmadığını söyledi. Ona kuralları öğretecekler miydi? Verdikleri cevapları kaydetti ve sonra klinik yöntemine bağlı kalarak sorular sordu. Bu, Piaget'in şüpheli bir varsayım yapmak zorunda olduğu anlamına geliyordu: çocuklara bilye kurallarını bilmediğini söylediğinde, ona inandılar. Yine de bilye, kuşaktan kuşağa aktarılan eski bir oyundu. Piaget kuralları nasıl olur da bilmez? Sorunun onu hiç rahatsız etmediği görülür.

Çocuklarla yaptığı görüşmeler, çocuğun ahlak yargısının zihinsel gelişim aşamalarına benzer aşamalardan geçtiğini ileri sürmesine yol açtı. İlk olarak çocuk bilyeleri atar, birbirilerine vurdurtur ve onlarla oynar. Bilye oynuyormuş gibi görünebilir ama çocuk sadece "motor kurallara", oyunun kendi bireysel ritüeline uyar. Çocuk başkalarıyla neredeyse hiç oynamaz.

Üç yaşındaki çocuk, kendisinden yaşça büyüklerin uyguladığı kurallara uymaya başlar. Örneğin, üç yaşındaki bir çocuk her bir oyuncunun üç bilyesi olduğunu görürse, oyun oynamanın doğru şeklinin üç bilyeyle olduğunu açıklayacaktır. Piaget, 3-4 yaşındakinin yapabileceği en iyi şeyin, bireysel kural kavramına göre oynamak olduğunu belirtir. Ahlak gelişimiyle zihinsel gelişimi karşılaştırır. Ve evreka! Oyun alanına da benmerkezcilik egemen olur.

Çocuklar arasında başkalarıyla oyun oynamak için gereken uygun dayanışma, 4-6 yaşından önce başlamaz. O zaman bile, çocuk genellikle kendi değişken kurallarına göre oynar. Piaget yine zihinsel ve ahlak gelişimi arasında karşılaştırma yapar. Çocuk diğer çocuklarla oynuyormuş gibi göründüğü halde, gerçekte onlara, kurallara ya da onlarla birlikte oynayan başkalarının bakış açılarına yeterince ilgi göstermediğini vurgular.

Piaget, yedi yaş civarında bir değişiklik fark etti. O andan itibaren, çocuk onlara uyacak ve geçerli bir bilye oyunu oynayacak kadar kuralları öğrenir. Piaget, bunu bilişsel gelişimde işlem öncesi aşamadan somut işlemler aşamasına geçişe –onun için çok önemli bir benzeme– benzetir. Somut çocuk, artık o kadar benmerkezci değildir. Konuşmanın arkasındaki teoriyi kavrayamayabilir ama geniş büyük bir kaptan ince uzun bir kaba aynı sıvı dökülüyorsa, aynı miktarda sıvı olduğunu bilir. Piaget, somut çocuğun aynı zamanda bilye oyununda kurallarla ilgili çok sabit bir kavramı olduğunu ileri sürer. Flavell (1962) Piaget ile ilgili makalesinde, çocuğun kuralları doğru açıklayamadan, adeta kutsal olarak kabul ettiğini yazdı.

Bir sonraki aşama, çocukların sadece kurallara göre oynayabilmekle kalmayıp onları açıkladığı 11 yaş civarında ortaya çıkar. Anlayabilecekleri ve gerekirse haklı çıkarabilecekleri kurallara uyan bireyler haline gelirler. Çocuk, kuralların, doğru, yanlış ya da mantıklı olup olmadığını değerlendiren ahlaki bir varlığa dönüşür. Piaget, zihnin ahlaktan önce geliştiğini savunuyordu.

Çocukların adalet kavramları

Piaget, çocukların yalanlar ve adalete yönelik tutumlarında da ilginç kalıplar buldu. 3-4 yaşındaki küçük çocuklar, davranışlarının sonuçlarıyla değil yalın nicelikle ilgileniyordu. Bir bardak yerine on beş bardağı kırmak daha kötüydü. Motivasyon önemli olmadığı gibi ne niyetin ne de hafifletici sebeplerin önemi vardı. Yine de insanların davranışlarını değerlendirmenin temel faktörlerinden biri, niyettir. Karımı sadece zehirli karidesler içeren körili bir karides yaparak kazayla öldürürsem, mahkeme beni suçsuz bulacaktır. Öte yandan, karideslere arsenik koyarsam, karım kurtulsa bile suçlu bulunurum. Piaget, küçük çocuklarda böyle ayrımlar olmadığını saptadı. Niyetlerin çok önemli olduğu fikri, ancak 7-8 yaşında ortaya çıkmaya başlar. Piaget, aynı zamanda çocukların yalanlara karşı tutumlarını da ilginç buldu. 3-4 yaşında çocuklar, yalanı bir küfür gibi yasaklanmış bir şeyi söylemek olarak kabul eder. 5 yaş civarında, yalan basitçe doğru olmayan bir şey olarak algılanır. Piaget, ayrıca çocukların algıladığı gibi gerçekten ne kadar uzak olursa yalanın o kadar büyük olacağını ileri sürdü. Salı dönmeme karşın pazartesi gelip çarşamba döndüğümü söylemem, daha büyük bir yalan olurdu. Çarşamba gelseydim, yalan 24 saat daha büyük olacaktı. Yine miktar konusu; hafifletici nedenlerin önemi yoktu. Oraya pazartesi varmak için elimden geleni yaptığım halde, klasik demiryolu mazeretiyle rayların üzerindeki yapraklar yüzünden tren seferi iptal edildi. Bu durum, 5 yaşındaki çocuğun değerlendirme biçimini değiştirmeyecektir. Boş verin, yine yalan söylemiş oldum. Oraya pazartesi gitmedim.

9 yaşına doğru, çocuklar değişir. Niyetlerin çok önemli olduğunu anlamaya başlarlar. Kibar ya da ahlaklı olmak için yalan söylersem, bu durumda yalan söylemek için mazeretim vardır.

Piaget, çocukların adalet duygusunun nasıl geliştiği hakkında bir açıklama sundu. Çocuklara okulda küçük bir oğlana zorbalık yapan ve bazen onu döven büyük bir oğlanla ilgili bir hikâye anlattı. Küçük olanın büyük oğlanla kavga etmeye cesareti yoktu, bunun yerine intikam almak için mağdur çocuk zorbanın okula yemek için getirdiği sandviç ve elmayı sakladı. Piaget, aşağıdaki belirtilen tepkileri aldı.

Mon (6,5 yaşında): "Bunu yapması gerekir" *Neden?* "Çünkü büyük olan onu hep dövüyor."

Küçük oğlanın iyi yaptığını ve kendi kardeşinin vurmaması gerektiğini söyleyen 7 yaşındaki Aud, aynı fikirdeydi. Piaget, Aud'un "intikam" sözcüğünü anlamadığını ama bunu yapılacak kötü bir şey olmadığını söylediğini belirtti. Yedi yaşındaki başka bir çocuk, Hel, büyük oğlan küçüğü her zaman hırpaladığı için "bunu yapmanın sakıncası olmadığını" söyledi.

10 yaşından itibaren çocuklar daha karmaşık gerekçeler sunuyor ve Ag'ın söylediği gibi altta yatan "büyük oğlanlar küçüklere vurmamalılar" ilkesinden alıntı yapıyorlardı. Piaget, bulgularıyla ilgili biraz farklı iki yorum sundu. Yorumun zayıf tarafı, ahlaki ve zihinsel gelişimin paralel gelişmesiydi. Çoğunlukla belirttiği güçlü tarafı, ahlaki gelişimi zihinsel gelişimin belirlemesiydi. Somut işlemlere geçmeden, 8 yaşından önce, çocuklar kuralları sabit, kutsal ve değiştirilemez olarak görüyordu. Piaget, çocukların böylesine katı tutumlardan geliştiğini savunuyordu. 8 yaşından sonra, çocuklar yetişkinlerin ahlaki kararlar aldıklarında yaptıkları tüm hesaplamaları, yani davranışları yönlendiren niyetler, güdüler, nedenler ve mazeretleri bütünleştirmeye başlar.

Piaget daha masum zamanlarda yaşamış olabilir, ama yetişkinlerin çocuklarla karmaşık temalar hakkında nasıl konuşabildiklerine dair mükemmel bir model sunar. Cutting ile Dunn (1999) tarafından yapılan bir araştırma, 4 yaşa kadar çocukların, arkadaşınız olan bir kimsenin size sormadan oyuncaklarınızdan birini ödünç almasının sakıncası olup olmadığı gibi konularla ilgili ilginç ayrımlar yaptığını saptamıştır. Sanırım ebeveynlere ya da uzmanlara çocuklarıyla konuşmaları için bir konular listesi veremem, ama günlük haberler ahlak konuşmaları için hem evde hem de okulda bitmek bilmeyen başlangıçlar sunar.

Piaget'in çalışması, bağlantılı bir teori geliştirmeye 30 yılını harcayan Lawrence Kohlberg'e dayanıyordu.

Kohlberg'in ikilemleri

Kohlberg'in çalışması 1955'teki doktora teziyle başladı. Bu, araştırmanın başında 10 ile 26 yaş arasında olan elli Amerikalı erkekle ilgili dikey bir araştırmaya dönüştü. Deneklerle her üç yılda bir yeniden görüşme yapıldı. Kohlberg, neden bir mağazadan çalmamalısınız gibi sorular sordu; aynı zamanda çocuklara Heinz ve biyokimyacınınki gibi bir dizi ikilem anlattı.

Heinz'in karısı, kanser nedeniyle ölümün eşiğindeydi. Doktoru, onu kurtarabilecek bir ilaç düşünüyordu. Bir biyokimya uzmanı, henüz yeni bir radyum biçimi keşfetmişti. İlacın üretilmesi pahalıydı. Bir tedavi süreci boyunca Heinz'a 200 dolara mal olacaktı, ama biyokimyacı 2000 dolar istiyordu. Hasta kadının kocası, borç almak için tanıdığı herkese gitti ama en fazla 1000 dolar toplayabildi. Biyokimyacıdan ya ilacı ona daha ucuza satmasını ya da daha sonra ödemesine izin vermesini istedi. İnatçı biyokimyacı reddetti. Bir ilaç keşfetmişti ve ondan para kazanmak istiyordu. Bu yüzden çaresiz kalan Heinz, laboratuvara girip biraz ilaç çaldı.

Kohlberg, deneklerine Heinz'in biyokimyacıyı soymakta haklı olup olmadığını sordu. Eğer haklıysa, neden? Haklı değilse, neden?

Aldığı cevaplar bazında, Kohlberg ahlaki muhakemenin üç düzeyi olduğunu ve her bir düzeyin iki aşamadan oluştuğunu ileri sürdü. Birinci aşama, gelenek öncesi ahlak anlayışıdır. Tipik olarak bir denek, yasalara aykırı olduğundan ve polis yakalayabileceği için kişinin bir mağazadan hırsızlık yapmaması gerektiğini söylerdi. İki aşama, daha bireyseldi. Kişinin acil ihtiyaçlarını ya da çıkarlarını karşılamak için ya da karşılıklı ilişkilerden dolayı hırsızlık yapmak, kabul edilebilirdi. Örneğin, bir kimse size kötü davransaydı, ona kötü davranmaya hakkınız vardır.

İkinci düzey, geleneksel ahlakın düzeyiydi. İnsanların rolünüzden beklediklerine göre yaşıyordunuz. İyi olmak önemliydi ve iyi güdülere sahip olmayı içeriyordu. İkinci geleneksel ahlak aşamasında, denekler yasaların ve yasaların toplumun işlev göstermesi için sürdürülmesi gerektiğinin farkındadırlar.

Kohlberg, üçüncü düzey olan gelenek sonrası düşünceye sadece –neredeyse her zaman yirmi yaşından sonraki– yetişkin bir azınlık tarafından ulaşılacağını savunur. Yasaların sürdürülmesi gerektiğini kabul ederler ama ahlaki nedenlerden dolayı yasayı ihlal etmenin kabul edilebilir olduğu olağandışı durumların, ilkesel nedenlerin olduğunu hissederler. Gelenek sonrası düşünenlerin birçoğu, Heinz'in nadir bulunan ilacı çalmakta, sadece ölüm kalım meselesi olması dışında, biyokimyacının çok hırslı ve umursamaz olmasından dolayı da haklı olduğunu kabul edecekti. Biyokimyacı bunu hak etmişti.

Kohlberg, Piaget gibi, bir çocuğun ulaşacağı ahlaki muhakeme düzeyinin bilişsel gelişimine bağlı olduğunu kabul eder. Somut işlemler düzeyindeki bir çocuk gelenek öncesi ahlaki muhakeme aşamasında olduğu halde, biçimsel işlemleri henüz öğrenmeye başlayan bir çocuk geleneksel aşamada ve biçimsel çocuk geleneksel-sonrası aşamada olacaktı.

Kohlberg'in araştırmasıyla ilgili çok sayıda eleştiri vardı. Örneğin, Kurtines ile Greif (1974) ikilemlerin çok öznel olduğunu ve aralarındaki durumlarda iyi bir karşılıklı ilişki kurulmadığını belirtti. Bu yüzden, bir çocuk Heinz ikileminde çok geleneksel ve farklı bir senaryoda çok geleneksel-sonrası olabilir. Damon (1977), 10 ya da 17 yaşındaki birisine Heinz'ınki gibi ikilemlerin ne kadar gerçekçi gelebileceğini sordu ve bir sınıfın resim yaptığı bir durumu analiz etti. Öğretmen o kadar iyi olduklarını düşünür ki, sınıfa bir galeride resim satmalarını önerir. Sınıf kazancı nasıl paylaşmalıdır? Eşit olarak mı bölüşmelidirler, yoksa resmini satan çocuk bunu sadece sınıfın çabasının parçası olarak yaptığı halde, kazanılan parayı almalı mıdır? 10 yaşındakiler daha az bencil olma ve sınıfın eşit şekilde paylaşması gerektiğine inanma eğilimindeydi. 17 yaşındakiler, resmi satan çocuğun kazanılan parayı alması gerektiğini düşünüyordu.

Turliel (1983), 4 yaşına kadar çocuklarda doğal bir adalet duygusu olduğunu saptadı. Bu çocukların kurallara her zaman uymayabileceklerini dair kanıtlar olduğunu ama çoğunlukla zihinlerinde neyin doğru ya da yanlış olduğuyla ilgili bir kavrayışa sahip olduklarını belirtti. Son birkaç yıldaki araştırmalar, bu konularda farklı bir bakış açısı sunar.

Bir kez daha: Piaget, Tomasello'nun niyetlerle ilgili çalışmasını hafife mi aldı?

Turliel, Tomasello ve Leipzig'deki Max Planck Enstitüsü'nden son zamanlarda daha fazla çalışma bekliyordu (Tomasello, 2009). Çalışmaları, hem çocukların neyi adalet olarak kabul ettikleri hem de çocukların hayali oyun oynama becerileri konusunu etkiler. İkincisini kitapta daha sonra ele alacağım ama Tomasello'nun çalışmasına bir kısımda incelemek mantıklı olacaktır.

Tomasello ve ekibi, insan iletişiminin işbirliğine, hatta ortak niyetlere dayandığını savunur; bunun kanıtı 1 yaşındaki çocukta bulunabilir. İşbirliğine dayalı iletişim, önce işaret etme ve taklit etme hareketlerinde doğar. Tomasello, tehdit edici bir dünyada hayatta kalmaları gerektiği için atalarımızın önce gürültüye benzeyen uyarılarda bulunduklarını iddia eder. Aslanlar yakındaysa ya da daha mutlu bir biçimde lezzetli meyvesi olan bir yığın ağaç buldularsa, birbirlerini uyarmaları gerekiyordu. Birlikte çalışma iletişimi hayatta kalmak için o kadar zorunluydu ki, bebeklerin bunun bazı yönlerini böylesine küçük bir yaşta anlaması nerdeyse hiç şaşırtıcı değildir. Bir araştırmada, o ve ekibi 1 yaşındakilerin diğerlerine yardım ettiğini göstermiştir. Tomasello şunları sözlerine ekler (www. eva.mpg. de/psycho/child-social-cognition.php):

1 yaşındaki bebeklerde zaten sözel öncesi oldukça karmaşık bazı beceriler saptıyoruz. Örneğin, bebekler (maymunlardan farklı olarak) başkalarının işaret etme hareketlerini yorumlamak için ortak zemin kullanır ve başkalarıyla paylaştıkları deneyime bağlı olarak farklı işaret etme hareketleri de üretir. Biraz daha büyük çocuklar, başkalarının isteklerini işbirliği yaparak yorumlar ve işbirliği yaparak kendi farklı isteklerini, iletişimlerinin başarısız olma nedenine dayandırarak farklı biçimde telafi eder... Bebeklerin, başkalarının ilgi ve dikkatini çekmek ("bildirimsel" adlı işaret etme) ve bilgi verme yoluyla başkalarına yardım etmekten oluşan, toplumsallık-öncesi güdüler içeren çeşitli güdüleri işaret ettiklerini göstermiştik.

Şaşırtıcı iddia, 9 ile 12 aylık kadar küçük çocukların, başka bir çocuğun ya da yetişkinin niyetlerini anlayabilmesidir. Leipzig ekibi bebekler seyircilerinin neyi bildiğini ve ilgi gösterip göstermediklerini biraz hissettikleri için, seyircilerine bağlı olarak farklı biçimde işaret ettiklerini belirtir. İşaret etme gelişimi ve küçük çocukların anlama becerisiyle ilgili araştırmalar, bebeklerin başkaları hakkında az da olsa farkındalığa sahip olduğunu gösterir. Bir yaşındakiler sadece başkalarının algılarını anlamakla kalmıyor, ayrıca başkalarının neye ilgi gösterdiğini de seziyorlardı.

Üç yaşındakiler, iki insanın birbiriyle uyumsuz ortak arzuları olabileceğinin farkındadır ve bu anlayış uygulamaya dönük davranışlarıyla ilişkilidir. Büyük maymunlar ve bebekler başkalarının niyetlerini anlamak konusunda oldukça benzerdirler, ama bebekler işbirliği yapma becerileri ve güdüleriyle maymunları aşar. Bebekler ortak bir hedefe ulaşmak için birlikte çalışabilirse, oyun kurallarını ne zaman öğrenebileceğimiz gibi konuları çok farklı bir biçimde açıklığa kavuşturabilir.

Ahlaklı bebekler

Freud, bebeğin çok biçimli bir sapkın olduğu sözünü söylemiştir, ama son zamanlarda Yale Üniversitesi'nden Paul Bloom'un araştırması (baskı aşamasında) bir sapkın olmaktan çok uzak olan bebeğin, doğuştan iyiliksever içgüdülerine sahip olduğunu gösterir. Bloom iyi olma içgüdüsünün –ve iyiyi kötüye tercih etmenin– beyinle bütünleşmiş olduğunu açıklayacak kadar ileri gider. Kuklalarla ilgili bir deneyde, 6 aylık bebekler "iyi" yararlı karakterleri tercih etti ve yararlı olmayan "kötü" karakterleri reddetti. Temel yargılama biçimi, bebeklerin iyi kuklalara daha fazla bakmasıydı, bu yöntem sorgulanabilir. Bir başkasında, yargıç ve jüri gibi bile davrandılar. "Kötü bir kukladan" hediyeler alıp götürmeleri istendiğinde, bazı bebekler daha da ileri gitti ve başlarına tokat atarak kendi cezalarını uyguladılar.

Bir başka araştırmada, araştırmacılar bir oyuncak köpeğin bir kutu açmaya çalıştığı tek perdelik bir ahlak oyunu yarattı. Köpeğe ona kapağa kaldırmasına yardım edecek bir oyuncak ayı katılır ve ayı inatçı biçimde kutunun üzerinde oturur. Aynı zamanda bebeklere iki oyuncak tavşanla top oynayan bir kukla kediyi de izlettirdiler. Kedi topu bir tavşana attığında, o topu geri attı. Ama kedi topu ikinci tavşana attığında, o topu alıp kaçtı.

Aynı testler 21 aylık bebeklerle tekrarlanınca, onlara oyuncaklara hediyeler dağıtma ya da hediyeleri alıp götürme fırsatı verildi. Yeni yürümeye başlayan çocukların çoğu "kötü tavşanı" hediyeleri ellerinden alarak cezalandırdı. İçlerinden biri kötü tavşanın başına ceza olarak tokat bile attı.

Bloom *New York Times*' da şöyle yazar (5 Mayıs 2010):

> Artan kanıt miktarı...insanların yaşamın en başından beri ilkel bir ahlak duygusuna sahip olduğunu belirtir. İyi tasarlanmış deneyler yardımıyla, yaşamın ilk yılında bile ahlak

düşüncesi, ahlak yargısı ve ahlak duygusu parıltılarını görebilirsiniz. Bir iyi ve kötü duygusu yerleşmiş görünür... Her iki araştırmada da, 5 aylık bebekler iyi insanı – kutuyu açmaya yardım eden; topu geri atanı- kötü insana tercih etti.

Bebeklerin, iyi doğma eğiliminde olduklarına inanmak güzel olurdu, ama sonra ne olur? Bebeklerin bir ahlaklılık duygusu varsa, o zaman birçoğumuz nasıl olur da fazlasıyla hata yapabilir insanlar haline geliriz? Ama bu kinik ilkenin bir istinası olabilir.

Matematikçiler daha mı ahlaklıdır?

Burada ilginç bir kuraldışılık var. Bradmetz (1999), 15 yaşındakilerin sadece yüzde 0,016'sının gerçekten biçimsel işlemleri öğrendiğini belirledi ve Prêcheur (1976), edebiyat okuyan 18 yaşındakilerin sadece yüzde 4'ünün biçimsel işlemlerin üstesinden geldiğini saptadı. Ahlaki muhakeme bilişsel gelişime dayanıyor ve sadece matematik eğitimi almış gençler biçimsel işlemlere ulaşıyorsa, bu durumda evrensel ilkelere dayanarak ahlaki kararlar verenlerin büyük çoğunluğunun matematikçi olması sonucunun ortaya çıkması gerekirdi. Bildiğim kadarıyla konu biçimsel olarak araştırılmadı ve anekdotlara güvenilmemelidir. Yirminci yüzyılın en büyük vicdani retçilerinden biri, *Principia Mathematica* adlı eserin ortak yazarı olan Bertrand Russel idi. Biz onu biçimsel işlemler aşmasına ulaşmış birisi olarak varsayıyorduk. Ama Russel, eşlerine ve çocuklarına kötü davranmıştır (Monk 1999). Einstein, aynı zamanda herkesin bildiği gibi atom bombası geliştirmekle ilgili tereddüt etmeye başlamış ve kullanılmaması için yalvarmıştı. Ancak, yeni bir biyografi, o Einstein'in kadınlarla bitmek bilmeyen sorunlar yaşadığını –ve yarattığını– belirtir. Matematikçiler, diğer herkes gibi olsa da, rakamlar konusunda daha iyilerdir.

Birinci ve İkinci Dünya Savaşı'nda vicdani retçilerin çoğu, onları başkalarını öldürmemekte haklı çıkaran bir evrensel ahlakı ikna edici biçimde savunabilen matematikçiler ve mantıkçılar değildi. Anekdota dayalı kanıtların çoğu, farklı bir şey ortaya koyuyordu. Örneğin, Birinci Dünya Savaşı'ndaki en ünlü vicdan çığlıklarının bir kısmı, Siegfried Sassoon gibi şairlerden geldi. 1949'da askere çağrılmaktan kaçınmak için vicdani gerekçeler arayan oyun yazarı Harold Pinter, mahkemede iki davayla uğraştı. Yirminci yüzyılda kitle imha silahlarının gelişimi, aslında fizikçi ve matematikçilere dayanıyordu; büyük çoğunluğu silahların yaratacağı yıkımın farkında olduğu halde vicdanlarını rafa kaldırdıklarını kabul ediyordu. Matematiksel beceri, biçimsel işlemler ve derin ahlak duygusu arasındaki bağın, kanıtlanması gerekir. Bu tür kanıtın olmaması, kişinin son derece gelişmiş bir ahlak duygusunun, Piaget ile Kohlberg'in iddia ettiği gibi gerçekten mantıksal yeterlilik gerektirip gerektirmediğinden şüphelenmesine neden olur.

Birçok ebeveyni endişelendiren bir sorunla ilgili de elimize yeni kanıt var: Çocuklar ve yalanları.

Yalanlar ve ele vermeler

Yalan söylemekle ilgili eğlenceli bir çalışmada – deneği çoğunlukla kendi kızı olan- Cornell'de profesör olan Stephen Ceci, 5 yaş kadar küçük çocukların yanlış olduğunu bildikleri için yalan söylemekten rahatsız olduklarını belirtir. Londra'daki bir seminerde, bununla ilgili iki tane ilginç kanıt sundu (Ceci 1998). Birincisi, kızını annesini hastanede ziyaretine götürdü. Hastane kurallarına göre, 6 yaşından küçük çocukların ziyareti yasaktı. Ceci kızına herhangi birisi ona yaşını sorarsa, 6 demesi gerektiğini söyledi. Samimi bir hemşire kızına kaç yaşında olduğunu sorunca, "Babam altı demem gerektiğini söyledi," diye cevap verdi. Ceci, belki de psikologların çocuklara aldatmayı öğretmekte pek başarılı olmadıklarını belirtti.

Ceci aynı zamanda, onu kasıtlı olarak aldatıcı bir ahlaki duruma düşürdükten sonra kızını filme de aldı. Babasının bazı oyuncak kamyonları çaldığını görmüştü ve babası ona, kendisini ele vermemesini söylemişti. Ceci daha sonra kızını yalnız bıraktı ve bir arkadaşı geldi. Elbette arkadaşı Ceci tarafından bilgilendirilmişti, kızını sorgulamaya başladı. Babası tarafında onu bir oyuncak hırsızı olarak ele vermemesi söylenen kızı, neler olduğu sorulunca yalan söyledi. Babasının oyuncaklara dokunmadığını söylemişti ama Ceci onun vücut dilinin tedirginlik ve kaygının tüm klasik belirtilerini gösterdiğini öne sürdü. Ceci, "Çok fazla ele verecek şey gösterdi", diyordu. Kızı yalan söylemekten rahatsızdı, çünkü bunun doğru olmadığını biliyordu, ama babası ondan kendisini korumasını istemiş ve bu nedenle yalan söylemişti.

Ceci'nin bu etkileyici anekdotlarda keşfettiği dinamik, aynı zamanda çok daha karanlık senaryoları körükleyen bir dinamiktir. Çocuk istismarıyla ilgilenen sosyal hizmet uzmanları, çocukların yetişkinlerin onlara yaptıkları hakkında çoğunlukla sessiz kaldıkları ve yalan söylediklerini – yetişkin mantığıyla yalan söylerler- bilir. Çocuklar olanların yanlış olduğunun farkındadır, çoğunlukla istismar edilmekten nefret ederler ama babalarının başlarının derde girmesine ya da annelerine acı çekmelerine neden olmak istemezler. Ceci böyle olguların birçok acıklı örneği hakkında 1998 Semineri'ni verdi.

1970'den önce, psikologlar çocuğun cinsel istismarı sorununu göz ardı etmişti. Hümanist terapist Carl Rogers, New York Rochester'de 1930'un başlangıcından beri mağdur olan çocukların çeşitli sorunlarını listeledi. Onun gözetiminde olanlar içinde yirmisi "yetersiz alışkanlık eğitiminin" kurbanı oldu, yirmi sekizinin "kötü arkadaşları" vardı, ama Rogers ebeveynlerin bir çocuğun ahlak duygusunu yozlaştırmış olabileceğinden şüphelendiği sadece bir olgu belirtti. Rogers, Piaget'in kendi ahlaki muhakeme teorisini geliştirdiği dönemde yazıyordu. Çocukların başına İsviçre'nin bilye oynama alanlarına göre daha az sağlıklı ortamlarda neler geldiğiyle ilgili teoriyi ilişkilendirememe, Piaget'in teorilerinin biraz masal gibi görünmesine neden oldu.

Niyet ve aldatma niyeti

Niyet kavramı, bunun merkezindedir. Harré, çocukların düşündüğümüzden çok daha küçük yaşlarda niyet oluşturabileceklerini öne sürmüştür. Harré, doktora tezimin dışsal ayırtmanıydı. 24 aylıktan itibaren bazı deneklerimin komik bir şey yapmaya niyetleri olduğunu savunuyordum, Harré'nin bana önerdiği gözlem önemliydi. Elbette, bir davranışa niyetlenmek, başkalarının davranışında niyetler fark etmekten çok farklıdır.

Joseph ile Tager-Flusberg'in daha sistematik bir araştırması (1999), kaç çocuğun niyetleri anladığını özetledi. Çocuklara, karakterlerin bazısının sıradışı şekilde davrandığı bir dizi hikâye anlattılar. Örneğin, karakterler bir tarlaya girmek için çitlere tırmanıyordu. Bunun üzerine, psikologlar, çocukların niyet kavramını anlayıp anlamadıklarını araştırmak amacıyla onlara sorular sordu. Bir çocuk "Şeker istiyorum" deyip sonra mutfak dolabından bir tane aldığından, çocuklar bilgiye dayalı niyet ve arzuya dayalı niyet arasında ayrım yaptılar. Üç yaşındakilerin yüzde 70'inden fazlasının, istemek, niyet ve eylem arasındaki bağı oldukça anlayabildiklerini saptadılar. Çocukların eylem ve niyet fikrini düşünülebileceğinden daha küçük yaşta kavradıkları sonucuna vardılar. Bulguları, çocuklar yanlış bir şey yaptığında, yaptıklarıyla ilgili mantıklı bir anlam duygusuna sahip olduklarını gösteriyordu.

Özetle, çocukların niyeti nasıl algılayıp anladıklarıyla ve Tomasello'nun çalışmasıyla ilgili bildiklerimizle birlikte, geleneksel ahlak teorilerinin, günümüz toplumundaki yaşamın gerçeklerine uymadığı görünür. Paradoksal bir durumla karşı karşıyayız. Bir yandan çocuklar daha fazla suç işler ve bunu daha genç yaşlarda yaparlar. Öte yandan, neyin doğru ve neyin yanlış olduğuyla ilgili psikologların göz önüne aldığından daha gelişmiş bir duyguya sahip görünürler.

Bir sonraki bölümde, sosyal ve duygusal gelişimle ilgili araştırmayı ele alacağım; bu araştırma, çocukların diğer zihinlerle ilgili daha önce düşünüldüğünden daha erken bir farkındalık geliştirdiğini belirtir ve araştırmanın büyük bölümü çocukların nasıl numara yapıp aldatabildiklerine dayanır.

5

Başkaları ve Başka Zihinler

Bir bebek ağlıyor. Anne ve baba uyanır. Yorgun oldukları halde, bebeği kucaklarına alıp sakinleştirirler. Bu, bebeklerin sosyal zekâya sahip olduğunu ve ağlamanın ebeveynlerinin onları kucaklamasına neden olduğunu "bildiklerini" mi kanıtlar? Yoksa yenidoğan insan, ağlamaya doğuştan mı programlıdır? Bu, sadece bir reflekstir. İki yaşındaki çocuklar, ağladığında, iyi ebeveynlerin onlarla ilgileneceğini kesinlikle bilir.

Piaget, çoğunlukla bebeklerin ve küçük çocukların sosyal zekâlarını göz ardı etmişti. Yine de, gözlemcilere göre, en belirgin ve en etkileyici özelliklerinden biri budur.

Bu bölümde, aşağıda belirtilenleri ele alacağız:

- **Çocuklar zihinsel durumlarını nasıl tanımlamaya başlar, yani ilk "İstiyorum" ya da "Düşünüyorum" dedikleri zaman;**
- **Çocuklar diğer insanların kendi zihinleri olduğunu nasıl fark etmeye başlar;**
- **Çocukların rol yapma farkındalığı;**
- **Çocuklar psikolojiyle ilgili bir farkındalığı nasıl geliştirir;**
- **Robbie Case'in, zihin teorisiyle, Piaget, Vygotsky ve yakın zamanlardaki çalışmaları iddialı birleştirme girişimi.**

Bilişsel gelişimde en heyecan verici son gelişmelerden biri, çocukların düşünce, duygu ve beynin kendisini nasıl anlamaya başladığıyla ilgili çalışmalardır. Daha önce, Chomsky'nin insan beyninin, beyninin nasıl çalıştığını asla anlayamayacağını öne sürdüğünü gördük. Yine de ilginç bir biçimde, Paul Harris, Henry Wellman ve meslektaşlarının çalışması, çocukların diğer insanları, diğer insanlar olarak düşünme becerisinin kesinlikle 3 yaşından itibaren gelişmeye başladığını açıklığa kavuşturmuştur. Tomasello'nun bulguları, 18 aylıkların bile diğer zihinlerin bazı ögelerini kavrayabileceğini belirtir. Bu tür bir araştırma, bizi Piaget'in temel kavramı benmerkezciliği yeniden düşünmeye zorlar; nedenleri başkalarına atfedebilen çocukların benmerkezci oldukları güçlükle söylenebilir.

Alanında yaklaşık yirmi yıldır çalışan Michigan Üniversitesi'nden Henry Wellman, çocukların artan psikolojik çok yönlülüklerini "çok daha geniş bir yelpazede sosyal etkileşime maruz kalmaya" bağlıyordu. "Çocuklar kreşe gidiyor, çekirdek ailelerde yaşamıyor, çok daha fazla yap-inan oyununa katılıyor ve bunun bir etkisi oluyor." *New Scientist* için yapılan bir söyleşide, çocukların küçük yaşlarda diğer insanlarla geçmişte olduğundan çok daha fazla iletişim kurduklarını, bunun onları geliştirdiğini iddia ediyordu.

Büyük çocuklarda, gerçekler daha da kafa karıştırıcıdır. Birçok ergen ve yetişkin biçimsel işlemlerin üstesinden hiçbir zaman gelemez, ama çocukların küçük yaşta duygusal açıdan farkında olduğu görünür. Hedef kitlesi 8-12 yaş arası çocuklar olan *M Magazine* gibi dergiler, 12 yaşındaki kadar küçük çocukların "flört ettiklerini" ve yetişkin ilişkilerinin karmaşık yönlerini anladıklarını varsayar. 2011 Martında, *M'nin* 13 yaş altı okuyucuları şu soruyla karşılaştı: "Bu çocuk bana âşık oldu ve peşimi bırakmayacak. Olgun biri değil ve ondan hoşlanmıyorum. Kaba olmadan peşimi bırakmasını nasıl sağlarım?" Ve M kızı aşağıdaki gibi cevaplar:

Bazen bir çocuk dikkatini çekmek için her şeyi dener. Davranış biçiminin senin ilgini çekeceğini düşünmüş olabilir. Ona basitçe şu anda çıkmakla ilgilenmediğini söyle. Yine de birlikte takılabileceğinizi söyle. Senin çevrende kendini rahat hissetmeye ve çocuksu olmamaya başlayabilir. Böylece ona iyi şanslar diyebilirsin!

M dergisi "takılmak" ve "çıkmak" arasında ayrım yapıyordu. 8-12 yaş arası çocuk mantıksal denklemleri anlamayabilir ama *M'nin* editörleri onların farklı ilişki türleri arasında ayrım yapabileceklerini sanıyordu.

Geçmişte 1960'ların hippi döneminde, radikal psikiyatr R. D Laing, insan ilişkilerindeki düğümleri kısa şiir ve senaryolarla incelediği *Knots* (1970) adlı kitabı yazdı.

JILL: Üzülüyorsun diye üzülüyorum.
JACK: Üzülmüyorum.
JILL: Üzülüyorsun diye üzüldüğüm için üzülmüyorsun diye üzülüyorum.
JACK: Üzülmediğim halde üzülüyorum diye üzüldüğün için üzülüyorum.

Laing, bu yetişkin oyunlarının ne kadar çocuksu olduğunu vurgulamak için karakterlerine Jack ve Jill adını verdi.

Sosyal varlıklar

Doğduğumuz andan itibaren, başkaları arasında yaşarız. Her saat başı diğer insanlara cevap veririz. Diğer insanların nasıl hissettiğini, neler düşündüklerini ve bizim hakkımızda neler düşündüklerini çok sık hesaplamaya çalışırız. Bu, çok gereksiz yere kullanılan **içgörü** ya da **sezgi** sözcükleri meselesi değildir. Diğer insanlar olmadan tam anlamıyla yaşayamayız. Romancı E.M. Forster bir mutluluk rehberi olarak "Sadece İlişki Kurmak" diye yazıyordu.

Bazen psikoloji, popüler kültürdeki değişikliklere yavaş cevap verir. Bir zamanlar, İngilizler duygularından bahsetmedikleri için ünlüydü. Melon şapkalılardan, şemsiyelilerden, çörek yiyip çay içenlerden oluşan gergin bir ülkeydi. İngiliz duygusunun tipik bir filmi David Lean'in *Kısa Karşılaşma* (senaryosu Noël Coward'ın) idi. İki insan tanışır, âşık olur ve hiçbir şey olmaz. (Eylem ve eylemsizliğin çoğu bir tren istasyonu büfesinde geçer). Günümüzde, İngilizler duygularından bahsetmeye daha çok istekliler ve bu çocukları da etkiliyor olsa gerek.

Sadece son 20 yıl içinde, psikologlar kişiler arası zekâdan, diğer insanlarla ilgili zekâdan ya da Danile Goleman'ın uluslararası çok satanlar kitabına adlandırdığı gibi duygusal zekâdan bahsetmeye başladı. Bu kavramlar bile, insanların post-modern, post-Freudyan toplumlarda ilişkileri nasıl yaşayıp düşündükleriyle ilgili karmaşıklıkları tam karşılayamaz.

Alain De Botton, *Romantik Hareket'te,* (Sel Yayıncılık, İstanbul, 2001) ilişkilerin çağdaş çapraşıklıkları hakkında sivri bir roman yazdı. Kadın kahramanı, sadece içgöründen yoksun olmak dışında, duygusal açıdan, kör, sağır ve dilsiz olan bir erkeğe âşık olur, bu yüzden kadın onu duygusal zekâ yoksunluğundan dolayı terk edince, şaşırıp kalır. Sevgilisi mantıksal olarak olgundur ama psikolojik olarak yaklaşık 6 yaşındadır, bu, Piaget üzerinde hiç düşünmediği bir kombinasyondur.

Birçok psikolog 1980'lerde geleneksel zekâ kavramının çok kısıtlı olduğunun farkına vardı. Çoklu zekâ listesinde Howard Gardner (1992) aşağıda belirletilenlere yer verir:

Kişiler arası zekâ – Diğer insanlar hakkında nasıl düşündüğümüz;

İçsel zeka – Kendimiz hakkında nasıl düşündüğümüz.

Duygusal zeka

Duygusal zekâ, ancak 1985'te, Leon Payne adlı yüksek lisans öğrencisi "Bir Duygu Çalışması: Duygusal Zekâ Gelişimi" adlı doktora tezini sunduğunda keşfedildi. Beş yıl sonra, New Hampshire Üniversitesi'nden John Mayer ve Yale Üniversitesi'nden Peter Salovey, insanların duygular alanındaki yetenekleri arasındaki farklılıkları ölçme biçimleri üzerinde çalışıyordu. Bazı insanların kendi duygularını tanımakta, başkalarının duygularını tanımakta ve duygusal sorunlarla ilgili problemleri çözmekte, başkalarından daha iyi olduğunu saptadılar. Raporlarından birinin adı "Duygusal Zekâ" idi (Salovey and Mayer 1990).

İki yıl sonra *Psychology Today* ve *New York Times* için yazan Daniel Goleman, 1990 tarihli makaleyi keşfetti. "Duygusal zekânın" daha iyi bir isim olacağını düşündüğü ama sonra "duygusal okuma yazma" olarak adlandıracağı bir kitap planlıyordu. Kitap büyük bir başarı sağladı. *New York Times* çok satanlar listesinde bir yıl boyunca yerini korudu.

Mayer ile Salovey memnun olmadı ve Goleman'ın tanımı "herhangi bir bilimsel anlam ya da yarar içermeyecek ve artık sonucun açık bir belirleyicisi olmayacak" kadar geniş tuttuğundan yakındı. Bu, duygusal zekânın başarılı bir kavram haline gelmesini engellemedi. Ancak, tanım üzerine çatışmalar devam etti. Mayer, Salovey ve son zamanlardaki meslektaşları, özellikle, duygunun algılanmasını, özümsenmesini, anlaşılmasını ve yönetimini içerdiği için duygusal zekânın "duygusal bilgiyi işleme" becerisi olduğunu ileri sürüyordu" (Tanım Mayer ile Cobb'dan ileri gelir).

Duygusal zekâyı, dört bileşenine göre analiz etmişlerdir. Birincisi, duyguları yüzde, müzikte ve hikâyelerde belirlemek gibi yetenekleri kapsayan, *duygusal özdeşim, algılama ve ifade etmedir.*

Tipik bir deneyde, deneklere şu tür yüzler gösterildi: ☺ ve ne hissettikleri soruldu.

Neredeyse herkes bu yüzü mutlu olarak görür ve 3 yaşa kadar küçük çocuklar da bunu bu şekilde tanımlayabilir. Yüz ifadeleriyle ilgili önde gelen bir araştırmacı Paul Ekman'a göre, yüzde okunması en zor duygu, hiç kimsenin henüz açıklamayı başaramadığı iğrenmedir.

Mayer ile Salovey'in ikinci bileşeni, duyguyu akıl yürütme ve sorun çözmekte kullanabilmeyi içeren duygusal düşünce kolaylaştırmasıdır. Bu, belirli duygudurumları ya da duyguların zihinsel sorunları çözmeyi kolaylaştıracağını belirtir.

Onların üçüncü bileşeni, hangi duyguların benzer ya da zıt olduklarını ve hangi duygularını ilettiğini bilmeyi içerir. Tartışmaya açık bir şekilde, bunun duyguları anlamak ve bazı durumlarda duyguları ifade ettiğimiz dili anlamaya göre duyguyla daha az ilgisi vardır. "Kıskanç" sözcüğünü kullanabilmem gerçeği, kıskançlık duyduğum bir durumun üstesinden olgun biçimde geleceğim anlamına gelmez.

Dördüncü bileşenleri, duygular üzerinde sosyal davranışların etkilerini, kendinde ve başkalarında duygu düzenlemesini içeren *duygusal yönetimdir.* Bunun bir kısmı, geriye çekilip yaptıklarımızın başkalarını nasıl etkilediğine bakmaktır. Bu, sadece duygusal bir beceri değil, aynı zamanda zihinsel bir beceridir. Eşimin kapı komşusuyla bir ilişkisi olduğunu keşfedersem, evin ortasında durup, "Seni pislik" diye bağırmak yerine, duraksamanın daha akılcı olduğunu öğrenebilirim.

2003'te, Mayer ve Salovey ile çalışan David Caruso, duygusal zekâyı daha etkili biçimde tanımladı. Duygusal zekânın aşağıda belirtilenleri yapma becerisi olduğunu açıkladı:

1. Duyguları doğru biçimde belirleme;
2. Duyguları düşünmenize yardımcı olacak biçimde kullanma;
3. Duygulara nelerin neden olduğunu anlama;
4. Duygularımızın bilgeliğini yakalamak için bu duygulara açık kalmayı başarma.

İsrailli psikolog Reuven Bar-On (2006), elbette entelektüel zekâyı hatırlatan, "Duygusal Zekâ" terimini kullanan ilk ölçü birimini geliştirdi. Bar-On, duygusal zekânın zamanla oluştuğunu ve eğitim, programlama ve terapiyle geliştirilebileceğini ileri sürecü. Onun testi birkaç farklı alanı vurgular: Kişisel farkındalık ve kendini ifade etme; sosyal farkındalık ve empatiyi içeren kişiler arası ilişkiler: başkalarının nasıl hissettiğinin farkında olma ve anlama ve başkalarıyla iyi ilişkiler kurma isteği; duygusal yönetim ve düzenleme, bu, duygularınızı etkili biçimde düzenlemeyi ve değişimi yönetmeyi içerir, böylece siz bir kuyruktayken araya birisi girince kan beyninize sıçramaz, iş görüşmesinde reddedilirseniz, yıkıma uğramazsınız. Bar-On, aynı zamanda ne kadar iyimser olduğunuzla ilgili bir ölçeğe de yer verir. Bar-On modeli (a.g.e.), ne yazık ki, kâğıt kalem testidir, bu kişinin her zaman içgörülerinin ne kadar gerçek olabileceğini merak etmesine neden olur.

Kaçınılmaz bir şekilde, bazı terapistler artık çocuklara duygusal eğitmenlik sunar. John Gottmani *Raising an Emotionally Intelligent Child* adlı kitabında (1997), ebeveynlerin, yaşamlarının ilk yıllarında duygularını tanıyarak, çocuklarınının duygularının farkına varmalarına yardım edebileceklerini ileri sürdü. (Piaget çok kızardı!). Johnny'e yatma saati geldiğini söylediğinizde lego bloklarını yere devirirse, "Sinirlendiğini biliyorum, ama blokları toplarsan yarın tekrar oynarız," diyebilirsiniz. Çocuklar sınırları test ettiğinde, Gottman'a göre bu, "samimi bir öğrenme" fırsatı yaratmaktır. Piaget daha da kızardı! Debbie arkadaşına öfkelenirse, duygusal açıdan akıllı ebeveyn, "Aslında Mary'den nefret etmiyorsun," der. Gotmman, bunun yerine, onun duygularını doğrulamanızı önerir. Belki de "Gerçekten öfkeli görünüyorsun, ne oldu?" gibi bir şey söyleyebilirsiniz. Bu, duygusal eğitimin başlangıcıdır, küçük hanıma çözüm için seçenekler aracılığıyla biraz yol gösterecektir.

Bu tür bir eğitimin ne kadar etkili olduğuyla ilgili hiçbir araştırma yok gibi görünür, ama İngiliz televizyonlarında nasıl ebeveynlik yapılır programının gösterdiği başarı gibi, buna kesinlikle büyük bir istek duyulur. Bunların başlıca içeriği, yardımcı olan ebeveynlerin çocukların duyguları ve düş kırıklıklarıyla başa çıkmalarına yardım etmesidir. Bunları ifade etmek önemlidir. Duygularını, onları ifade etmesini ve denetlemesini öğrenen çocukların, öğrenmeyen çocuklardan daha iyi işlev görme olasılıkları yüksektir ve bu yalnızca sağduyulu bir tahmin değildir. Breslau ve diğerleri tarafından 700'den fazla çocuk üzerinde yapılan bir araştırma, zeki çocukların duygusal travma ile daha iyi başa çıktıklarını gösterdi, bunun nedeni kısmen kendilerinin neden stres altında olduklarını ve neden acı çektiklerini açıklayabilmeleridir. Onlar gerçek ve duygusal zekâya sahiptir ve bu ikisi çok zor travmalarla biraz daha iyi başa çıkmalarına yardım edecek biçimde birleşir.

Goleman, işyerinde başarının en büyük belirleyicisinin duygusal zekâ olduğunu ileri sürdüğü için kısmen böyle bir etki yarattı. Ama çocuk psikologlarına göre temel sorun, çocukların bu becerileri nasıl ve ne zaman geliştirdiği ve bu gelişimi neyin etkilediğidir.

Çocukların zihinsel durumları yansıtan fiiller kullanması

Çocukların zihinsel durumları olduğunun farkına varmaya ne zaman başladıklarını kesin biçimde öğrenmenin bir yolu yoktur, çünkü doğası gereği zihinsel bir durum gözlemlenemez. Zihnimizin içindedir. Bunun yerine psikologlar, bebeklerin zihinsel durumları yansıtan filleri kullanmaya başladığı an gibi gözlemlenebilir davranışlara yoğunlaşmıştır. (Bu araştırmalar, hem dil hem de psikolojik anlamda gelişimi ele alır, çoğu psikolog ikincisinin açığa çıkardıklarına yoğunlaşır). Bir çocuk, "İstiyorum", "Düşünüyorum," "İnanıyorum," "Diliyorum," "Hayal kuruyorum," "Beğeniyorum," vb. dediğinde, çocuğun ilgili zihinsel istemek, inanmak ya da hayal kurmak yaşadığı gerçeğini ifade ettiğini varsayarız (Huttenlocher ve diğerleri 1983).

Hiçbir altı aylık bebek "İstiyorum" sözcüğünü söyleyemez; 2 yaşında yeni yürümeye başlayan çocukların çoğu bunu düzenli olarak söyler.

Bebeklerin "Diliyorum" gibi sözleri kullanmaya nasıl başladıklarını gerçekten hâlâ bilmiyoruz, ama 2 yaşından sonra gerçekleşen değişiklikleri, 4 ile 5 yaşındakileri şaşırtıcı bir şekilde yetenekli sosyal operatörler haline getiren değişiklikleri hiç olmadığı kadar daha iyi planlayabiliriz.

Kendini gözlemleme araştırması

Yine biraz içe bakış yapın.

Ebeveynlerinizi memnun edeceğini düşündüğünüz için yaptığınız bir şeyle ilgili hatırladığınız ilk anınız nedir?

Yanınıza kâr kalacağını düşündüğünüz için yaptığınız bir şeyle ilgili hatırladığınız ilk anınız nedir?

Anılarınızın doğru olacağını sanmak için hiçbir neden olmasa da, böyle sözleri kullandığınızı düşündüğünüz yaş, yine de ilginçtir. Neredeyse hiç kimse bu tür ilk anılarının 10 kadar geç yaşta ortaya çıkacağını varsaymaz.

Çocuklar duyguları nasıl anlar

6-7 yaşları civarında bir dizi olay izlediğimi hatırlıyorum. Cenevre'de yaşıyordum. Bir parkta tabancayla oynuyordum. Başka bir oğlan geldi ve tabancamla oynayıp oynayamayacağını sordu. Ben vermeyince, oğlan babasını çağırdı. Babası bana paylaşmadığım için bencil olduğumu söyledi. Sonra adımı sordu.

"David Cohen" dedim.

"Pis Yahudi" diye cevap verdi.

Ağlayarak eve koştum. Babam neyin var diye sordu. Anlattım. Babam paltosunu giydi ve Yahudi düşmanına "iyi bir sopa" çekeceğini söyledi. Annem korktu. Yahudi ve yabancılar olarak, rezalet çıkarma konumunda değildik. Adam açıkça İsviçreliydi ve polisi arayabilirdi. Ebeveynlerimin arasında kaldığımı ve duygularının her ikisini de, babamın öfkesini, annemin korkusunu anladığımı daha dün gibi hatırlıyorum.

Tepkilerimin olağandışı olduğuna inanmıyorum. Boşanan ailelerin çocukları üzerine araştırmalar, çoğunlukla ailedeki gerginlikleri anladıklarını gösterir. Ebeveynlerinin anlayamayacak kadar küçük yaşta olduklarını varsaymalarını ve bu nedenle neler olduğunu onlara anlatmamalarına gücenirler. Dasgupta, (1998) ebeveynlerinin 6 yaş ve üzeri çocukların duygusal farkındalığını hafife almamaları gerektiğini ileri sürmüştür.

Taklit ve farkındalık

Diğer insanlarla ilgili ilk farkındalık işareti, bebeklerin başkalarının hareketlerini taklit edebildiği kanıtından ileri gelir. Taklit etmenin ne demek olduğunu düşündüğümüzde, birincisi orada olduğunu fark etmem; ikincisi hareketlerinizi algılama; üçüncüsü onları kopyalayıp taklidini yapacak bilinçli yeteneğe sahip olmam gerekir. Bazı psikologlar taklitle ilgili araştırmalara, hafızanın gelişimi bağlamında yer verir. Bir ölçüde, zevk meselesidir. Taklit edilen birçok davranış sosyal olduğu için, konuyu burada ele alıyorum.

Piaget, *Oyun, Düşler ve Taklit* (1951) adlı eserinde, ilk taklitlerin sesli olduğunu belirtti. 2 ay 11 günlük bir çocuk T, "la","le" gibi sesler çıkarıyordu. "Onları kopyaladım. Onların dokuzunu yedi kere yavaş ve farklı biçimde tekrarladı" (s.9). Piaget, bu taklitlerin yalnız refleks mi yoksa daha mı fazla anlamı olduğundan emin değildi. 4-5 aylık civarında, böyle taklitlerin zekâ işaretleri olduğunu biliyordu. Kızlarından biri J. 5 aylıkken, kesinlikle onu taklit ediyordu. Ona dilini çıkardığında, kızı da babasına dil çıkarıyordu.

Kendi çocukları üzerinde araştırma yapan İngiliz psikolog C. W. Valentine de ilk taklitlerin sesli olduğunu belirtti. Yaklaşık 2 aylık oğluna hıçkırarak ağlayacak ve bebek hıçkıra hıçkıra ağlayarak karşılık verecekti.

Asıl şok, araştırma, bebeklerin yetişkinleri kelimenin tam anlamıyla doğduktan yarım saat sonra taklit edebildiklerini belirttiği 1980'lerde yaşandı. Meltzoff ile Moore (1983), yenidoğan bebeklerin sadece yarım saatlik olduklarında bir yetişkinin ağzını açmasını ve bazen dilini dışarı çıkarmasını taklit edebildiklerini saptadı. Bu "becerinin", bazen 21 güne kadar sürdüğünü ve genellikle bebeklerin hareketleri taklit ettiklerini buldular. Reissland (1988), Nepalli bebeklerin bir yetişkinin dilini çıkarmasını, dudaklarını büzmesini ya da yaymasını taklit

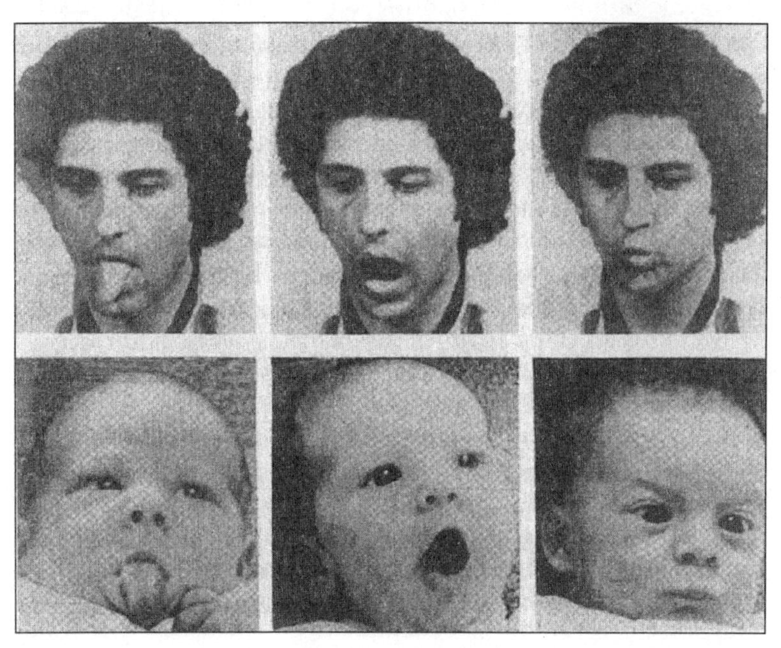

Meltzoff ile Moore (1983), yenidoğanların dil çıkarma, ağız açma ve dudak büzmeyi taklit edebildiklerini gösterdi. A.N. Meltzoff ve M.K. Moore (1977)'un izniyle yeniden basıldı. "Yenidoğan insanın yüz ve el hareketleri taklidi," *Science* 198(4312): 75-8. Copyright © 1977 American Association for the Advancement of Science. A.N Meltozff'un izniyle.

edebildiklerini ortaya çıkardı. Yaklaşık 3 haftalık olduklarında, bebekler geçici olarak bu beceriyi yitirseler de, birkaç ay sonra yeniden ortaya çıkıyordu.

Soru şudur, bu taklitler ne anlama gelir? Bir tür refleks olabilir mi? Eğer öyleyse, taklit, boş çevirmek gibi bir sesle ya da bir cismi tutmak gibi bir duyuyla tetiklenmediği için, çok farklı bir refleks olmalıdır. Aksine, taklit bir anlamda sosyal bir uyaran tarafından tetiklenir.

Taklit, 9 aylıktan sonra daha karmaşık bir hal alır. Piaget, 12 aylıktan küçük çocukların yetişkinlerin el sallayarak yaptıkları hoşça kal hareketini taklit ettiklerini gördü. Olası en ilginç taklit araştırmacısı, C.W. Valentine idi. Çocuklarından biri 13 aylık olduğunda, Valentine bir dizi yoğun teste başladı. Bunlar, bir gazeteyi yırtmak ve başın üzerine bir sepet koymak gibi şeyler içeriyordu. Otuz yedi durumun otuz birinde, 1 yaşındaki çocuğunun hareketleri taklit ettiğini belirledi.

6 yaşındaki çocuk Batman'i taklit ettiğinde, neyi neden yaptığını anlatabilir. Bebeklerin, "A, bu tuhaf yetişkin şu tuhaf şeyi yapıyor. Onu taklit edeyim," diye düşünmeleri olasılık dışıdır. Bebeklerin doğduktan yarım saat sonra, niyetlere ya da fikirlere sahip olmadığını varsayarız.

Bununla birlikte, bu gözlemler, yenidoğan bebeklerin onların bir yetişkinin dilini dışarı çıkardığını algılamalarını, o davranışın odağının dil olduğunu belirlemelerini ve dışarı çıkması için kendi dil kaslarını hareket ettirmelerini sağlayan bir tür zihinsel temsile sahip olduklarını akla getirir. Genelde, psikologlar bu davranışın ne anlama geldiğini açıklamak yerine bildirmek eğilimindedir. Bu mantık uyarınca, sonuç, yani bir dizi imkânsız çok yönlülüğü bebeklere uygulamak, son derece inanılmazdır. Bununla birlikte, ayna nöronlar üzerinde son zamanlarda yapılan bir çalışma, bunu açıklamaya yardımcı olacak biyolojik bir mekanizma sunar (Rizzolattive Craighero 2004).

Ayna nöronlar

İşlevsel manyetik rezonans görüntülemeyi kullanan beyin görüntüleme deneyimleri, insanın alt frontal korteksinin ve üst parietal lobunun, kişi bir hareket gördüğünde ve aynı zamanda başka birisini bir hareket yaptığını gördüğünde aktif olduğunu göstermiştir. Beynin bu bölgelerinin, "ayna nöronlar" içerdiği düşünülür. Bunlar, sadece insanlardaki olağandışı durumlarda araştırılabilir.

Mukarnel ve diğerlerinin bir araştırması (2010), Ronald Reagan UCLA Tıp Merkezi'nde epilepsi tedavisi gören yirmi bir hastanın beyinlerinden alınan tek nöron kayıtlarını açıkladı. Hastalara, atakların odağını belirlemek için kafatası içine derinlik elektrotları yerleştirildi; bunlar, cerrahların nereyi ameliyat edeceklerini bilmeleri için gerekliydi. Hastalar tutma hareketlerini ve yüz ifadelerini hem gözlemleyip hem de gerçekleştirirken, 1177 nöron aktivitesi kaydedildi. Onlar bir dizüstü bilgisayarda gösterilen çeşitli hareketleri izlerken, doktorlar önce gözlemledi. Sonra deneklerden, bir hareketi görsel olarak sunulan bir sözcüğe göre yapmaları istendi. Kontrol görevinde, aynı sözcükler gösterildi ve hastalara hareketi yapmamaları talimatı verildi.

Birey bir görevi gerçekleştirdiğinde ya da gözlemlediğinde birkaç nöron uyarıldı. Bu ayna nöronları, tamamlayıcı motor alan ve orta temporal korktekste bulunuyordu. Bu 2010 yılı araştırması, elbette bebekler üzerinde yapılmadı, ama beynin içinde taklidi sağlayan nöronların varlığının çarpıcı bir göstergesiydi. Bu nöron "becerileri" DNA'ya mı yoksa öğrenmeye mi dayanır? Bu doğa ve yetiştirme tarzını ayırmanın ne kadar zor olduğunu gösteren, gerçekten etkileyici bir sorudur.

Taklit, karmaşık bir konuya yol açar: çocuğun zihin teorisine. Piaget, çocuğu acemi bir mantıkçı olarak görmemizi istiyordu; çocuğun aynı zamanda acemi bir psikolog olduğuna –ve psikolojide mantığa göre çok daha iyi olduğuna– ilişkin gitgide artan kanıtlar vardır.

Kendi zihni

En inandırıcı kanıtların bazıları, çocuklar ile ebeveynleri arasındaki 200.000 küsur konuşmayı analiz eden Amerikalı psikologlar Karen Bartsch ile Henry Wellman tarafından toplandı. Araştırdıkları çocuk örneklemi küçüktü: sadece on çocuk. Ama çalışma boylamsaldı ve aynı çocukları 18 aylıktan 6 yaşına kadar izledi. (Birçok çalışmada, psikologlar farklı yaşlardaki farklı çocukları incelediği için, boylamsal çalışma gelişmenin daha yakın bir resmidir.)

Children Talk About the Mind adlı kitaplarında, Barstch ile Wellman (1995) çocukların duyguları, istekleri ve düşünceleri hakkında neler düşündüklerini anlamanın mükemmel bir yolunun, konuşmalarını dinlemek olduğunu ileri sürdü. Kitapları, çoğunlukla gizlice dinlenen konuşmalar dökümü gibiydi.

4 yaşından itibaren, araştırmada kullandıkları on çocuğun hepsi, aşağıdaki türdeki konuşmalar yapabiliyordu:

ROSS (3 yıl 10 aylık): Leslie beni sinirlendiriyor.
YETİŞKİN: Neden?
ROSS: Bir şeyin gülünç olduğunu düşünürse, ben gülünç olduğunu hiç düşünmüyorum.
YETİŞKİN: Aranızda tartışma mı yaşandı?
ROSS: Hı-hı. Kolyesinin gülünç olduğunu düşünüyordu.
YETİŞKİN: Gülünç olduğunu mu düşünüyordu?
ROSS: Evet. Ama ben öyle olduğunu düşünmedim.

Ross, Lesslie'nin kendine ait bir zihni olduğunu ve zihinsel durumunun kendininkinden farklı olduğunu anlar. Yetişkin tarafından soru sorulduğunda, Ross durumu iyi anlatır. O ve Leslie kolye konusunda sürtüşme yaşar. Yetişkin Ross'a Leslie'nin kolyesiyle ilgili düşüncesi hakkında ne anladığı sorusunu yöneltince, Ross yine oldukça doğru bir cevap verir. Leslie ile onun kolyesi hakkında farklı düşünce ve duyguları olduğunu ayrıntılarıyla açıklar.

200.000 çocuk konuşmasının çoğu, ebeveynler ile çocuklar arasında sohbetlerdi. Yazarlar, küçük çocukların ebeveynleriyle konuşurken çok rahat olduklarını ve bu yüzden muhtemelen daha fazla sohbet geliştirdiklerini ileri sürer. Bir çocuğun konuşmaları sadece 10 aylıkken, bir kızın konuşmaları 16 aylıkken kaydedildi. Kayıtlar başladığında, diğer tüm çocuklar 18 ay ve 2,6 yaşları arasındaydı. Bartsch ile Wellman, zihinsel durumlarla ilgili dilin en erken örneklerini elde edip etmediklerinden emin olamıyordu.

Bartsch ve Welmman, düşünce ve inançlardan söz etmeyi ve duygular ile arzulardan söz etmeyi ayrı ayrı ele aldı.

Diliyorum, istiyorum, hoşlanıyorum

Onları biraz şaşırtacak bir şekilde, Barstch ile Wellman 18 aylıkların istekleriyle ilgili konuşma kanıtı buldu. Arzu terimleri kullanan ilk çocuklar, her ikisi de 18 aylık olan Eve ile Mark idi. Eve'in durumunda bunun gerçek bir söz etme olduğunu ileri sürdüler; Mark'ın durumunda o kadar emin değillerdi.

Raporlarında, inandıkları örneklerin, arzularla ilgili uygun konuşmalardan oluştuğunu bildirirler. Ne yazık ki, aslında Eve 18 aylıkken konuşmasından alıntı yapmazlar.

Bildirdikleri konuşmalardan biri şöyledir. 2,5 yaşında geldiğinde, Abe annesinin babasına yabanmersinli top kek sevip sevmediğini sorduğunu duydu. Abe, sonra "Yabanmersinli top kek istiyorum. Onları seviyorum," dedi. Abe, sadece bir isteği ifade etmekle kalmayıp, arzusunun psikolojik açıklamasını yapıyordu. Yabanmersinli bir top kek istiyordu.

2 yaş 6 aylık Ross adlı küçük bir oğlan, başka bir oğlan tarafından tırmalandığında biraz daha ayrıntılı bir konuşma gerçekleşti:

ROSS: Yara bandı istiyorum. O çocuk canımı yaktı.
YETİŞKİN: O çocuk canını mı yaktı? Nasıl canını yaktı?
ROSS: O çocuk canımı yakmak istedi.

Ross, ona sorulan soruyu cevaplamaz ama o çocuğun canını yakmaya niyetlendiğine hiç kuşkusu yoktur. Ross'un zihinsel durumunu saldırganına atfetme yeteneği olduğunu kabul etmemek olanaksızdır.

Valentine (1942), çocuklarından biri B.'de benzer bir şeyi fark etti. B aniden kollarını annesine doladı ve "B annesini seviyor" deyip kendiliğinden onu öptü. Valentine, çocuğunun daha önce "sevme"nin sadece yenilecek şeylerle ilgili kullanıldığını duyduğu aklına geldi. Ertesi gün, B bahçede Valentine'nin yanına geldi, kollarını boynuna dolayarak "B babasını seviyor," dedi.

Batsch ile Welmman, 3 yaşından itibaren çocukların istek ve arzularını doğru bir biçimde dile getirebildiklerini belirtir. Bu, önceki bölümde ele alınan niyetle ilgili çalışmaya uyar. Onların analizi, bir gelişmeyi gösterir. Çocuklar önce temel kelime hazinesinde ustalık kazanır; daha incelikli ifadeler çocukların konuşmasında bir sonraki yıl yer alır. Üç yaşındaki bir çocuk, "Umarım" gibi ifadeleri kullanması mümkün değilken, 4 yaşındaki bir çocuğun kullanması oldukça olasıdır.

Düşünüyorum, –yine– o halde varım

En ilginç ama şaşırtıcı olmayan bulgulardan biri, küçük çocukların düşünceler ile inançlarından, arzular ile duygularına göre daha geç bahsetmeye başlamasıdır. Valentine çocuklarının düşüncelerini dile getirdiği çok az örnek kaydetti. Batsch ile Wellman, bir çocuğun her 120 sözünden birinin düşünceler ya da inançlarla ilgili olduğunu söyledi. Arzular ve isteklerle ilgili söylenenler çok daha sıktır, yaklaşık kırkta bir.

Yine de, Bartsch ile Wellman (1995) çocuklar üç yaşına basmadan önce bu tür konuşmayla ilgili bazı örnekler saptamıştır. Üç farklı "Düşünüyorum" kullanımı olduğunu ileri sürdüler.

1. "Beş para etmezin teki olduğunu düşünüyorum" Burada düşünce inanç yerine kullanılmış. Kolayca "Beş para etmezin teki olduğuna inanıyorum," diye söyleyebilirdiniz.
2. Düşünce bir hayal etme biçimi olduğu zaman, "Ellerimin kâğıt olduğunu düşünüyorum."
3. Bir etkinlik olarak düşünme.

Bartsch ile Wellman'ın bildirdiği, düşünceden söz eden erken dönem konuşmalardan biri, düşünmeyi bir etkinlik anlamında ön plana çıkarır:

ADAM (2 yaş 11 aylık): Sadece ... düşünüyorum.
YETİŞKİN: Sadece düşünüyor musun?
ADAM: Evet.
YETİŞKİN: Ne düşünüyorsun?
ADAM: "Yaprağı" düşünüyorum.

Yavaş yavaş çocuklar "merak etmek", "beklemek", "umut etmek" vs. gibi sözcükleri kullanmaya başladı. Bu fillerin sayısı 4500'den fazladır. Bunların içinde yüzde 40'ı gerçek psikolojik sözlerdi.

Her çocukta, inanç referansları 3,5 yaşından itibaren saptandı. Ortalama yaş, 2 yıl 9 aylıktı.

4 yaşındakiler ne kadar bilir?

Welmman, diğer zihinsel durumlarla ilgili edilen sözleri de inceledi. Araştırmacılar çocukların kendi zihinsel durumları hakkında başkalarının zihinsel durumlarına göre daha fazla söz söylediğini ortaya çıkardı. Yapılan göndermelerin sadece yüzde 21'i başka birisinin ruhsal durumuyla ilgiliydi.

Bu söylenen sözlerin bazılarının çocukların son derece küçük olduğu zaman ortaya çıkması sürprizdi. Adam'ın durumunda, Wellman ve meslektaşları, başkalarının düşüncelerinden ilk kez 3 yaşında söz edildiğini saptadı. Abe'in olgusunda, bu durum yaşandığında 2 yıl 10 aylıktı.

Yanlış inançlar

Filozof Gilbert Ryle, rol yapma, yaptığımızın gerçek olmadığını ve zaten iyi bir gerçeklik duygusuna sahip olduğumuzda meydana gelebilecek bir etkinlik olduğunu bildiğimiz için, filozofların rol yapmakla çok ilgilenmemesi gerektiğini savunur. Ancak son 20 yılda, çocuk psikologları, özellikle sınırlı yap inan oyunu sergileyen çocukların durumunda olduğu gibi (Harris ve Leevers, 2000), nasıl rol yaptıkları konusuna çok ilgi duymuşlardır, bu durum, kolayca yap-inan oyunu oynamayan çocukların otizm riski altında olduğu şeklinde yorumlanabilir (Happe ile Frith 1995). Psikologlar, aynı zamanda çocukların, başka insanların ne düşündüğü ya da neye inandığı hakkında ne düşündüğü ya da neye inandığını aydınlatan bir test biçimi geliştirmiştir.

Bu testler, yanlış inanç testleri olarak adlandırılır. Tipik durum basittir. Bir çocuğa iki oyuncak bebek gösterilir: John ile Sally. John kanepenin arkasına bir nesne koyar. Sonra Sally odanın dışına çıkarılır. Sally odanın dışındayken, kanepenin arkasındaki nesne alınıp bir kutunun içine saklanır. Bunun gerçekleştiğini ya da yapıldığını gören John, nesnenin şu anda nerede olduğunu bilir. Ama Sally'nin haberi yoktur. Mantıklı olarak, Sally tekrar içeri geldiğinde, nesnenin hâlâ kanepenin arkasında olduğuna inanır.

Üç yaşından önce, bir çocuğa Sally'nin nesneyi nerede arayacağı sorulduğunda, genelde çocuk bunu kutunun içinde arayacağını söyleyecektir. Çocuk Sally içerde değilken nesnenin yerinin değiştirildiğini anlamaz. Ancak 3 ile 4 yaşlarında çocuklar da durum değişir. Sally'nin nesnenin en son gördüğü yerde olduğunu düşündüğü fikrine kapılırlar. Gerçek şu ki, nesnenin gerçekte nerede olduğunu bilmelerinin konuyla ilgisi yoktur. Sally'nin aklından geçenleri anlayabilirler ve Sally'nin son derece iyi nedenlerden dolayı yanlış bir inancının olduğunu, bu yüzden nesneyi saklandığını gördüğü yerde arayacağını bilirler.

Bazı araştırmalar, bir kimsenin verdiği talimatların çocuklarda sorun yarattığını göstermiştir. Sally'nin ilk nereye bakacağı sorulduğunda, bir araştırmada 3 yaşındakilerin yüzde 71'i doğru cevabı verdi (Joseph ile Tager-Flusberg 1999). Aynı araştırmada, 4 yaşındakilerin yüzde 94'ü doğru cevabı buldu.

Başka bir çalışmada, 3-4 ve 5 yaşındakilere aslında içinde sadece kalemlerin olduğu farklı bir şeker kutusu gösterildi. Denekler sonra, kutuda hiç şeker olmadığını gördü. Perner (1999) 4 yaşındaki çocukların, Piaget'in öngördüğü gibi kesinlikle benmerkezci biçimde davranmadığını saptadı. Onlara kutunun içini görmeyen çocuğa içinde ne olduğunu düşüneceği sorulsa, şekeri seçerlerdi. Üç yaşındakiler daha az emin olabilir, ama 4 yaşındakiler diğer çocukları farklı bir inançla bağdaştırmakta kendilerine oldukça güvenecektir. Başka zihinlerin ne düşündüklerini tahmin edebilirler (Bu çalışmalarda komutları anlamak bile, biraz sorunları kavramayı gerektirir; birkaç araştırmacı yeni yürümeye başlayan çocukların sıkıldıklarını, zihinlerinin karıştığını ya da tek kelime bile etmediklerini bildirmiştir.)

Dört yaşındakiler, aynı zamanda kişinin mutlu, üzgün ya da öfkeli olup olmadığını öngörmeyi ne kadar istediğiyle ilgili bilgiyi de kullanabilir. Bunların tümü çok yönlü değerlendirmelerdir.

Psikologlarda giderek daha küçük çocukların çok yönlü davranışlarını bulma eğilimi ortaya çıkmıştır. Repacholi ile Gopnik (1997) 18 aylık yeni yürümeye başlayan çocuklara iki atıştırmalık, brokoli ve balık kraker, tattırmıştı. Sonra her aperatifin tadına bir yetişkin baktı. Yetişkin atıştırmalıklardan birine "lezzetli", "güzel" anlamında "mmm" diye tepki verdi; diğer atıştırmalığa ise adeta "lezzetli" de olduğu gibi dudaklarını bükerek "iyy" diye tepki verdi. Bir eşleşme durumunda, 18 aylıkların çoğu gibi yetişkin balık krakeri sevdi ve brokoliyi beğenmedi; eşleşmeme durumunda, yetişkin brokoliden hoşlandı ve krakerleri beğenmedi. Yetişkin iki atıştırmalığın ortasına elini koyup "Biraz daha istiyorum, bana biraz daha verebilir misin?" dediğinde, 18 aylık denekler yetişkinin hoşlandığı şeyden daha fazlasını karşı çıkmadan verdi. Yetişkinin brokoliyi beğendiği eşleşmeyen durumda, bu, çocuğun yetişkinin sevdiği atıştırmalık olarak sebzeyi tercih ettiğini anladığı anlamına geliyordu. Yürümeye yeni başlayan bu çocuklar, içgörüleri olan çocuklardı. Bu çalışmanın tek güçlüğü, çocuklara tıpkı hayvanlarda olabildiği gibi bu cevapları bulmaları için ipuçlarının istemeyerek verilmesiydi.

Çocukların rol yapmayı anlamalarıyla ilgili çalışmada, benzer bir resim elde ediyoruz. Harris, Kavanaugh ve meslektaşlar, çocukların 17 aylıktan 57 aylığa kadar rol yapmayı anlamalarıyla ilgili gelişimi araştırmıştır. Harris ile Kavanaugh, çocukların rol yapmayı anlamasıyla ilgili 18 aylık kadar erken örnekler bildirdi. Bu bebeklerin, hayal ürünü koşullara dayanan bir isteğe cevap verdiklerini ve aynı dayanağa senaryonun ne söylediğine bağlı olarak farklı biçimde davrandığını buldular.

Doktora tezimde, kendi çocuklarımın birinde görülen benzer becerilerle ilgili birkaç örnek açıkladım. Gördüğüm en erken rol yapma, oğullarımdan birinin salonda koşup omuzlarından bir pelerin sarkarken "Ben Batman'im" demesiydi. 18 aylıktı.

Harris ile Kavanaugh'ın daha sonraki bir çalışması (1999), 29 aylık çocukların rol yapma çerçevesi olarak adlandırdıkları kavramı anlayabileceklerini saptadı. Çocuklarda hayali değişiklik yaparlarsa, davranışın havasına girebilirler. Örneğin, deneyciler bir ördeğin üzerine çay dökme rolü yaptığında, 29-30 aylık çocuklar ördeğin ıslandığını söyleyebildi. Gerçekte, hiç çay dökülmemişti; ördek eskisi gibi kuruydu. Yine de çocuklar Piaget'in onların anlık algılamalarıyla kısıtlı oldukları açıklamasını görkemli bir şekilde çürütürcesine, ördeğin şimdi ıslak olduğunu söylemişti.

Daha büyük çocuklara (3 yıl 6 aylık) bir kukla gösterildi. Kukla bir kaseye mısır gevreği koyup sonra oyuncak hayvanları besliyormuş rolü yaptı. Çocuklar aynı zamanda hayali davranışları kuklaya atfedibildi. Bu çalışma dizisi, küçük çocukların 4 yaşına basıncaya kadar rol yapmanın sözdizimiyle ilgili önemli ölçüde bir anlayış geliştirdiklerini belirtir.

Tezimde, gözlemlediğim bir oyun evinde bununla ilgili etkileyici bir örneği açıkladım. Çocuklar bazen başkalarının ne düşünebileceğiyle ilgili bir fikre sahip olduklarını gösteriyordu. Gabriel, Wendy House'a gitti, burada Caroline bir oyuncak bebeğe sarılıyordu. 4 yaşındaki Gabriel bebeklerin bazı şeylerden hoşlanmayabileceğini bildiği için, bir öpücük taklidi yaptı. "Sadece bebeğini öpüyormuş taklidi yaptım, çünkü öpülmekten hoşlanmıyor," dedi. Caroline ona bebeğin öpücük istediğini söyledi. Gabriel başını salladı ve başka bir konuya geçti.

Gülerek cezadan kurtulmak

2-3 yaşındaki çocukların, onları güldürdükleri takdirde yaptıkları kötü davranışın cezasız kalacağını bilecek kadar ebeveynlerini iyi tanıdıklarına dair kanıt da vardı. İngiliz psikolog James Sully (1895), 2 yaş 1 aylık oğlunun gülerek kötü davranışın cezasız kalmasını sağlamaya çalıştığı birkaç örneği belirtti. Küçük Sully ebeveyn otoritesine karşı gerçek bir isyan sergilemeye başlamıştı. Bazen ebeveynlerine vuruyor ve "hakaretlerinin ardından saygısızca gülüyordu."

Doktora tezimi yaparken birçok benzer davranış gözlemledim. O dönemden bir dizi not aşağıdaki gibidir:

> N 3,9 yaşındayken, yatma zamanının geldiğini biliyordu. "Yatmayacağım," dedi ve bana güldü. Odasına gittik ve kasten pijama üstünü ters giydi. Güldü ve sonra pijama altını üstü gibi ters çevirdi. "Kes şunu," dedim. "Komik," diye cevap verdi. N ayrıca ağzına bozuk para koyarak, kardeşinin ayak parmaklarını diş fırçasıyla fırçalayarak ve diğer sapkın davranış eylemleriyle beni sinirlendirirken gülüyordu. Gülerse ve özellikle beni güldürmeyi başarırsa yaptıklarının cezasız kalacağına inanıyordu.

Oğullarım ne yaptıklarını açıklayamadıkları halde, yine de bunu yapıyorlardı. Davranışları, 3 yaşında bile olsalar, başka insanları güldürebildikleri takdirde onların nasıl tepki verebileceğini hesapladıklarını gösterir. Bu, önemli ölçüde sosyal zekânın bir göstergesidir.

Oyun grubunda farklı bir sosyal zekâ biçimi gözlemledim. Hepsi 4 yaşında olan Sam, Giles ve Robert, oyun evinde gözden uzaktaydılar. Sam şöyle diyordu: "Biz ölü olsak, sen doktor olur musun?" Sam ile Giles yere yattı. Sam pantolonunu çıkardı. Doktor rolü yapan Robert oyuncak ütüyü tuttu. Sam'in kalçasını ütülemeye başladı. Sonra Sam'in ön tarafını ütüledi. Çocuklar hiç konuşmadı. Şimdi Robert ile Giles giysilerini çıkardı. Giles ütüyü aldı ve diğerlerinin kalçasını ütüledi.

Çocuk yuvasını işleten insanların dışarıda olduğunu fark ettiklerinde çok sessizleşirler. Birbirlerinin kalçalarını ütülememeleri gerektiğini bilecek kadar sosyal yönden zekiydiler ve bu konuda sessiz kalacak kadar yetişkinlerin aklıyla ilgili içgörüye sahiptirler.

Ancak Cutting ile Dunn (1999), araştırmanın büyük bölümünün orta sınıf ve üst orta sınıf çocuklar üzerinde yapıldığı uyarısında bulunur. Sözel yetenek ile yanlış inanç ödevinde başarı arasında bir ilişki olduğunu belirtiler. Aynı zamanda işçi sınıfının çocuklarının bu becerileri biraz daha geç geliştirdiğine de ileri sürerler.

Bu araştırmanın tümü, çocukların yetişkinlerin ne düşündüğü hakkında ne kadar tahmin yaptığı sorusundam kaçınır. Bu, bir kimsenin onlarla birlikte oynayabileceği bir oyundur.

Diğer zihinlerin gelişim teorisi

Birkaç psikolog ilginç yaklaşımlar izlemiştir. Boylamsal araştırmayla geçen yıllardan sonra, Bartsch ile Wellman (1995), çocukların diğer insanlar ve duygular hakkında konuşmaya başladığı üç farklı evre olduğunu ileri sürer. Bu evreler, Piaget'in kilerden farklıdır ve bilişsel gelişime farklı bir gözle yaklaşırlar. Topladıkları verilerin sadece birinin Afrikalı Amerikalı olduğu on çocuktan geldiğini kabul ederek, yine de bir ilerleme gösterirler:

2 yaşından önce çocuklar genellikle "Dilerim", "Arzularım" ya da "İsterim," dilini konuşamaz. 2 yaşında çoğunlukla isteme dilini konuşsalar da çok nadiren duygu ve düşüncelerden söz ederler.

3 yaşından itibaren çocuklar çok daha büyük olasılıkla düşüncelerden bahseder.

4 yaşından itibaren, diğer insanların nasıl düşündükleri ve nasıl hissettiklerinden bahsetme ve bunu davranışın açıklaması olarak kullanma olasılıkları yüksektir. Bunun büyük etkisi, 4 yaşındakilerin olayları başkalarının bakış açısından görebilme yoluna olmalarıdır. Piaget ile Vygotsky'nin teorileri böyle bir olasılığı dikkate bile almamıştı.

Bartsch ile Wellman testler yapmasa da uzun konuşma örneklerinin analizini yaptı. Saptadıkları modellerin alternatif açıklamalarını dışlamadılar, üstelik bunu yapmak imkânsızdı. Teorileri, akla yatkın bir öykü biçimindedir ve böyle olarak değerlendirilmelidir. Aynı zamanda, bir zihin teorisi geliştirdikleri için Siegler'in örtüşen dalgalar modelinin (1996) özellikle çocuklara uygulanabileceği de söylenmelidir. Herhangi bir ebeveyn yeni yürümeye başlayan çocukların davranışlarının, istediklerini yaptıramayınca 2 yaşın ağlama davranışından, size dünya görüşlerini çekinmeden aktaran 5 yaşın aşırı olgun davranışına kadar değişebileceğini bilir.

Bartsch ile Wellman, aynı zamanda verilerinin çocuklar 5,5 yaşına bastıktan sonra tükendiğini de kabullendiler. Çocukların o yaştan sonra zihin hakkında fikir geliştirmeye devam ettikleri için teorinin eksik kaldığını son derece iyi biliyorlardı. Teori, 2-6 yaş arası çarpıcı gelişmeleri açıklar ama diğer yaş ve evrelerdeki davranıştan bahsetmez. Daha sonraki bir değerlendirmede Wellman ile Lagattuta, kendilerinden daha emindiler ve 3 yaşındakilerin insanların "gelişen bir zihinsel kurgusu" gösterdiğini açıkladılar. Yeni yürümeye başlayan çocuklar bile, açık davranış ve ifadelerin altında yatan ve neden olan niyet, arzu ve duygular üzerinde düşünmek için dış görünümleri ve açık davranışsal hareketleri aşar. (2000, s. 27)

Yine de sınırlar vardır. Neyse ki müzik, matematik, hatta İngilizcede uzun bir harika çocuklar geçmişi olduğu halde, yine de Freud'un bir ergenin bize ilginç zihin teorisini sunduğu 8-12 yaş arası çocuklarla ilgili teorisinden yararlanmalıyız. Flavell ile Welmman (1977), ABD'deki 6 yaş altı okul öncesi çocukların, dil becerilerine rağmen iç gözlem yapmakta zorlandıklarını saptar. Kendi duygularını açıklamaları istendiğinde, kafaları karışır. Duyguların dilini kullanabilirler ama kendi duygularını gerçekten kavrayarak açıklayamazlar. 6 yaşından sonra, bu durum değişir. Flavell ve diğerleri (1998) son zamanlarda çocukların 8 yaşına gelmeden bilinçsiz olma duygusuna sahip olduklarını ve uyuduğumuz ya da bilinçsiz olduğumuzda uyaranın farkına varamayacağımızı saptamıştır. Neyse ki, 9 yaşındaki çocuğun bile hâlâ zihnin çalışması hakkında öğreneceği bir şey vardır. Flavell ve çalışma arkadaşları (1998), çocuklara erkek ve kadın kahramanların zihinlerini belirli düşüncelerin rahatsız etmesini engelleyemediği öyküler anlattı. Onlara kahramanların ne yapmalarını gerektiğini sordular. Beş yaşındakiler istemedikleri şeyler hakkında düşünmekten vazgeçmelerinin kolayca mümkün olduğuna inanıyordu; 12 yaşındakiler sahip olduğumuz düşünceleri tamamen kontrol edemeyeceğimizi gayet iyi anlıyordu. 9 yaşındakiler, ikisinin arasında bir yerde kalıyordu. Ancak bu bulgular bize çocuklara çok fazla beceri atfetmemeyi hatırlattığı halde, kanıtın itici gücü belirgindir. 4 yaşından itibaren, çocuklar diğer insanların kendilerine ait, farklı, bireysel düşünceleri olduğunu anlar.

Böyle psikolojik becerileri geliştirmeye yardım eden ebeveynlerin rolü, Elizabeth Meins ile Charles Fernybouygh'un (1999) çalışması sayesinde açıklığa kavuşturulur. Bazı ebeveynlerin "zihin yönelimli" olduğunu belirtir. Bu, bebeklerine kendi zihinleri olan bireyler gibi davrandıkları anlamına gelir. Zihin yönelimli ebeveynin, sanki bebeklerin agulamalarına rahatsız edici saçmalık değil de bir iletişim kurma çabasıymış gibi davranma olasılığı yüksektir. Böyle ebeveynler, büyük olasılıkla bebeklerin nereye ve neye baktığına da dikkat eder. Burada, yoğun bir iletişim söz konusudur. Zihin yönelimli ebeveynler, aynı zamanda bebeğin davranışlarını da taklit eder ve çocuğun ne hissediyor ya da düşünüyor gibi göründüğünü yorumlar. Örneğin, bebeğinin oyuncak bir deveye baktığını gören bir ebeveyn ona şöyle sorabilir: "Hayvanat bahçesinde bir deve gördüğünü hatırlıyor musun?" (Meins ve diğerleri, 2001.) Çocuklar, böyle ebeveynlerin varsayabileceği gibi duygular ve zihinsel durumlar hakkında konuşmaları anlayabilir ve yararlanabilir.

Çocuklar 5 yaşındayken, araştırmacılar onlara bir kukla gösterisi sergiledi. Bu gösteride, Timsah Charlie kuklasının bir kutu sütü boşaltıp içini gazozla doldurduğunu izlediler. Sonra, olaya tanık olmayan Penguen Penny çıkageldi.

Araştırmacılar, Penny'nin gazoz değil, süt sevdiğini söyledi. Sonra çocuklardan süt kutusunu ilk gördüğünde neler hissedeceğini tahmin etmelerini istediler. Sevinecek mi yoksa üzülecek miydi? Kutunun içine bakıp süt değil gazoz olduğunu anladıktan sonra kendini nasıl hissedecekti? Penny'nin duygularını doğru –ilk başta mutlu olacağını– tahmin eden çocuklar, anneleri, yürümeye başladıkları dönemden itibaren gibi daha fazla zihin yönelimlilik göstermiş olan çocuklardı.

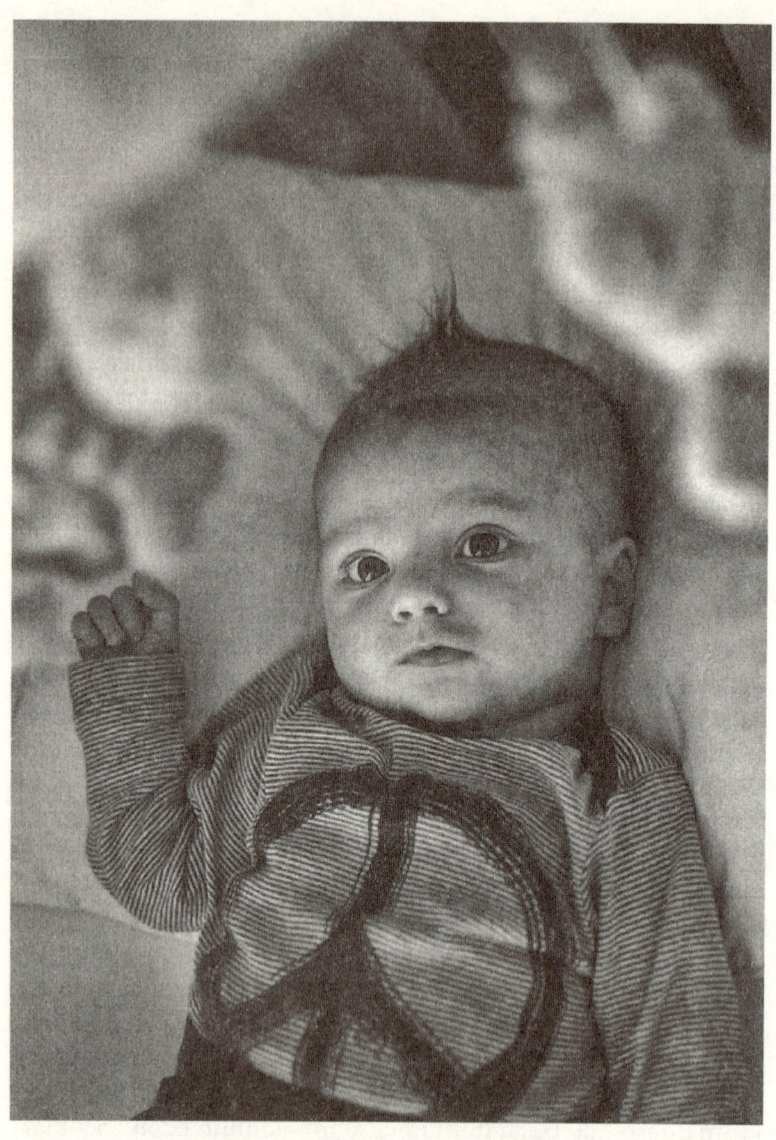

Bebek dünyaya, annesi ile babasına bir mesaj gönderir.

Çocuklar ve motifler

Açıkladığım araştırmaların çoğu, birbirlerinin çalışmasının oldukça farkında olan ve bunlardan etkilenen Wellman, Meins, Harris ve Flavell gibi araştırmacılara aitti. Bu grubun dışında kalan bir Rus psikolog Subbotsky (1996), çocukların kendi davranışları ve 4 yaşından itibaren diğerlerinin davranışları hakkında psikolojik teoriler geliştirdiklerini belirtir. Subbotsky, çocuklara yeni doğanların parfüm ile çürük patates kokuları arasındaki farkları söyleyip söylemeyeceklerini ve bebeklerin belirli davranışları yapmaya karar verip veremeyeceklerini sorarak onlarla karmaşık diyaloglara girdi.

9 yaşından itibaren, çocuklar yetişkinlerin sunduklarına çok benzer olan gerekçe ve motifler ileri sürer. Bundan dolayı ilginç bir gelişimimiz vardır. Piaget, çocukları tam bir mantıksal tutarlılığa doğru ilerliyor gibi görmekle neredeyse kesinlikle hatalıdır ama çocuklar 6-9 yaşları arasında beklenmedik bir psikolojik olgunluk geliştirir. Televizyonda birbiri ardına diziye maruz kalmanın bu süreci desteklediğini savunuyorum.

Bu artan psikolojik farkındalığın, çağdaş medyanın haberleri psikolojik bir çerçevede sunduğu ölçüde yansıtan bir kültürel gelişim olduğu ileri sürülebilir.

Piaget'in fikirlerini, bu sosyal ve duygusal zekâ savunucularının fikirleriyle iddialı bir birleştirme girişimini inceleyerek tüm bu temaları yeniden gözden geçirmek mümkündür.

Case'in çalışması

Case ile Okamoto (1996) kişinin, çocukların mantıksal ve matematiksel kavramlarla ilgili anlayış geliştirme biçimleri ile sosyal zekâ geliştirme biçimleri arasındaki ilişkileri fark etmesi gerektiğini belirtti. Bir başka deyişle, üzerinde değişiklik yapılan aşama teorisi, çocukların Piaget'in aşamalarına çok benzer biçimde aşamalarda sosyal ve psikolojik düşünce de geliştirdiği kanıtlayarak, Piaget'in aşırı mantıklı olduğuna dair eleştirinin üstesinden gelebilirdi.

Robbie Case ve meslektaşları, çocukların sayıları nasıl anladıkları üzerine epey odaklandılar. 3-4 yaş arası çocukların sayılarla başa çıkmak için iki şemaları olduğunu belirttiler. Miktarlar arasında genel bir yöntemle ayrım yapabildikleri için, *az ile çok nesne* arasında farklılığı söyleyebilirler. Aynı zamanda –Case bunu ikinci şema olarak kabul etti– en azından dört ya da altıya kadar sayabiliyorlardı. Case bu aşamadan 1. Düzey olarak bahsetti.

6 yaş civarında, bu iki şema birleşir, böylece çocuklar sayı sözcükleriyle ilgili bilgiyi kapsayan, kendi adlandırdığı şekilde, "zihinsel bir rakam çizgisi" geliştirir. Yani "sekizin"; yazılı sayılar bilgisinin ne anlama geldiğini, "8"in neyi simgelediğini; çocukların sayarken nesnelere isim takabileceği bir işaret etme rutini ve temel dizi değerleri bilgisini bilir.

Case, 4 yaşındaki çocukların aynı zamanda iki ayrı şema da kullandığını savunuyordu. Bir yandan, "İstiyorum" ve "Düşünüyorum," gibi fiiller kullanabilirler. Diğer yandan, bir öyküyü basit anlatım adımları içinde anlatabilir ya da izleyebilirler. Bu yüzden çocuk "Kral saraya gitti ve Kral oğlunu aradı," diyebilir. Ancak çocuklar iki şemayı bir araya getiremez. Bu nedenle, kralın oğlunun ondan korktuğunu ve saklanıp saklanmadığından endişelendiğini ve gerçekten onu sevdiğini söylemek için saraya gittiğini anlatan bir metin yaratamaz ya da böyle bir metni anlayamaz.

6 yaş civarında, tıpkı sayı şemalarının birleşmesi gibi, hikâye şemaları da birleşir, böylece çocuklar bir yetişkine niyetler atfederek ve anlaşılabilir biçimde olaylarla güdüler arasında ilişki kurabilir. Bu ikinci düzey düşünmedir.

Case, sosyal, mekânsal ve mantıksal becerilerin üzerindeki bilişsel yetkinlik gelişiminin dört aşaması olduğunu ileri sürdü. 1. düzeyde çocuğun iki ilişki dizisinin üstesinde gelebileceğini ama aralarındaki ilişkileri fark edemeyeceğini savundu. Bu, kendisini çocuğun rakam, anlatı ve mekânsal kavramlarla başa çıkma biçiminde gösterir. Söz konusu *rakam* olduğunda, çocuk 1) çoğu azdan ayırabilir ve 2) bir olayın ardından diğerinin geldiği hikâyeleri anlatabilir; ama davranışın nedenleriyle başa çıkamaz. Mekânsal terimler açısından çocuk (1) şekilleri işaret edebilir ve (2) cisimlerin yerini bulabilir.

2. düzeye ulaştığında, çocuk tüm bu alanlarda (1) ve (2) becerilerini birleştirebilir. Örneğin, sekiz nesneyi sayabilir ve bu özel bağlamda saydıklarının az ya da çok olup olmadığını söyleyebilir. Case, çocuk daha karmaşık ilişkisel yapılarda ustalık kazandığı için 5-7 yaşları arasında büyük bir niteliksel değişiklik olduğunu savundu. Bununla birlikte, 7 yaşından sonra çocuklar iki boyutu anlayabilir. Case'in belirttiği gibi, bu 3. düzeydir.

3. düzeyde çocuk bir anlatıda iki hikâye temasını ve bu iki temanın birbiriyle nasıl ilişkili olduğu gibi daha çok yönlü birleşimleri anlayabilir. Bu aşamada çocuk iki karakterin davranışının ilişkili olabileceğini da anlayabilir. Bu, çocukların harita ve perspektifi ilk kez anlamaya başladığı zamandır. 11 yaşından itibaren, çocuk gerçek yetişkin düşüncesi geliştirmeye başlamıştır, bu da 4. düzeyi oluşturur.

Case, "mevcut teoriye dayanak oluşturan küçük çocuğun, bir sorun çözücünün düşüncesine sahip olduğunu" savundu. Düşüncelerinin önceki –diğerleri arasından Piaget ile Vygotsk'nin– düşüncelere bir alternatif olmadığını savundu. "Çocuğun repertuarına çok önemli alet takımıyla katkıda bulunarak", kültürde Piaget'e göre çok daha fazla etki bıraktı. Case eğitimin, "bir yandan her bir çocuğun mevcut yapısal düzeyi için uygun olan bir görev yapabilme ve öte yandan daha yüksek düzeylere doğru gelişme gösterebilme fırsatını maksimuma çıkaracak etkinlikler sağlamasını ister. (1985, s.393).

Case yapıya ve aşamalara olan inancıyla Piagetvari olsa da, kültürün, öğretmenlerin ve ebeveynlerin bilişsel gelişimde çok önemli olduğunu iddia ederek revizyonist olduğu için neo-Piagetvari idi. Case teorisi üzerinde 1970'lerin ortalarında çalışmaya başladı; çocukların 7 yaşına yaklaşıncaya kadar iki anlatıyı anlayamadıklarına dair fikirleri, iki hikâye temasını, ironiyi ve diğer post-modern cihazlarını yaşamda çok daha erken anlayabildikleri görünen medya okuryazarı yeni yürümeye başlayan çocuklarla ilgili çalışmaya ters düşmüş olmalıdır. Bu, son bölümde ele alınacaktır.

Robbie Case 2000 yılında 55 yılında beklenmedik bir şekilde öldü ama çalışması etki yaratmaya devam etti.

Chris ile Uta Frith (Frith ve Frith 2000), bir dizi çalışma bildirir. Bu çalışmalarda, deneklerden onlar için etkili bir zihinsel teması olan, inançlar ve vaatlerle ilgili hikâyeleri ya dinlemeleri ya da okumaları istendi. Bu hikâyeleri dinleyen denekler de, frontal lobun belirli bir bölgesinde çok daha fazla etkinlik olduğu göründü. Frihs beynin bu tür psikolojik malzemeyi işleyen farklı alanları olduğunu belirtir. Çalışmalar yetişkinlerle ilgili olduğu için, çocukların böyle bir beyin etkinliği modelini ne zaman göstermeye başlayacaklarına ilişkin hiçbir bilgi yoktur.

Case'in çalışması aynı zamanda hem Siegler (1996) tarafından geliştirilen aşama teorilerinin genel eleştirisine hem de Subbotsky'nin çocukların psikolojik içgörüleriyle ilgili çalışması gibi yakın zamanlardaki daha özel gelişmelere cevap getiremeyebilir.

Sonuç

Çocuklar Piaget'in fikirleriyle bazı benzerlikleri olan aşamalarda diğer zihinlerin farkına varır ama gerçekler aynı zamanda çocukların onun söylediğinden daha az benmerkezci olduklarını gösterir. Bilişsel gelişimle ilgili herhangi bir doğru açıklama, sosyal ve duygusal zekâyı da içermelidir. Çocukların psikolojik olarak, mantıksal olarak olgunlaşmalarına göre daha erken ve daha kolay olgunlaşabileceklerini –duygusal ve psikolojik düşüncede şaşırtıcı ölçüde becerikli– paradoksu da göz ardı edilemez.

Bu varsayıma dayalıdır, ama ergenlere aşağıdaki soruları sorsaydınız:

1. Kompleks sahibi olmanın ne demek olduğunu size söyleyip söylemeyeceklerini;
2. Cinsel istismara uğramış bir çocuğun nasıl hissedebileceğini ya da istismarcı aile bireyi ise çocuğun istismarcıyı ele verip vermeyeceğini;
3. Uslamlamanın anlamını

Sanırım ergenlerin çoğu 1 ve 2. sorulara mantıklı cevaplar verirdi ama 3'i cevaplayan çok az kişi olurdu. Günümüzün ergenleri, psikoloji hakkında mantıktan daha çok bilgi sahibidir. Gelişim teorileri çoğu zaman bu teorilerin gerisinde kalır.

Tanıdığınız ya da çocuğunuz olan ergenler varsa, varsayımsal sorularımı bir teste dönüştürebilirsiniz. Sonuçları öğrenmek isterim. Onları bana dcpsychologynews@gmail.com e-posta adresine gönderebilirsiniz.

Üzerinde düşünülecek konular

Genel bilişsel gelişim teorisinin sonucunda bahsedilen paraodoksun sonuçları nedir?

Eleştirinin eleştirisini düşünün – Piaget'in teorisi aşırı mantığa odaklıysa, bu tür çalışma sadece belirli konular hakkında konuşan çocukları aşırı gözlemlemeye mi odaklanır?

Ek okuma listesi

K. Bartsch ile H. Wellma (1995) *Children Talk About the Mind,* New York: Oxford University Press

R.S. Siegler (1996): *Emerging Minds: The Process of Change in Children's Thinking,* New York: Oxford University Press

E. Subbotsky (1996) *The Child as a Cartesian Thinker*, Hove, UK: Psychology Press.

M. Tomasello (2008) *Origins of Human Communication*, Cambridge, MA: MIT Press

6

Bellek Gelişimi

Bellek hem çok küçüklerde hem de çok yaşlılarda kusurludur, birincisinde kusurun nedeni gelişim, ikincisinde bozulmadır. Nasıl yaşlandığımız gelişim psikolojisinin konusu olmasına rağmen, burada nasıl hatırlamaya başladığımızı inceleyeceğim. Eskiden bebeklerinin beyinlerinin hiçbir şey hatırlamayacak kadar olgunlaşmamış olduğu varsayılırdı. Piaget mantıksal olduğu kadar biyolojik olarak böyle ifade etse de, görüşü şöyleydi: yenidoğan gereken bilişsel yapılardan yoksun olduğu için hiçbir şeyi hatırlayamaz.

Bu bölümde aşağıda belirtilenleri ele aldım:

- **Çocukluk çağı amnezisi – Erken dönem çocukluk çağının çoğunu unutuyor muyuz ve eğer unutuyorsak, neden;**
- **Küçük bebekler neleri hatırlayabilir;**
- **Çocukluk çağında, farklı yaşlarda farklı bellek becerileri;**
- **Anılar kimliğimiz nasıl oluşturur.**

Yine de bazı filozoflar, küçük çocukların hatırlayabileceğinin ve hatırlamaya teşvik edilebileceklerinin farkındaydı. John Locke (1693), çocuklara eski bir Yahudi geleneği olan İbrani alfabesini harf şeklinde küçük tatlılar pişirerek öğretmeye hayranlık duyuyordu. Küçük çocuğun, harfin adını ve sesini hatırlayabildiğinde, yemesine izin veriliyordu. Ama Locke'un yumuşak yöntemleri, on sekizinci, on dokuzuncu ya da yirminci yüzyılın öğretmenlerinin pek beğenisini kazanmadı. Öğretmenler, çocukların net hatırlama becerisine büyük bir güvensizlik duyuyordu.

Bu bölümde, kendi kişisel anılarım hakkında bir hayli yazdım. *Home Alone* (Cohen 2011) adlı kitabım bunları daha ayrıntılı ele alır. Artan akademik araştırmayı anlamak önemlidir, ama aynı zamanda kişinin anılar ile kişinin kimlik duygusu arasındaki ilişkiyi görmek de önemlidir. Psikologlar otobiyografik anı çalışmaların artışıyla daha biçimsel olarak ilgilenmiştir. Bizi biz yapan anılardır. Ben hatırladıklarımdan ve başkalarının benim hakkında hatırladıklarından ibaretim. Tüm bunlar çocukluk çağında başlar.

Sana döve döve öğreteceğim

10 yaşındayken, Londra'da çok gösterişli bir hazırlık okuluna gittim. Latince öğretmenimiz bize Latince sözcükleri hatırlatmanın tek yolunun, hatırlayamadığımız takdirde bizi sopayla dövmek olduğuna inanıyordu. Matematik öğretmeni tabloları hatırlayamazsak, bize yanan kibrit atıyordu. 1950'lerin bu öğretmenleri tuhaf gelebilir ama teknikleri zamanın geleneksel psikolojik bilgeliğini de üstleniyordu. Tembel çocukları hatırlamak zorunda bırakan, sadece Tanrı korkusu ve ardından gelen sopaydı. *Jamie's Dream* adlı televizyon programında bir yorum, böylesine insanlara kötü gözle bakan ve sadist öğretmenlerin çocuklara rastlantı eseri gerçek yaşamla başa çıkmasını öğrettiğini ve çocukları böyle canavarlardan korur gibi görünen modern kuralların aslında onlara sadece bebek muamelesi yaptığını iddia eder. 1950'lerde öğretmenlerimiz anı depolama ve geri çağırma kapasitesinden yoksun olduğumuzu varsayıyordu. Yöntemsel sorun şu ki, çocukların konuşabilmelerinden önce en küçük şekilde hatırlayıp hatırlamadığını araştırmak önemli ölçüde yaratıcılık gerektirir.

Küçük çocukların beklenmedik biçimde iyi anılarının olduğunu gösteren çok sayıda nitelikli araştırma olmuştur. Özellikle Rutgers Üniversitesi'nde Rovee-Collier ve meslektaşlarının çalışması, sürekli olarak sınırları geriye itmiş ve tartışmaları kışkırtmıştır. 3 aylıktan itibaren, bebeklerin zaten tıpkı yetişkinler gibi iki işleyen bellek sistemi olduğunu iddia ediyorlardı (Gerhardstein ve diğerleri 2000).

Deniz tavşanları da hatırlar

Organizmaların, işleyen belleğinin olması için hayal etmeye alışık olduğumuzdan daha az bir beyine ihtiyacı vardır. Sıradan deniz tavşanının bir miktar belleği olduğu görünür. Onların da bir beyni vardır ve sinir hücreleri gangliaya dağılmıştır, içlerinden bazıları çok büyüktür, bir milimetre çapındadır. New York'lu Eric Kandel (2007) (2000'de Tıp alanında Nobel ödülünü paylaşan) alışkanlıkta çok önemli sinir hücrelerini araştırmıştır. Bir deniz tavşanına dokunulursa, içe kapanma refleksi gösterir. Tekrar tekrar dokunulursa, bu refleks azalır. Zarar verici bir maddeyle dokunulursa, refleks yeniden kendisini gösterir. İçe kapanması gerektiğini hatırlar. Kandel, bunun en ilkel bellek biçimi olduğunu belirtir. Elbette, Kandel'in çalışması "biçimlenmemiş" oldukları halde küçük bebek beyinlerinin hatırlayabileceği olgusunu çok daha mümkün kılar.

Kandel, deniz tavşanı belleğiyle ilgili iki biyokimyasal aşama olduğunu göstermiştir. Birincisi nörotransmitter serotonin; ikincisi kalsiyum – ve kalsiyum bellekte büyük rol oynar- iyonlarını (iyonlar elektrik yüklü parçacıklardır) kapsar. Kalsiyum iyonları sinaps içine daha fazla salınım yapıldığında, sinaptik bağlantıyı, sinapsin ne kadar kolayca ateşleneceğini etkiler. Anılar, biyokimyasal olarak belirli sinaps ağlarının daha kolayca ateşlenmesine yol açar. İngilizce öğretmeniniz tarafından azarlanmanın neye benzediğini hatırlayıp onun size sert bakan yüzünü kafanızda canlandırabildiğinizde, beyninizde bir sinaps ağı ateşlenir. Sinaps ne kadar kolayca ateşlenirse, sizin için "azarlanma" anısını geri çağırmak o kadar kolaylaşır.

Belleği tanımlama

Psikologlar bellekleri iki çok farklı biçimde tanımlamıştır; birincisi onlara sahip olduğumuz zamanın uzunluğuna göre; ve ikincisi belleklerin türüne göre. Zaman bazlı tanımlar aşağıdaki gibidir:

Kısa-dönemli bellek– bunlar göreceli olarak kısa bir süre için devam eden anılardır. Az önce bana verdiğiniz telefon numarasını sizi tekrar arayacak kadar uzun süre hatırlayabilirsem, kısa dönemli belleğim iyi durumda demektir. Psikologlar, kısa dönemli belleğin ne kadar süreceği konusunda anlaşmazlık yaşar. Bazıları, bunun sadece saniyeler sürdüğünü ve kısa dönemli bellekten bile önce bir algılama belleği olduğunu iddia eder. Diğerleri ise kısa dönemli belleğin birkaç dakika sürdüğünü belirtir. Gelişimsel bakış açısına göre, can alıcı soru şudur: Bebekler nasıl ve ne zaman kısa dönemli bellek geliştirir?

Çalışma belleği– çalışma belleği, Bristol Üniversitesi profesörü Alan Baddeley ve Graham Hitch (Baddeley 2000) tarafından tasarlanan son derece etkileyici bir teoridir. Baddeley, çalışma belleğinin kısa dönemli bellekten daha uzun ama uzun dönemli bellekten daha kısa olduğunu iddia eder. Çalışan belleğin temel unsurları, sözcüklerin ve seslerin 2 saniye kadar depolandığı **seslendirme döngüsü**, görüntüleri yine birkaç saniyeliğine depolayan ve işleyen **görsel-mekânsal çizim tahtasıdır**. Her ikisi de **merkezi yönetimle** birlikte çalışır, mantık yürütmek ya da sorunlara çözüm bulmak için döngüden ya da çizim tahtasından gelen bilgiyi kullanır. Merkezi yönetim, eylem üretmek için belleğin görsel ve sözel titreşimlerine göre harekete geçer. Gelişimsel bakış açısından, temel sorun yine şudur: Bu unsurlar ne zaman işlemeye başlar?

Kısa dönemli anıların nasıl uzun vadeli anılara dönüştüğü sorununu ve bunun bir ya da birkaç süreç gerektirip gerektirmediğini ve bu süreçlerinin biyokimyasının ne olacağı sorununu aslında hiç kimse çözmemiştir. Anıların yeniden canlandırılması, açıkça bir rol oynar. Psikologlar bir anıyı yeniden canlandırmakla, tekrarlanmasını kasteder. On yaşından beri, matematik öğretmenimizin sınıf arkadaşlarıma yanan kibritler atmasının canlı görüntülerini hatırlıyordum. Bu anılar hakkında konuşmuş, onları birkaç kez zihin gözümde görmüştüm. Herkes kısa dönemli anıları zihinsel tekrarlamanın onları uzun dönemli belleğe aktardığına inanır. Ama bu nasıl gerçekleşir?

Uzun-dönemli bellek – uzak geçmişteki olaylara dair anılardır. Otobiyografik anılar olarak adlandırılan kişinin kendi yaşamındaki olaylara dair anılar, kaçınılmaz biçimde uzun vadeli anılardır. Bu anılar, her zamankinden daha fazla araştırılmaktadır.

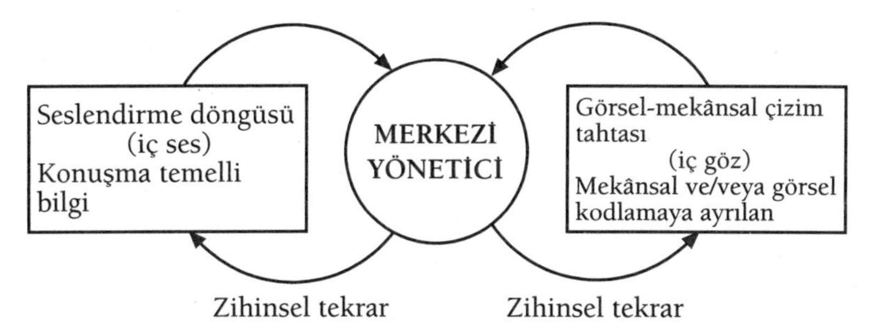

Baddeley ve Hitch'in (Baddeley 2000) çalışan bellek modeli

Alıştırma

Aklımıza gelen en eski anılarınızı yazın. Olayları yaşadığınızda kaç yaşında olduğunuzu düşünüyorsunuz? Hatırladığınız şeyin ne kadar doğru olduğunu anlamak için ebeveynlerinizle konuşun. (Bu, ebeveynlerinizin doğru hatırlayacağını varsayar, bunun kendi riskleri olsa da, kontrol etmenin pek az kusursuz yolu vardır). En eski anıya odaklanın. Ne kadar ayrıntı hatırlayabiliyorsunuz?

Büyük olasılıkla bir anı seliniz olmayacaktır.

Çocukluk çağı amnezisi: Belleğin gizemi

Yaşlı insanlar bazen yaşamlarındaki çok eski olayları hatırlayabilir. 1992'de Nobel Ödülü'nü kazanan Sör John Ecccles bana 88 yıl önce Avustralya'nın taşrasında evden aceleyle çıkmak zorunda kaldığı bir günü hatırlayabildiğini söyledi. Tam olarak 3 yaşında bile değildi. O ve babası atla evlerine doğru gelen yerli doktorla karşılaşmışlardı. Eccles, bu anının zihninde neden çok iyi yer ettiğini biliyordu. O gün kız kardeşinin doğum günüydü.

Eccles'in deneyimi, önemli anıların onlarla ilişkili bir tür duygu içeren anılar olduğu fikrini pekiştirir; kız kardeşinin doğum günü önemli bir aile etkinliğiydi. Ama aynı zamanda, Eccles taşrada ata binme anısını çoğu zaman zihninde tekrarladığını bana söyledi. İlk duygusal etkinin yanı sıra yinelenen zihinsel tekrar, yaşamındaki o sahnelerden birini 88 yaşında olmasına rağmen her zaman kolayca hatırlayabilmesini ve zihninde canlandırabilmesini sağlamıştı.

Eccles'e 3 yaşından hatırladığı başka olaylar olup olmadığını sorduğumda, hayır dedi. Ve bu konuda, herkes gibiydi. Bellekle ilgili ilginç gerçeklerden biri erken çocukluk dönemimizden çok az şey hatırlamamızdır. Bazı psikologlar, bunun yaşamda çok erken belirlenen bellek izlerinin çok istikrarlı ve sağlam olmamasından kaynaklandığını düşünür; diğerleri anıların beynin bir bölgesinde olsa da geri çağırmanın zor olduğuna inanır.

Ancak, herkes çocukluğumuzun büyük bir kısmını unuttuğumuzu kabul eder. Yaklaşık yüz yıl önce Binet ve Henri (1896) tarafından yapılan bir çalışmada, 123 yetişkinden ilk anılarını anlatmaları istendi ve hiçbiri 2 ya da daha küçük yaşta olduğu dönemden hiçbir şey hatırlayamadı. Pillemer ile White (1999) yetişkinlerin hatırladığı en eski anının, ortalama 3,5 yaşında oldukları olaylara dair olduğunu saptadı. Joseph ile Tanaka (2003) insanların çoğunun ilk anılarının aynı yaşa dayandığını ve olumlu olduğunu, ama çocukluk çağında şiddetli cinsel, fiziksel ya da duygusal istismara uğradıklarını bildiren yetişkinlerin daha geç olayları hatırladığını belirledi. Onlara göre, istismara uğrayan grubun ilk anıları, ortalama 6,1 yaşına denk geliyordu. Başka farklılıklar da vardı. İstismara uğradıklarını bildirenlerde, sağ yarımkürede, hipokampus ve amigdalayla ilgili önemli ölçüde uzun dönemli sözel olmayan entelektüel ve bellek eksiklikleri vardı. Bunun basit açıklaması şudur, hatırlamak istemedikleri travmalar yaşamışlardır.

Kanal 4 dizisi *Equinox* için gerçekleştirdiğim biçimsel olmayan bir çalışmada, otuz kişiye ilk anılarının neler olduğunu ve olay gerçekleştiğinde kaç yaşında olduklarını sandıklarını sorduk. Bir adam ebeveynlerinin kavga ettiğini; bir kadın yazın dışarı çıktığında suyla ıslandığını; psikoloji profesörü olan bir adam 3 yaşındayken güzel kırmızı bir kamyon aldığını hatırlıyordu. Bu anıların hiçbir özel örüntüsü yoktu.

Ancak, bu erken dönem anıları doğru olmayabilir. Piaget biyografisinde uzun zamandır çok küçükken kaçırıldığına inandığını yazdı. İnsanlara defalarca bu deneyimini anlatsa da, bakıcısından bunun bir hayal ürünü olduğunu öğrenmişti.

Kanal 4 araştırmasında bildirilen ilk anıların çoğu, Eccles'in anısı gibi, tek olaylardan oluşuyordu. Belirli bir modele uymuyorlardı. Genellikle bağlantılı anılarımız olduğu için örneğin belirli bir yerde yaşamanın ya da bir doğum günü partisini, okula yolculuğu anlatmanın –sadece çocukluk çağı dönemindeki, 8-9 yaş civarı daha geç dönem– neye benzediğini size bildirecek görüntüleri aklınıza getirip birleştirebilirsiniz. Gittiğim Lonra hazırlık okulunda hayatımın birçok sahnesini aklıma getirmekte biraz zorlanıyorum, oraya girdiğimde 10 yaşındaydım. Erken dönem anıları daha nadirdir ve daha fazla parçalarına ayrılmıştır.

Freud kendi adlandırdığı çocukluk amnezisini –ya da çocukluk çağına ait olayların çoğunu unutmak– açıklamak için ilgi çekici bir teori geliştirdi. Çocukluk çağı amnezisinin, çocuğun karşılaştığı rahatsızlık verici çatışmaların sonucu olduğunu savundu. Freud, küçük oğlanların Ödipal karmaşası, küçük kızların ise Electra karmaşası yaşadığını ileri sürdü. Çok kabataslak, Freud küçük oğlanın babasından nefret ettiğini ve onun yerini almak istediğini ve böylece annesinin sadece onu seveceğini; küçük kızın annesinden nefret ettiğini ve onun yerini almak istediğini, böylece babasının bütün ilgisinin ona yöneleceğini belirtti. Bu şiddetli cinsel istekler kısmen bilinçli, kısmen bilinçdışı isteklerdir. 3-4 yaşından itibaren çocuklar hem çaresiz hem de günahkâr olduklarının farkındadır. Bu yüzden, çocuk birçok duygusunu ve ilgili anılarını bastırır. Freud'a göre eninde sonunda oğlan babasıyla özdeşleşerek ödipal karmaşasını çözümler, kız ise annesiyle özdeşleşerek elektra karmaşasını çözümler. Ama bu süreç o kadar acı vericidir ki, bu duygu ve arzuların sansürlenmesi ve bilinçdışına itilmesi gerekir. Bu güçlü çatışmaların sonucunda, bu çocukluk çağı anıları, baskılanır, bastırılır, zayıflatılır.

Freud'un teorisine uyan kanıtı olduğunu ileri süren bir psikolog, Katherine Nelson'dur. Emilly adlı yeni yürümeye başlayan bir çocuğun 16 aylıkken hecelemelerinin ses kaydını aldı. Ebeveynleri odada yokken ve Emily tek başına olduğunu sanırken, çıkardığı sesler bir kaygı ve duygu yansıtıyordu. Ebeveynleri ortaya çıktığında, hecelemelerinin daha az kaygılı olması belki de bebeklerin bir şeyi bastırdığının kanıtıdır. Freud'un lehinde ve aleyhinde bilimsel kanıtlarla ilgili araştırmasında, merhum Paul Kline (1991), Freud'un çocukluk amnezisinin nedenleriyle ilgili görüşlerinin lehinde ve aleyhindeki kanıtları yeniden gözden geçirdi ve "kanıtlanmasa da tamamen olanaksız olmadığını" belirtti. Kline, bu bellek izlerini ya nöral ağları içine son derece derin gömülü oldukları ya da erişilemedikleri için geri çağıramayacağımız gibi çocukluk çağı amnezisinin alternatif açıklamalarının Freud'un fikirleri kadar ispatlanmamış olduğunu vurguladı.

Bellek gelişimiyle ilgili herhangi bir açıklamanın, yaşamımızda neden bu kadar az hatırladığımızı ve yaşlıların neden çoğunlukla gençlik ve çocukluk çağlarından görüntüler hatırlamaya başladıklarını kesinlikle açıklaması gerekir. Yoksa bu görüntüler tamamen fantezi midir?

Yine farklı bellek türleri

Belleği kısa dönemli ve uzun dönemi olmak üzere ayıran zaman, belleği ayırmanın tek yolu değildir.

Bazen **açık bellek** denilen bildirimsel bellek, gerçekler ya da olaylar gibi bilinçli olarak hatırlanabilen anılara atıfta bulunur; bu anılar bilinçli, kolay erişilebilir anılardır. Bunu test etmek basittir, çünkü deneklere diyelim ki, Londra olimpiyatlarında üç adım atlamayı kimin kazandığını hatırlayıp hatırlamadıkları sorulur.

Psikologlar aynı zamanda **anısal** bellekten de söz eder; bu, geçen gece gittiğiniz Goatbag grubunun çaldığı bir mekânda belirli olay ya da sahneleri hatırlamak anlamına gelir. **Anlamsal bellek** ise kuralları, tanımları ve sözcükleri hatırlayan bellektir. Anlamsal belleğimiz, dünyaya ilişkin gerçekler depomuzdur. Gökyüzünün genellikle mavi olması, "huysuz"un kırılgan ve geçimsiz anlamına gelmesi ve 7. Henry'nin 6 karısının olması, anlamsal belleğimizin parçasıdır; bir süreci doğru sırada hatırlamak **işlemsel belleğin** işlevidir. Bisiklet binmeyi öğrenmek becerileri gibi bilinçdışı anılara atıfta bulunur. Et almanız, onu köfte haline getirmeniz, ocağı açmanız gerektiğini hatırlamadan hamburger yapamazsınız. Sonra, **geleceğe dönük bellek** –sadece geçmişi değil geleceği de planlamayı hatırlamak– (Şimdi, Jackie ile yarın 6'da buluşmak zorunda olduğumu hatırlıyorum); **örtülü bellek** –bazen kişi belirli gerçekler ya da olayların farkında değildir ama yönlendirildiğinde onları hatırlayabilir– vardır. Örtülü bellek terimi, aynı zamanda farkında olmadığımız gömülü anıları da kapsayabilir. Buna örnek, aradan uzun yıllar geçtikten sonra kişinin çocukken cinsel istismara uğradığını –çok fazla tartışma yaratan bir konu– hatırlaması olurdu. Örtülü belleğin testi, çoğunlukla deneklere bir şeyi hatırlamak yerine tanımlamalarını istemektir, ama bu tanımlama belleğe bağlı olacaktır. Konunun başucu kitabı olan *Oxford Handbook of Memory*'de (2000), Tulvig ve Craik, bazı araştırmacıların Fransa'nın başkentinin Paris olduğunu hatırlamanın örtülü bellek olabileceğini iddia ettiğini not düşer.

Sonra **flaş bellek** vardır, çünkü psikologlar insanların çok önemli bir olay öğrendiklerinde, nerede olduklarını ve ne yaptıklarının bir tür fotoğrafını çektiklerini belirlemiştir. 1963 Kasım'ında 15 yaşındaydım, Başkan Kennedy'nin suikastla öldürüldüğünü öğrendiğimizde annem ve bir arkadaşıyla televizyon izliyorduk. İngilizler için, diğer önemli olaylar Bayan Thatcher iktidarın kaybetmesi ve Lady Diana'nın ölümüydü. Japonlar için, 2011 yılındaki tsunami felaketi dönüm noktalarından biriydi. Bu anılar, ayraç gibi işlev görür.

Bu tür farklı belleklerin varlığı, sürecin karmaşıklığını vurgular. Psikologlar ve fizyologlar, son otuz yılı beyin uzun dönemli bellek izlerini saklamak için olması gereken kimyasal ve elektriksel değişiklikleri çözümlemeye çalışarak geçirmiştir. Gelişimsel psikologlar için sorular basit olma eğilimindedir. Çocuklar hangi yaşta ne tür bilgileri hatırlar? Yaş ve hatırlamanın doğruluğu arasındaki ilişki nedir? Çocukların kısa vadeli belleği yetişkinlerinkinden nasıl farklılık gösterir?

Çocukluk çağında bellek çalışması, çok şey öğrenmekle örtüşmesi gerçeğiyle karmaşıklaşır. Yetişkin olarak işlev görebilmemizden önce çok şey öğrenmek zorunda olduğumuz için insanların bu kadar uzun süreli çocukluk çağları vardır. Günümüzün çocukları, okumayı, yazmayı, matematiği, sosyal becerileri, cinsel becerileri ve bunun yanında çok başka becerileri öğrenmek zorundadır. Ancak en son kanıt, öğrenme ve hatırlama becerimizin anne karnındayken başladığını göstermektedir.

Bellek anne karnında mı başlar?

Son zamanlardaki en etkileyici araştırmalardan biri, fetusların bir tür bellek kapasitesi olduğunu göstermiştir. Nörolojik bakış açısına göre, bu belki de şaşırtıcı değildir.

Hayal ettiğimizden daha fazlasını hatırlayan sadece zavallı deniz tavşanlardı değildir. Belfast'ta Peter Hepper tarafından yapılan bir çalışma, bebeklerin henüz anne karnındayken *Neighbors* gibi televizyon programlarının tanıtım müziğini fark ettiklerini gösterir. Üstelik doğdukları an, bu tanıtım müziğine diğer müzik eserlerinden daha fazla tepki vereceklerdir. Kişi televizyon dizisi hakkında ne düşünebilirse düşünsün, bu, bellek sistemimizin dünyaya gelmeden önce bile işlemeye başladığını gösterir. Çünkü Fetus *Neighbors* dizisinin anısını depolamış ve sonra erişip geri çağırmış olmalıydı.

2009'da Hollanda'daki tıp araştırmacıları, 30 haftalık fetusların kısa dönemli bellek oluşturduğunu saptamak için sonogram teknolojisini ses ve titreşimle birleştirdi. *Child Development* dergisinde yayımlanan çalışmaya göre, 34. haftadan itibaren rahimdeki bebekler bu bilgiyi 4 haftaya kadar depolayıp geri çağırabiliyordu.

Bu araştırma, bir fetusun annesinin sesini hatırlayıp hatırlayamayacağını belirlemek için yürütülen benzer çalışmaların hemen ardından gelir. Bir çalışma, annelere bebeklerinin doğumundan 6 hafta önce günde iki kere Dr. Seuss'un ünlü *Cat in the Hat* öyküsünü okutmuştu.

Bilim adamları, doğumdan üç gün sonra bebeklerin kendi annelerinin seslerini tercih etmekle kalmayıp, anne karnındayken dinledikleri hikâyenin sesini, yeni bir hikâyeye tercih ettiğini belirleyebilmişti.

İkizlerin yaşamı da, anne karnında öğrenme ve bellek araştırmasına beklenmedik bakış açıları kazandırmıştır. National Geographic'in özel *Anne Karnında: İkizler, Üçüzler ve Dördüzler* sayısında, ultrason yardımıyla ikiz erkek ve kız kardeşin plasentanın her iki tarafında yanak yanağa oynadıkları fark edildi. Doğumdan bir yıl sonra, ikizlerin en sevdiği oyun bir perdenin karşılık tarafında yer tutarak, ayırıcı aracılığıyla dokunup oynarlarken gülmek ve kıkırdamaktı.

İkizlerle ilgili bir başka olguda, bebeklerden biri rahmin uzak tarafına çekilen diğerini tekmeleyerek, itip vurarak daha saldırgan davranışlar gösterdi. Dört yıl sonra, ikizlerin arasında ne zaman bir kavga çıksa, sessiz olan odasına çekilip kapasını kapatıyordu.

Bir annenin izlediği ve izlemekten rahatsız olduğu şey de hatırlanabilir. Avustralya'da yapılan bir çalışma, 20 dakikalık huzur bozucu bir Hollywood filmi izleyen hamile annelerin bebeklerinin duygusal rahatsızlık yaşadığını saptamıştır. Doğumdan 3 ay sonra bebeklere aynı filmin klipleri gösterildiğinde, daha öne annelerine seyrettirilen filmin farkına vardılar.

Belki aynı ölçüde şaşırtıcı olan, yenidoğan bebeklerin bir tür taklit yapabildiklerini gösteren çalışmalardır. Bebek dilinizi dışarı çıkarma hareketinizi taklit edebilmek için, bebeğin bir kimsenin dilini dışarı çıkardığını hatırlamasını ve kaslarını yeniden hareket ettirmesi sağlayan bir mekanizmaya sahip olmak zorundadır.

Taklit, bir tür bellek kapasitesi gerektirebilir ama bu bizim normalde anladığımız bellek gibi değildir. Bebeklerin belleğiyle ilgili en ikna edici kanıt, Rutgers Üniversitesi'nden Caroly Rovee-Collier'in bir dizi araştırmasından ortaya çıkar. 1990'ların başında 8 haftalık ve daha büyük bebeklerle bir dizi deneye başladı. Çalışması, bebekler konuşamadıkları için onların becerilerini araştırmaya çalışırken psikologların sahip olması gereken yaratıcılık biçimine bir örnektir.

Yeni yürümeye başlayan bir çocuk oyuncak görürse, "işte orada" diye sevinçle çığlık atabilir. Bebek böylesine anlamlı sesler çıkaramaz, ama Rovee-Collier bebeğin motor heyecan işaretleri göstereceğini ileri sürüyordu. Hatırlayıp hatırlamadıklarını belirlemek için karyolasında asılı bir dönenceye tekme atma oranını kullandı. Bunun mantığı basittir. Bebekler hiçbir şey hatırlamazsa, o zaman hangi dönenceye baktıkları önemli olmayacaktır. Ama hatırlarlarsa, kişi bu anının motor işaretlerini belirleyebilmelidir. Önce, bebekler bir dönence gördüklerinde tekme atmayı öğrenir. Her bebeğin tekme atma standardı belirlenir. Daha sonra, bebekler eğitim dönencesiyle karşılaştırıldığında ya benzer uyaranı ya da farklı uyaranları sergileyen bir dönenceyle test edilir. Tekmeleme oranı, Rovee-Collier'e bebeklerin uyaranı daha önce gördüklerinin aynısı olarak hatırlayıp "hatırlamadıklarını" bildirir. Standartlarında daha fazla tekme atarlarsa, bu durumda bu, "evet, aynısı" demektir ama standartlarının üstünde tekme atmazlarsa, bu durumda bebekler "hayır" der. Bunun mantığı tartışılabilir, ama Rovee-Collier on yıldan fazla bir süredir tutarlı sonuçlar alıyordu.

Rovee-Collier, bir kimse bebeklere bir dönence gördüklerinde tekme atmayı öğretirse, bebeklerin tanıdık dönence gördüklerinde yeni bir dönenceye göre daha çok tekme atacaklarını saptadı. Bu, sadece bazı dönencelerle ilgili anıları olursa anlam taşır. 8 haftalık kadar küçük bebeklerin gördükleri bir dönenceye yeni bir dönenceden çok daha fazla tekme attıklarını iddia etti. Üç aylıklar eğitildikleri dönencenin gösterilmesiyle test edildiklerinde, eğitimden sonraki birkaç gün boyunca neredeyse mükemmele yakın derecede hatırladılar. Yeni bir dönen oyuncağa karşı, üç aylıklar çok daha az tekme attı.

Rovee-Collier'ın daha sonraki çalışması, 6 aylık (24 haftalık) bebekleri inceledi. Onlara belirli bir biçimde dönenceler gösterildi. Yine herhangi bir dönenceyi tanıyıp tanımadıklarının ölçütü, tekme atma oranlarıydı. Yetişkin belleğinin en bilinen ilkelerinden biri şudur: Deneklere beş veya on üç uyaranlık bir liste verirse, ilk verileni geri kalanından daha iyi hatırlayacaklardır. Buna, öncelik etkisi adı verilir. Rovee-Collier, yirmi dört bebeğe üç farklı dönence gösterildiğinde, en iyi hatırlananın onlara ilk gösterilen olduğuna dair kanıt buldu. 6

aylık bebeklerin belleği zaten öncelik etkisi gösterecekleri bir şekilde düzenlenmişti. Ancak bebeklere beş dönen oyuncak gösterilince, etki kayboldu. Araştırma, 6 aylıktan itibaren bebeklerin belleklerinin yetişkin bellek sistemleriyle aynı şekilde çalışmaya başladığını ileri sürer. Ancak, bebeklerin bellek kapasitesi çok daha küçüktür, bu yüzden beş dönence olduğunda üstesinden gelemeyecekleri kadar çok bilgi vardır, ama üç dönencede yetişkin bellek ilkeleri uygulanır.

Rovee-Collier, daha sonraki çalışmalarında 3 aylık bebeklerin yetişkinler gibi –biri nesnelerin boyutuna duyarlı olan– iki bellek sistemine sahip olup olmadıklarını sordu. Üzerinde S harfi kazılı bir dönenceyle eğitildiler. Yirmi dört saat sonra, bebeklere ya aynı büyüklükte ya da yüzde 33 daha büyük veya daha küçük S harfi gösterildi. Bebeklerin hiçbir boyut değişim koşuluna standart üzeri tekme atmaması, Rovee-Collier modeli dikkate alındığında S harfini hatırladıklarını ispatladı.

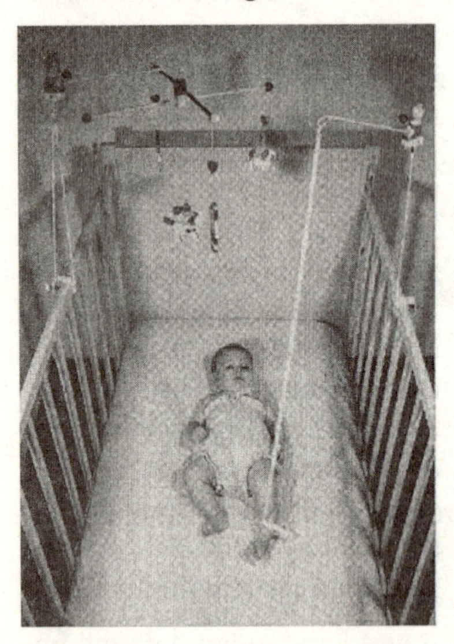

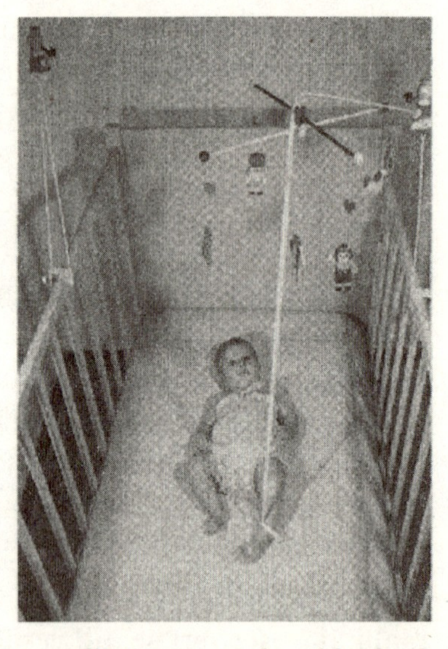

Rovee-Collier, bebeklerde belleği araştırmak için uyaran karşılık olarak tekme atma oranını kullanır. C.K. Rovvie-Collier, M.W. Sullivan, M. Enright, D. Lucas ve J. W. Fagen'in (1980) izniyle yeniden basıldı. "Reactivation of infant memory" *SCİNECE* 208(4448): 1159-161.

Rovee-Collier aynı zamanda bir deneği yeni bir uyaran için eğitme ya da hazırlamanın etkilerini de inceledi. Otuz tane 3 aylık bebeğe S harfi olan bir dönenceye tekme atmaları öğretildi. İki hafta sonra, tıpkı ilk deneyde test edilen bebekler gibi test edildiler. Ama bu testten bir gün önce, bebeklere "yapmaları gereken öğretilmişti." Hazırlık yapılan uyaran, öncekinden yüzde 33 büyük ya da yüzde 33 küçük S değil, orijinal S idi. Şimdi bebekler hazırlandıktan sonraki gün üzerinde orijinal S, büyük S ya da küçük S olan bir dönence gösterildiğinde, standart düzeyin üzerinde önemli ölçüde tekme atıyor gibi görünüyordu. Rovee-Collier 3 aylık bebeklerin biri sadece önce gösterilenle boyut olarak aynı uyaran için çalışan ve diğeri boyutun önemli olmadığı, boyuta duyarsız olmak üzere çalışan 2 bellek sistemleri olduğunu kanıtladığını iddia etti. Bu, yine yetişkin belleğinin benzeridir. Ancak, Rovee-Collier ve meslektaşları "gelişimsel ve bilişsel psikologların bebeklerin iki işlevsel farklı bellek sistemleri olduğuna sonucuna karşı çıktıklarından" yakınıyordu. (Gerhardstein ve diğerleri 2000).

Yüzün mü? İyi hatırlıyorum

Rovee-Collier'in çalışmasında sorunlar vardır. Bellekle ilgili tekmeleme oranında büyük varsayımlarda bulunur. Dönenceler doğal olarak ortaya çıkan bir fenomen değildir ve kişi bir bebeğin ilk anılarının onlar için çok önemli olan uyaranlar –yüzler– olmasını bekleyebilir. Bebek, annesinin, babasının ve önemli diğer kişilerin yüzlerini tanımalıdır. Bartrip ve diğerleri (2001) 5 haftalık bebeklerin annelerini sadece ağız ve burun gibi yüzdeki organlardan tanıyabildiklerini göstermiştir. Nasıl becerdikleri açık olmasa da, bebek belleği yine işler. Nelson (1995) bebeklerin kafa derisine elektrodlar taktı ve tanıdık yüzler tarafından tetiklenen görsel korketsten gelen örüntülerin, tanıdık olmayan yüzler tarafından tetiklenenlerden farklılık gösterdiğini saptadı.

Bebeklerin hatırlama becerisiyle ilgili başka bir etkileyici gösteri, McDonnough'dan (1999) ortaya çıkar. 2. Bölüm'de Piaget'in nesne sürekliliğiyle ilgili fikirlerini ayrıntılı inceledik. Piaget nesne sürekliliğini bir bellek alıştırması gibi görmedi, ama McDonnough bu açıdan değerlendirilebileceğini savundu. Bir nesnenin sürekli olduğunu bilmek, deney yapan onu saklamadan önce var olduğunu hatırlamanız gerektiği anlamına gelir. Mc. Donnough yaşları ortalama 7 ay 14 günlük olan yirmi sekiz bebeği test etti.

Önce deneyci, bebeklere iki kutu gösterdi. Her ikisi de boştu. Sonra bir nesneyi bebeğe uzattı, dokunmasına izin verildi. Sonra nesneyi bebekten geri aldı. Sonra kutulardan birine koydu. Bebek hangi kutunun içine konulduğunu gördü ama nesne ortadan kaldırılmıştı. Bir diğer deyişle, çocuk nesnenin var olduğunu hatırlamak zorundaydı. Deneyci, parmaklarını oynatarak çocukla etkileşime girdi. Sonra 1 dakikalık böyle bir dikkat dağıtmadan sonra, bebeğin önünde her iki kutuyu salladı.

Çocuğun ne hatırladığının ölçütü, kutulardan hangisine eriştiğiyle anlaşılıyordu. Yirmi sekiz bebekten on beşi nesnenin saklandığı kutuya daha fazla ulaştı. (Bilim adamları bunun önemli olduğunu belirtti). Çalışma üç farklı durumu inceledi ve bebekler yerden alınıp odanın etrafına dağıtıldığında daha kötü sonuçlar elde etti. Bu bulgular, Piaget'in çocukların 8 aylık civarında şemalar geliştirdiğine, bu şemaların beyinde bulunduğuna ve hatırlanabileceklerine dair fikirlerini pekiştirir.

2008'de, daha küçük bebekler üzerinde yapılan bir araştırma bile, şemaların işlemekte olduğunu gösterir. Kraebel 3 aylık ve 5 aylık bebekler üzerinde araştırma yaptı. Hedefi, bebeklere "amodal" ipuçları, yani birden fazla duyudan gelen ipuçları gösterilirse, öğrenip hatırlamalarına yardımcı olup olmayacağını anlamaktı. Kraebel, silindirik şekillerden oluşan bir dönence ve dönenceyi hareket ettiren küçük bir motor kullandı. Dönenceye bağlı bir kurdele bebeğin ayağının etrafında düğümlenir. Bebek tekme atınca, dönence hareket eder; *Susam Sokağı* müziği pekiştirme için çalar.

Dönenceyi hareket ettirmeyi öğrenirken, bir gruptaki bebekler dönencedekilerle tamamen aynı biçimdeki tahta bir silindiri tutar. İkinci gruptakiler hiçbir şeyi tutmaz; üçüncü gruptakiler tuğla şeklinde bir cisim tutarlar. Yine her bebeğin attığı tekme sayısı kaydedilir. Kraebel (2008) mini test boyunca bir bebeğin tekme attıkça, tekmesinin dönenceyi hareket ettirdiğini daha iyi anlayacağını ileri sürdü.

Silindirik cismi tutan bebekler, silindirlerden oluşan bir dönenceyi hareket ettirmeyi öğrenirken, diğer iki gruptaki bir cismi tutmayan ve tuğla şeklindeki cismi tutan bebeklerden daha fazla tekme atar. Tuğlayı tutmak, aslında öğrenmeyi ketlemiştir. Bebekler sadece bir cismi tuttukları için daha iyi öğrenemez; o cismin şekli gördükleri cismin şekline uymalıdır. Bu, sadece "kolaylaştırıcı öğrenmeye" yardımcı olur. Şemaların önemine dair güzel bir gösteridir.

8 aydan itibaren bebekler dönenceler gibi uyaranları, yüzleri ve cisimlerin nereye konulduğunu hatırlayabiliyorsa, bir sonraki aşama nedir?

11 aylıkken

11 aylıkken bebekler deneysel bir seansta çok basit dizilerin aynısını yapabilir. Örneğin oyuncak bir eşeğin iple çekildiğini görürlerse, hareketi tekrarlayabilir ya da taklit edebilirler. 18 aylıkken hareketin en son bir hafta önce yapıldığını görseler bile kesinlikle tekrarlayabilirler. 12-24 aylık arasında, birçok bebek hecelemeye, işaret etmeye ve hatta konuşmaya başlar. Hem işaret etme hem de konuşma, bellek gelişimine belirgin biçimde yardımcı olur. Konuşmanın belleğin yapısını değiştirdiği iddia edilir, çünkü çocuk artık anılarını başkalarıyla paylaşabilir.

Çocukluk çağı belleği çalışmalarının güçlüklerinden biri, psikologların çoğunlukla 12 aylık grubunu 24 aylık grubuyla karşılaştırmasıdır. Kişi, bir çocuğun gösterdiği gelişme duygusu yerine farklı yaşlardaki farklı çocukların belleğinin fotoğrafını çeker. Bunun bir istisnası, otuz aylık bir dönem boyunca aynı yaştaki on dokuz çocukla ilgili boylamsal bir araştırma gerçekleştiren Robyn Fivush'un çalışmasıdır. Çalışma başladığında, çocuklar 3 yıl 4 aylıktı. Sonra 3 yıl 10 aylık, 4 yıl 10 aylık ve 5 yıl 10 aylık olduklarında yeniden test edildiler. Testler, bireysel olarak yaşadıkları olaylar hakkında onlara sorular sormayı kapsıyordu. Fivush (1998), çocukların deneyimleriyle ilgili bir katalog oluşturdu, böylece onlara 4 yıl 10 aylıkken sadece yakın zamanlardaki bir olayla ilgili değil, yaklaşık bir yıl önce sorulan bir olay hakkında soru sorulabildi.

Fivush, 3 yıl 10 aylık çocukların yüzde 72'sinin 6 ay önceki bir olayı oldukça doğru hatırlayabildiklerini saptadı. Bu şekilde, Cecci'nin 4. Bölüm'de açıklanan bulgularını doğruladı. Üç aylık bebeklerin, kesinlikle etkili uzun vadeli bellekleri vardı. Fivush aynı zamanda , çocukların anıları yetişkinlere sezgisel olarak garip gelmeyen biçimlerde düzenlendiklerini de ileri sürdü. Aşağıda belirtilenlerin temel düzenleyici başlıklar olduğunu ortaya koydu:

- *Etkinlikler*– bir çocuk "Okula koşarak gittim," diyecektir.
- *Nesneler*– Parkta balonlar vardı;
- *Kişiler*– Annem biftek pişirdi;
- *Yerler*– Müzeye gittik;
- *Betimleyiciler*– Biz piknik yaparken güneş nehrin üzerinde yükseliyordu;
- *İçsel ruh halleri*– Amcamdan hediye alınca, kendimi mutlu hissettim.

Fivush'un çalışması, 3 yıl 10 aylıkken çocukların anılarını başkalarıyla paylaşılabileceği gerçeğinin farkına vardıklarını iddia etmenin mantıklı olduğunu gösterir. İkincisi, çocuklar 4 yaşında karmaşık sosyal malzemeyi fark edilebilir biçimlerde düzenlemeye başlar.

Aynı zamanda, çocukların 4 yaşından itibaren pratik bilgiyi hatırlamakta epey usta olduklarına dair kanıt vardır. Friedman (1993), küçük olanlar videoyu izlediklerinden beri aradan geçen zamanın uzunluğundan dolayı kafaları karıştığı halde, dişlerini nasıl fırçalayacaklarıyla ilgili bir video seyreden 4,6 ve 8 yaşındaki tüm çocukların yedi hafta sonra verilen ipuçlarının hepsini hatırlayabildiklerini saptadı. Ancak, küçük çocuklarda belirgin bir tehlike kavramı bulunmamasının sorun olup olmadığı belirsizdir ancak ilginç biçimde, çocukların yol güvenliğiyle ilgili bilgileri hatırlamakta pek iyi olmadığı görünüyordu.

Ebeveyn alıştırmaları

Şair T.S Eliott fotoğraf albümü gecesinden bahsetmiştir. Bunun mükemmel bir Viktoryan tarzı ve erken dönem yirminci yüzyıl buluşu olduğunu düşünüyorum. Şimdi, her zamankinden çok daha fazla fotoğraf çeksek de paradoksal olarak onlara bakmaya daha az zaman ayırdığımızı düşünüyorum. Öğretmen ya da ebeveynlerin kendilerini sıkıcı fotoğraf-severlere dönüştürmeleri gerektiğini önermiyorum. "Bu gece fotoğraflarımızı perdeye yansıtacağımız ve onlardan bahsedeceğim bir gece olacak." Ama fotoğraflar çocuklara ortak anıları anlatma konusunda harika bir destek sağlar. Her şeye rağmen, Fivush'u izleyebilir ve çocuğunuzun üçüncü doğum günü partisinin fotoğraflarını çekebilir ve 3 hafta, 3 ay ve 6 ay sonra parti ve insanlar hakkında konuşabilirsiniz. Bunun ne işe yarayacağını gösteren hiçbir araştırma yoktur ama en azından çocukları konuşturacaktır.

Hatırlama yeteneği, tüm insanların en büyük öğrenme özelliği olan, konuşmayı öğrenmekle ilişkili olmalıdır. 4 yaşından itibaren, çocukların çoğu "Hatırlıyorum" fiilini doğru biçimde kullanır, bu nedenle sadece anılarının kullanımına değil bellek kavramına da sahip olmaya başlarlar. Ama bu sadece yavaş yavaş ve yapılan hatalarla gelişen bir beceridir.

Anılar hakkında konuşmak

Flavell ve Wellman (1977), çocukların kendi anılarını abartmaya ve insanların olayları etkili biçimde hatırlamak için kullandığı anımsatıcı türde numaraları göz ardı etmeye yatkın olduklarını gösterdi. Üst-bellek adlı bu çalışma, çocukların belleklerinin yetersiz olduğu fikrini desteklemekte etkiliydi.

Şu ana kadar açıkladığım birkaç deneyim –Rovee Collier'ın dönenceleri, diş fırçalamayı hatırlama– çok önemli kişisel anılara değinir. Ancak, 1970'lerden başlayarak, çocuk istismarıyla ilgili sorun kaçınılmaz hale gelmiştir. İstismarın kapsamı ve sahte anı sendromu hakkında karmaşık bir tartışma olmuştur. Konuyla ilgili çok büyük ve tartışmalı bir kaynakça vardır. Büyük bir bölümü, yetişkinlerin 20 ya da daha uzun yıllar önceki istismara uğrama olaylarını doğru hatırlayıp hatırlayamadıkları ele alır. İngiltere'de çocuk esirgeme kurumunda kayıtlı 36.000'in üzerinde çocuk vardır ve Çocuklara Kötü Muameleyi Önleme Ulusal Derneği'ne göre tüm tecavüzlerin yüzde 26'sı çocuklara karşı yapılmıştır. Böyle –çoğunlukla boşanma davaları bağlamında bir ebeveyn tarafından diğer ebeveyn aleyhinde gündeme getirilen– iddialarla başa çıkarken, polis, sosyal hizmet uzmanları ve yargıçlar için çocukların olayları doğru olarak hatırlayıp hatırlamadıklarını öğrenmek önemlidir.

Cornell Üniversitesi'nden gelişimsel psikoloji profesörü Stephen Ceci, bu alanda önde gelen bir araştırmacı olmuştur. Onun araştırması, yetişkinlerin çocuklarıyla anıları hakkında konuşmakta çok daha becerikli olmaları gerektiğinde ısrarcı olunmasını sağlamıştır. Duyarlı bir biçimde görüşme yapılan 3 yaş kadar küçük çocukların geçmişte olan olayları son derece iyi hatırlayabilir.

Ceci bana şöyle anlattı: "Yaptığım görüşmelere baktığımda yaptığım en küçük düşürücü şey, kişinin yapmaması gereken hataları fark etmemdir. Hatalar yaptığımın farkında değildim.

Sonra, tekrar videoya baktığımda, sürekli benzer hataları yaptığımı fark ettim."

1980'lerde Ceci zaten bellek konusunda uzmandı. Bir gün bir yargıçtan tüyler ürpertici bir telefon geldi. Bir kadının cesedi salonunun alt katında katılaşmış halde bulunmuştu. Kız kardeşi, kadının kocası tarafından öldürüldüğünü iddia ediyordu. Kilit tanık kurbanın oğluydu. Başsavcılık, çocuğun 4 yaşındayken babasının annesine bir beyzbol sopasıyla vururken gördüğünü hatırladığını iddia etti. Yargıç, çocuğun böylesine bir olayla ilgili anıları inanıp inanamayacağını öğrenmek istiyordu. Ceci bana şöyle dedi: "Hiçbir fikrim yoktu."

Biraz utanan Ceci, konuyla daha ilgili olaylara ilişkin anılara odaklanmaya karar verdi. Şimdi çocukların tanık olarak ne kadar güvenilir olduklarıyla ilgili tartışmada önemli bir kişiydi. Piaget haklıysa ve işlem öncesi çocuklar anlık algılarına bağlıysa, anılar önünüzde olmayan olayı hatırlamakla ilgili olduğu için 3 yaşındakilerin belirgin anıları olmamalıdır.

Ceci tersinin de doğru olduğunu keşfetti. Şöyle dedi: "Üç yaş kadar küçük çocukların 10 yıl sonra sıradan olayları ne kadar iyi hatırladıklarından etkilendim." Yüzde doksan beşi 3 ay önceki bir olayı doğru anlatabilir. O halde şimdi ve burada ile nasıl bağlantı kurarlar?

Ceci şöyle diyordu: "Sorun çocukların anılarına erişen yetişkinlerde." İstismar iddiaları, çocukları sosyal hizmetler uzmanları, polis, avukatlar ve psikologlarla konuşmak zorunda bırakır. Küçük çocuklar utanç verici olayları anlatmaktan hoşlanmaz. Utanan çocuklar konuşmayınca, oluşan sessizlik görüşmecileri endişelendirir. Ceci, doğru tekniğin bekleyip çocuğu uysalca yönlendirmek olduğunu söyler. Birçok görüşmeci sessizlikten nefret eder ve çocuğu soru yağmuruna tutar. Özellikle sorulan sorular çok telkin edici olduğu için çocukların kafasını karıştıran bu soru yağmurudur. Soruların ifade ediliş biçimleri sadece çocukların ne söyleyeceklerini değil neye inanacaklarını da etkiler. "Telkin edici" sorular bir çocuğun hayal gücünü "yanlış inançlar" geliştirmesi yönünde tetikleyebilir.

Ceci bu hipotezi test etmek için, bir dizi deney tasarladı. Bu deneyde, 3,4 ve 6 yaşındaki çocukların sınıflarına beklenmedik bir ziyaretçi Sam Stone geldi. İçeri girdi, okunulan kitapla ilgili yorum yaptı ve 2 dakika sonra sınıftan dışarı çıktı. Normalde, çocuklar daha fazla hiçbir şey olmadığını hatırlıyordu.

Ceci şöyle diyordu: "Bir şeyler aşılamaya başlarsanız, çocukları çok farklı bir şey olduğuna inandırabilirsiniz." Bazı çocuklara Sam'in sakar olduğu ve genellikle bir şeyleri kırıp döktüğü söylendi; diğerlerine Sam sınıftayken sorun yaşandığını telkin eden biçimlerde soru soruldu. Çarpıcı bir etki oldu. Çocukların yüzde 72'si Sam'in ziyaretiyle ilgili abartılı – bazısı yıkıcı davranışıyla ilgili hayal edilen birçok ayrıntıyla dolu- açıklamalarda bulundu.

Çocukların "bu aşılamayla" kafaları o kadar karışabilir ki, gerçekleşmeyen olayların gerçekleştiğine inanamaya başlayabilirler. Ceci, 6 yaşındakilerin yüzde 35'inin bu tür yanlış inançlar geliştirdiklerini belirlemiştir.

Önyargıyla mücadele etmenin en iyi yöntemi, açık uçlu sorulardır. Ancak, Ceci görüşmelerde kullanılan soruların yüzde 30-35 arasında kapalı uçlu ve birçoğunun telkin edici olduğunu saptamıştır.

Aynı zamanda, çocukların ne söylediklerini kendi sözleriyle kontrol etmek çok önemlidir. Bir olguda, anne kızı "Babam idrarını benim idrarımın üzerine yaptı," deyince polisi alarma geçirmişti. İyi yapılan görüşme aile içi bir gerçekliği ortaya çıkardı. Kız tuvalete gitmiş, idrarını yapmış ve sifonu çekmemişti; Baba daha sonra tuvalete gitmiş, idrar yapmıştı, bu durumda kaçınılmaz olarak idrarının kızının idrarının üstüne yapmış oluyordu.

Çarpıtılan anılar ve var olmayan fare kapanı

Bir başka deneyde, Ceci beş yaşında bir çocuğa nasıl evin bodrumuna inip fare bulduğu hakkında sorular sordu. Oğlana, parmağını kapana nasıl kaptırdığı ve hastaneye götürülmenin nasıl bir şey olduğu soruldu. Gerçekte, bunların hiçbiri olmamıştı. Fare ya da fare kapanı yoktu ve hastaneye gidilmemişti.

Ceci, görüşme seanslarını banda kaydetti. Soru sormakla geçen birkaç haftanın ardından, oğlan parmağı kötü yaralandığı için hastaneye götürüldüğünü söyledi. Cecci'nin tanımıyla sahte bir anı geliştirmişti. Bu biraz masalımsı olan çalışma önemlidir, çünkü Ceci iyi niyetli sosyal hizmet uzmanları ve polis memurlarına çocuklara ısrarcı bir biçimde sorular yöneltmek kolay geldiği için, çocukların hiç gerçekleşemeyen istismar olaylarını hatırladıklarına inanıyordu.

Ceci, çocuk istismarının hiç gerçekleşmediğini ileri sürmüyordu, sadece yetişkinlerin çocukların gerçekte hiç olmamış şeyleri hatırladıklarını söylemeye kolayca yönlendirilebildiklerini anlamalarını istiyordu. Bu, çocukların bellek izlerinin yetişkinlerinki kadar "güçlü" olmadığını gösterir, ama ne psikologların ne de biyolagların bundan sorumlu olabilecek biyokimyasal mekanizmalar hakkında belirgin bir fikri yoktur. Önemli olan, çocuklardan önemli olayları hatırlamalarını isteyen yetişkinlerin çocukların belleklerini etkilemenin ne kadar kolay olduğunu anlamalarıdır.

Bellek gelişiminin dikkate alınacak son bir yönü vardır.

Ergenin anımsama tümseği

Bristol Üniversitesi'nden Martin Conway'e (1988) göre, 12-13 yaş civarında önemli bir değişim gerçekleşir. Ergenlik yıllarımızdan 25 yaşına kadar olan anılarımız, beklediğimizden daha nettir. Yakın geçmişi hatırlayabiliriz ama 13 ile 25 yaşları arası anımsama tümseği olarak adlandırılan bir durum vardır.

Conway'in ileri sürdüğü neden, psikanalist Erik Erickson'un fikirleriyle bağlantılıdır. Erickson bu yaşlar arasında kimlik duygusunun kaynaştığını savunuyordu. Ancak biz yaşlandıkça, başımıza gelen şeyleri hatırlama eğiliminde oluruz. Conway, bunun bu dönemde bilinçli biçimlendirici deneyimlere sahip olmamızdan kaynaklandığını belirtir: ilk flört, ilk öpücük, ailenin gurur duymasını sağlayan başarılar, gerçek bir klüp, üniversite, asla gerçek bir kulübe katılacak kadar iyi futbol oymayacağımızı fark etme, ilk iş. Ve kimliğimizin yapı taşları olduğu için bu olayları daha iyi hatırlarız.

Fivush (Fivush ile Haden 2003; Fivush 2011) ve Katherine Nelson (2007), benim deneyimim ve sizin deneyiminiz hakkında konuşmanın, geçmişten bahsetmenin, çocukların geçmişleriyle ilgili bir hikâye oluşturmasının önemli bir parçası olduğunu ileri sürer. Aile anlatıları üzerine araştırmalar, ergenlerin kişisel hikâyelerinin en azından kısmen ebeveynlerinin kendi çocukluklarını anlatma tarzıyla biçimlendiğini gösterir. Bu tür konuşmalar için alışılmış ortam, yemek masasıdır, tercihen televizyon kapalı olmalıdır. Anne babaları ve büyükanne ve büyükbabalarıyla böyle sohbetlere katılacak kadar şanslı olan ergenler, yüksek düzeyde esenliğe sahip olur. Sohbet etmek iyidir ve kişinin bugününün, ailesinin geçmişiyle nasıl ilişkili olduğundan bahsetmek de iyidir. Araştırma, bilişseli sosyal ve duygusal gelişimin birlikte çok iyi işlediğini gösterir.

Sonuçlar

Bu bölüm, bellek gelişiminde önemli dönüm noktalarını izlemiştir. Bebeklerin bile biraz hatırlama yeteneklerinin olduğunu ve 3 yaşında bebeklerin yetişkinler dinlemek istediği, her an söz kesmediği, yönlendirici sorular sormadığı ve farkında olmadan hafızasını zorlamadığı sürece iyi hatırladığını gördük. Bu açıklayıcı kanıt, etkileyicidir. Yetişkin belleğiyle ilgili fizyolojik araştırmalar ilginçtir ve beyindeki hipokampus ve amigdala gibi bölgelerin anıları işlemedeki önemini vurgular. Yine de –psikolojik bilgisizlik başka bir itirafı– çocuklarda altta yatan beyin mekanizmalarının nasıl geliştiği hakkında hâlâ çok az şey biliyoruz.

Materyaller

Psychology News' ta Ceci'nin çalışmasıyla ilgili bir film mevcuttur, 4 Newell St, London E14 7HR, price _14,95.

7

Çocukların Bilişsel Gelişimini Ölçme

Giriş

Bu kitap boyunca çocukların bilişsel gelişim psikolojisinin, olayların gerisinde kaldığını ve ailede meydana gelen değişiklikler ile çocukların çarpıcı biçimde medyaya daha çok maruz kalmasının, gelişimlerini etkileyen unsurlar olduğunu savunmaya çalıştım. Psikologlar, gelişimin temel ilkelerini belirlemeyi amaçladığı için, çocuklar böyle gelişir, her zaman gelişmişlerdir ve hep gelişeceklerdir gibi evrensel modeller aramak eğiliminde oluyoruz. Bu vurgu, ilgi çekici değişimleri gözden kaçırmamıza yol açabilir.

Bu bölümde aşağıda belirtilenleri ele alacağım:

- **Çocukların zekâsını ölçmenin kökenlerini;**
- **Zekânın yapısını ve IQ testlerinin yeterli olup olmadığını;**
- **Yaratıcılığın yapısını;**
- **Zekâyı nasıl ölçtüğümüzü.**

İnsanlar İncil'in gönderildiği dönemlerden beri, zekâya değer vermiştir. Antik Yunanlılar zekâya çok daha fazla önem vermiş ve gençleri Platon ve Aristoteles'ten eğitim almaya göndermiştir; her ikisinin de devam eden şöhreti –çok az yazar

2.500 yıl varlığını sürdürmüştür– olağanüstü zekâlarına çok şey borçludur. Çocukların eğitimi, Antik Yunan çağından beri çoğu toplumun önemli bir sorunu olmuştur. İngiltere'de, on yedinci yüzyıldan beri, çocuklara eğitim verme ve zekâlarını geliştirme hakkında etkili metinler yazılmıştı. Filozof John Locke'un 1693'te yayımlanan *Eğitim Üzerine Düşünceler,* (Morpa Kültür Yayınları, 2004, İstanbul) adlı eseri, bu alanda basılan ilk metin olmaktan uzak olsa da, çok etkileyici bir metindi.

Locke'a rağmen, yirminci yüzyılın başlarında İngilizlerin zekâya karşı tuhaf bir tavır geliştirdiğini görünüyordu. Zekâya karşı bu güvensizliği en iyi yakalayan belki de, İngiltere'deki göçmenler için bir rehber olan *How to Be an Alien* (1946) adlı, harika bir kitabı yazan George Mikes idi. Mikes, İngiltere'nin dünyada "too clever by half" (zekâsına fazla güvenen) gibi bir deyimi kullanan tek ülke olduğunu belirtiyordu. Fransa, Almanya ve Macaristan ve dünyanın geri kalanında, çok zeki olabileceğiniz fikri bilinmiyor. Ancak, günümüzde üst düzey bir İngiliz politikacı David Willets,"İki Beyinli Adam" olarak tanınmaktadır; suçu Oxford'tan birincilikle mezun olmasıydı. Mikes, İmparatorluğun baş döndürücü dönemlerinde, İngilizlerin dünyaya egemen olmak için ekstra beyinlere gerek olmadığını hissettiklerine zekice dikkat çekti. Bunu, ABD başkan yardımcısı olduğunda, büyük beyin olmaktan uzak Dan Quayle'nin alay konusu yapılacak biçimde göklere çıkarılmasıyla karşılaştırın!

Bu tuhaf tavırlar değişmiştir. 1970'lerden başlayarak, İngiliz politikacıları birçok İngiliz çocuğunun okuma, yazma ve sayı saymayı öğrenme başarısızlığından endişelenmiştir. Temel Beceriler Kurumu tarafından yapılan bir çalışma, İngiliz ergenlerinin yüzde 25'inden fazlasının temel okuma-yazmada ve aritmetikte güçlük çektiğini gösterdi. İngiliz okullarında çocuklar üzerinde, başarılı olmaları, zekâlarını göstermeleri için her zamankinden daha fazla baskı vardır ve aslında onlara 3 yaşından başlayarak sınav uygulanır.

Bilişsel psikolojiyle ilgili bir kitap, bu ölçümlerin yaratıcılık ve yenilikçilik gibi önemli yeteneklerini atlayıp atlamadığı ve zekânın büyük ölçüde genetik olarak mı belirlendiğini yoksa çevre tarafından mı etkilendiği gibi çocukların zekâsını ne kadar iyi ölçtüğümüz sorunuyla başa çıkmalıdır. Bu, geçtiğimiz 20 yılda her zamankinden daha fazla gelişmenin sağlandığı, içinden çıkılması zor bir sorundur.

Zekâ, göreceğimiz gibi, sadece sözel ve matematiksel bir konu olmasa da bu beceriler tüm zekâ testlerinde kilit unsurlardır.

Zekâya verilen değere rağmen, onu ölçme fikri yaklaşık 1870'e kadar oluşmadı.

Zekâyı ölçmek karmaşıktır ve şimdi ne yazık ki her ikisi de ölmüş olan, en iyi ölçüm yöntemlerinin IQ testleri olduğunu savunan Hans Eysenck (1979) ve Paul Kline (1991) gibi psikologlar ile IQ testlerini çok dar kapsamlı olarak değerlendiren Howard Gardner ve Robert Stenberg gibi diğerleri arasında tartışmalar olmuştur. Eyesenck ırkçı olmakla eleştiriliyordu. Haksız yere olduğuna inandığım bir eleştiri.

IQ testlerinin hayranı Eyesenck bile, gelecekteki başarıları çok iyi öngöremediklerini itiraf etti (1995). Sadece IQ'su 140'un üzerinde olanları kabul eden yüksek IQ'lu kişilerin kulübü MENSA'ya karşı iğneleyici bir tavır takınıyordu. Birçok Mensa üyesinin en büyük başarısının IQ testlerinde yüksek puan almak olduğunu belirtti. MENSA üyeleri özel olarak zengin, ünlü ya da mutlu değildi. Bireysel faktörler, süreklilik, motivasyon ve diğer insanlarla iyi geçinme becerisi, yaşam oyununda ham zekâ kadar önem taşıyordu. Bu faktörler de çocukların IQ testlerinde ne kadar başarılı olduğunu etkiliyordu.

IQ testi çeşitleri

IQ testlerinin uzun bir geçmişi vardır. Viktorya tarzı bir bilgin olan Sir Francis Galton, South Kensington'da Ulusal Tarih Müzesi'nde Uluslararası Fuar'ın parçası olarak 1881'deki fuarda bir stand açtı. Bu stantta üç peni vererek başınızın büyüklüğün yanı sıra zekânızı da bilimsel olarak ölçtürebiliyordunuz.

Galton'un 1881 fuarından yirmi üç yıl sonra, iki Fransız psikolog Alfred Binet ile Theodore Simon, okulların etkililiğini araştırmak için Paris belediyesi tarafından görevlendirildi. Belediye başarılı olamayan çocuklara daha fazla yardım sağlamak istiyordu. Binet ve Simon, farklı yaşların başarı ölçütlerini ölçme fikrini ortaya attı.

Binet ile Simon, belirli bir yaştaki çocukların neleri başarabildiğini inceledi. Çok geçmeden normal bir 4 yaş çocuğunun yapabildiği işler listesini çıkardılar. Modern psikologlara göre, onların listesi işlerin garip bir karışımıdır. 4-6 yaş arası çocuklara uymaları gereken bir dizi yönerge verildi. Verilen bir görevde, onlardan bir anahtarı almaları, odanın bir ucundaki koltuğun üzerine koymaları, kapıyı kapatmaları, sonra bir kutuyu alıp deneyciye geri götürmeleri istendi. Çocuklar başarmak için, beş hareketlik bu diziyi hatırlamak zorundaydı. Bu, 4 yaşındakilerin çoğunu aşan bir görevdi.

Ancak, Binet ile Simon test yaptığı 5 yaşındakilerin yarısı, sırayı başardı. Bu tür alıştırmalar yoluyla araştırmacılar, ölçütleri keşfetti. Ortalama 6 yaşındaki bir çocuk, aşağıda belirtilenleri yapabiliyordu:

- Gündüz ve gece arasında ayrım yapma;
- Bir elmas resminin kopyasını çıkarma;
- 13 peniyi sayma;
- Çirkin ve güzel yüz resimlerini ayırt etme.

8 yaşındaki normal bir çocuk aşağıda belirtilenleri yapabilir:

- Bellekten iki nesneyi karşılaştırabilir;
- 20'ye kadar duraksamadan sayabilir;
- Az önce gördüğü bir resimde eksik kalan parçaları söyleyebilir;
- Beş basamaklı sayılardan oluşan bir listeyi tekrarlayabilir.

Binet ile Simon'un soruları, IQ testlerinin birçok ayırıcı özelliğine sahipti. Sekiz sorudan yedisinin, net bir doğru ya da yanlış cevabı vardı; tartışmaya açık kapı bırakan sadece güzel ve çirkin yüzün ne anlama geldiğiydi. Parisli bir psikoloğun güzel bir yüz olarak kabul ettiği şey, evrensel olarak doğru bir cevap mıdır? Ayrıca, Binet ile Simon'un soruları, çocukların yaratıcı ya da imgesel düşünce konusuna değinmez.

Zekâ göreceli bir ölçüttür

Binet ve Simon farklı yaşlardaki çocuklarda nelerin normal olduğunu bulduklari için, belirli bir çocuğun diğer çocuğa göre ne kadar akıllı olduğunu ölçebildiler. IQ testi, kesin değil karşılaştırılabilir bir ölçümdür. Tartıda 62 kilo gelirsem, bu kesin bir ölçüdür. Yaşıma ve boyuma göre zayıf ya da şişman olabilirim, ama 62 kilo sonuçta 62 kilodur.

IQ puanları farklıdır. Çocuğu, grubunun ortalamasıyla karşılaştıran göreceli puanlardır, kesin puanlar değildirler.

Binet ve Simon'un çalışması, **Zekâ Katsayısı** anlamına gelen IQ'nun ortaya çıkmasına neden oldu. Bir çocuğa, 20 soruluk bir test verirsiniz. Psikolog 6 yaşındaki çocuklar için ölçütün, bu sorulardan on dördüne cevap verebilmek olduğunu bilir.

Bir çocuk yirmi sorudan on dördünü doğru cevaplarsa, tam ortalama zekâ olan 100 IQ'ya sahip olurdu. Binet ile Simon'un ölçütleri, çocuğun zihinsel yaşını hesaplamayı mümkün kıldı. 6 yaşındaki bir çocuk yirmi sorunun tamamını cevaplayabilirse –bu 8 yaşındaki çocuk için normaldir– bu durumda IQ'su 133'tü.

Zekâ katsayısı oranı aşağıda belirtildiği gibidir:

Zihinsel yaş/kronolojik yaş x 100

6 yaşındaki bir çocuk 8 yaşındaki bir çocuğun cevaplaması gereken tüm soruları cevaplarsa, IQ puanı şöyle olur:

8 / 6 = 1.33 x 100 = 133

Araştırma 1903'ten 1960'a kadar 1000 çocuktan sadece dördünün IQ'sunun 140'ın üzerinde olduğunu gösterdi. Einstein'in IQ'su 180'in üzerinde hesaplanmıştı. Binet ve Simon'un çalışması çocuklara odaklanmıştı ama IQ ölçümü kısa sürede ABD ordusu tarafından benimsendi ve yetişkinlere yöneldi. Birinci Dünya Savaşı boyunca, IQ testleri askere alınan 1,75 milyon kişiye uygulandı. Toplanan büyük veri, araştırmacıları testlerin ne kadar adil olduğunu incelemeye ve tasarımlarını geliştirmeye teşvik etti. Bu, kendisinden türeyen Standford-Binet, Weschler ve Raven matrisleri gibi testlerin hâlâ kullanımda olduğu temel IQ testlerine öncülük yaptı. Ancak hiçbiri, kilit soruyu, zekânın ne olduğunu cevaplayamadı.

Zekâ nedir?

Hepimiz, sözcüklerle arası iyi ama sayılarda durumu umutsuz olan insanları biliriz. Dalgın bir öğretim görevlisi klişedir ama böyle insanlar vardır. Bir zamanlar, mükemmel bir psikolog olan, Piaget'in olumlu ve olumsuz yönlerini en iyi biçimde tartışabilen Barry adında bir arkadaşım vardı. Bununla birlikte, Barry'nin tencereyi ocağın üstünde unutup yangın çıkarma eğilimi vardı. Bir keresinde çok sevdiği iki muhabbet kuşunun yanarak ölümüne neden olmuştu. Kelimelerle, rakamlarla arası iyi olsa da, hayal edemeyeceğiniz kadar beceriksizdi.

Barry, bilişsel gelişimi ölçmekle ilgili bir soruna ışık tuttu. Bu, zekâyı mı yoksa birkaç farklı zekâyı mı ölçmenin konusudur? Sözcüklerle aramın iyi olduğunu, rakamlarda pek kötü olmadığımı sansam da ortalamanın altında bir uzlamsal algım var ve müzikte yeteneksizim. IQ sonuçlarımın ya da zekâ testlerini değerlendirmesini iki biçimde yapabilirsiniz:

Sözel zekâ: 130
Sayısal zekâ: 120
Uzlamsal zekâ: 92
Müziksel zekâ: 78

1. Rapor: Ortalaması alınan zekâ skoru 420 / 4 = 105 ortalama zekânın ancak üzerinde. İdari işlerde başarılı olur.
Ortalaması bulunan zekâ puanı, bir kimsenin vasat yetenekleri olduğunu gösterir. Ama puanları farklı biçimde irdelerseniz- onları aynı kefeye koymazsanız- çok farklı bir profil ortaya çıkar.

2.Rapor: Yüksek sözel puan, matematikte başarı gösterme, diğer alanlarda gayet kötü. Gazetecilik, reklam yazarlığı ya da matematik öğretmenliği önerilir. Asla mimar ya da kemancı olarak işe alınmaz.

Kendini gözlemleme alıştırması

Kendinize 10 üzerinden puan verin, kendinizi değerlendirmeyi düşündüğünüz alanı not edin:

Sözel yetenek

Sayısal yetenek

Uzlamsal yetenek

Pratik yetenek

Müziksel yetenek

Yaratıcılık

Dürüst olun. Araştırma, kendimizi biraz pohpohlayarak değerlendirdiğimizi gösterir ama çoğumuz yeteneklerimizin fazlasıyla farkındayızdır.

Genel zekâ faktörü

Başlangıçta, psikologlar genel bir zekâyı mı yoksa sözel, sayısal, uzlamsal ve pratik zekâyı mı ölçtüklerinden emin değildi. 1927'de bir dizi istatistik araştırması tüm bu puanların altında yatan bir bağlantı –genel zekâ faktörü– olduğunu gösterdi. "G" adlı bu faktör, yüzde 52 civarındaki varyansa– aslında puanlardaki farklılık anlamına gelen bir istatistik kavramına– açıklama getirdi.

Tez kesinlikle belirlenmiş görünüyordu. Genel bir zekâ faktörü olan, bir g faktörü vardı. Çocuklar ya zekiydi ya da zeki değildi. İngiltere'de çocuklar dilbilgisi okullarına gidecek olanları, daha az akademik olan ortaokula gidecek öğrencilerden ayıracak 11-plus sınavına* girdiğinde, IQ testi sınavın önemli bir parçası haline gelmişti. Kline (1991) IQ'nun başarılı biçimde öngördüğü şeyin, gelecekteki iş başarıları değil, eğitim başarısı olduğunu ileri sürmüştür.

G faktörü buluşunun, aynı zamanda doğa-yetiştirme tartışmasında sonuçları da olmuştur. Bu, zekânın büyük ölçüde kalıtsal olduğuna inananların elini güçlendirdi. Elli küsur yıl sonra içlerinde Eyesenck'in bulunduğu bir grup psikolog, zekânın büyük ölçüde kalıtsal olduğunu ve akıllı ile geç anlayan arasında biyolojik bir farklılık görüldüğünü iddia etti. Daha az zeki insanları tanımlamak için "Geç anlayan" sözcüğünü kullanma, ortak dilin getirdiği bilgelikti. Ancak belirgin bir kanıt yoktu.

Zeki çocuklar

Her şeyden önce, tarih çocukken sadece sıradan olmakla kalmayıp daha önce belirttiğim konuşma yetersizliği olan Albert Einstein'in durumunda olduğu gibi oldukça geç öğrendiği izlenimini veren ünlü erkek ve kadınlarla doludur. Einstein'in okul yaşamı parlak değildi ve bazı sınavlarda başarısız olmuştu. Winston Churchill okulda aptal olarak görülüyordu. Ebeveynlerini hayal kırıklığına uğratmak, genç Winston'u akıllı ve cesur olduğunu ispatlamaya kamçıladı ve taşı gediğine koymak için yirmili yaşlarının başında ilk kitabını yayımladı.

(*) 11-plus sınavı: İngiltere'de öğrencilerin ne tür bir ortaokula gideceğini belirlemektedir. (ç.n.)

Farklı düşünme testleri

Düşünmenin böylesine bir işlemler karışımı olduğu dikkate alındığında, çocukların bilişsel gelişimini ölçmek, çeşitli testler gerektirir. Bunlar en az aşağıda belirtilenleri içerir:

- Algılama testleri – çocuk düzgün görebiliyor, duyabiliyor, konuşabiliyor mu? Bunları yapamıyorsa, sorulan soruları anlamayacakları için zekâlarını asla öğrenemezsiniz.
- Sorun çözme yetenekleriyle ilgili testler – IQ testlerinde sorulan tipik sorular. Bunlar sadece bir düşünce biçimini ölçer.
- Daha az sorun odaklı düşünce biçimleri – özellikle ıraksak ve yaratıcı düşünce.

IQ testlerini incelemek

IQ testleri sadece bir tür düşünce tarzını ölçer: **sorun çözme ya da yakınsak düşünce.** Bu, sadece tek doğru cevabın olduğu düşünce biçimidir.

Soru – Fransa'nın başkenti neresidir?
Cevap – Paris.
Soru – Şapkanın başta durması gibi, çatı aşağıdakilerden hangisi içindir?
çiçek, viski, ev, bilgisayar, köpek
Cevap: Ev. Şapka başı kaplar, tıpkı çatının evi kapladığı gibi.

Doğru cevaplar vermek, **yakınsak düşünce** gerektirir, çünkü soru bir cevaba yaklaşır ya da odaklanır.

IQ konusunda ilk kez çalışan psikologlar, zekânın temel unsurunun, sözel ve mantıksal benzerlikler ile farklılıkları ayırma yeteneği olduğunu varsayıyordu. Bu yüzden IQ testleri aşağıda belirtilen türde çok sayıda soru içerir.

İnekler ve atlar hangi yönlerden benzerdir?

ya da

Köpek havladığına göre, hangisi kedi için doğrudur; pirelenmesi, uyuması, pençe atması, miyavlaması.

Psikologlar, ölçülecek farklı yetenekler olduğuna inandıkları için IQ testleri kısa sürede bir dizi göreve ayrıldı. Standford-Binet gibi klasik testler, sözel IQ, sayısal IQ, uzlamsal IQ ve performans IQ ölçülerini elde etmeyi mümkün kılar. Müziksel IQ da bazen ölçülür.

Geleneksel zekâ testleri, sınıflarla sınırlıdır ve bu çocukların sahip oldukları pazarlama ve ekonomik becerileri ölçemez.

Tipik IQ soruları

Sözel IQ

1. Parantezler içine girebilecek bir sözcük bulun ve parantezler içinde tüm boşlukları bu sözcükle tamamlayın: SC (...), T(...), K(...), S(...), Y(...)
2. Komala monoharm Sanskritçede "güzel nilüfer çiçeği" demektir; tadage vartati komala ise "göletteki nilüfer çiçeğidir". Nilüfer çiçeğinin Sanskritçesi nedir? Güzelin Sanskritçesi nedir?

Sayısal yetenek

3. Aşağıdaki sayı dizisini ya artı ya da eksilerle doldurun:

   3 2 3 = 8

   11 6 8 4 = 9

4. Bu sayı dizisinde sonraki iki rakam nedir?

   7, 11, 9, 14, 12, 18

Uzlamsal Yetenek

5. Bu dizide soru işaretinin yerine hangi şeklin geleceğini, aşağıda belirtilen 1-6 arasındaki şekillerden seçin.

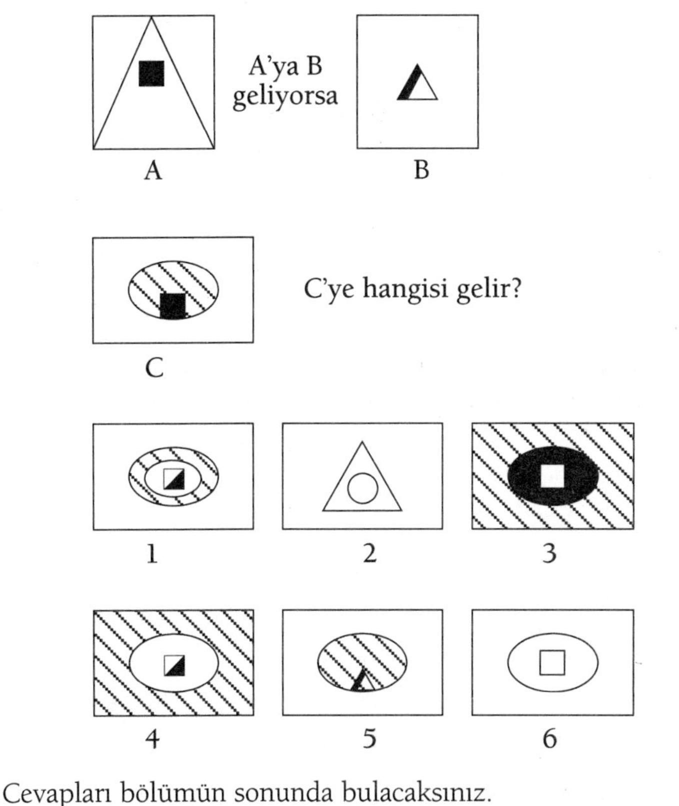

Cevapları bölümün sonunda bulacaksınız.

IQ ne zaman başlar?

IQ puanlarıyla ilgili en etkileyici bulgulardan biri, zaman içinde değişmemeleridir. 10 yaşında IQ puanınız 122 ise, 40 yaşınızda muhtemelen neredeyse aynı olacaktır.

2-3 yaşındakilerim IQ testleri puanları ile daha ileriki yaşlarda alınan puanlar arasında korelasyonlar düşüktür. Ancak 6 yaşından sonra IQ puanları sabit kalır. Cambridge'ten psikolog N.J. Mackintosh (1998) bunun çevresel koşullar ya da yetiştirme görüşü lehine bir kanıt olduğunu belirtir. Deneyimler, iyi ya da kötü, uyarıcı ya da aykırı olsun, ilk 6 yılda zekâyı etkiler.

Kültürel önyargı

Teoride, IQ testleri saf zekâyı inceler. Ancak, kimi bilgilere dayanmayan soruları tasarlamak o kadar basit değildir. Bazı zekâ testleri, çok özel türde bilgiler gerektiren anagramlar içerir. Aşağıda belirtilen sorular, yetişkinler içindir:

> LAID, GRITMETA, ROMENAC, SITMASE, SAPISCO. Bunlardan her biri, biri dışında ünlü bir sanatçıdır. İstisnanın adını belirtin.

Cevap Cameron'dur, çünkü harfleri karıştırılan diğerleri, Dali, Magritte, Picasso ve Matisse'dir. ROMENAC Cameron olarak düzeltilir. Bu soruyu doğru cevaplamak, sadece sözel yetenek değil biraz Batı sanatı ve kültürü bilgisi gerektirir. Aşağıdaki seçeneklerin dışında kalan garip adam kim – ve neden dışında bırakılmış?

> OREONY, SURGEONF, GASREFABİ, NUTTOB, PANKERDP

Rooney, Ferguson, Fabregas ve Redknapp'in hepsi futbolun içindendir. Cevap NUTTOB, karışık harfler düzeltilince, yarış arabası sürücüsü Button çıkar.

Kültürler arası karışıklıklar

Son 40 yıl içinde IQ testleri üzerine farklı kültürlerde önemli ölçüde çalışma yapıldı, ama herhangi bir kesin sonuca ulaşmak çok zordur.

1960'larda, siyah Amerikalıların IQ testlerinde, beyazlara göre önemli ölçüde başarısız olduğunu gösteren tartışmalı kanıtları ileri sürüldü. Bazıları, farklılığın genetik nedenleri olduğunu savundu; diğerleri sonuçların, siyahların kötü çevresel koşullarını yansıttığını belirtti ve gerçek şu ki IQ testleri beyazlar tarafından beyazlara göre tasarlanmıştır.

İronik biçimde beyaz Avrupalılar testlerde Japonlar ve Çinlilere göre daha az puan almıştır. Uzakdoğulu çocuklar son derece karmaşık, ayrıntıya çok dikkat gerektiren Çince ve Japonca harf sembollerini öğrenmek zorunda olduğu için testlerde başarılı oldukları iddia edilmiştir. Flaherty (1997,) çoğunlukla görsel-uzlamsal IQ'yu ölçmek için kullanılan –Zihinsel Döndürme Testi– bir ödevde yirmi yedi Japon üniversite öğrencisinin puanlarını, elli iki İrlandalı öğrencinin puanlarıyla karşılaştırdı. Bu, kısa ve eğri bir çizginin ya da karmaşık bir şeklin 45 ya da 90 derece döndüğü takdirde benzeyeceği şekli bilmeniz gereken bir testtir. Japonlar, İrlandalı öğrencileri önemli ölçüde geride bıraktı. Bu testin bir güçlüğü Flaherty'nin motivasyonu incelememesiydi ve bazı araştırmacılar Uzakdoğulu öğrencilerin başarılı olmasının tek nedeninin, Batılı çocuklara göre başarılı olabileceklerini göstermeye daha motive olmaları olduğunu ileri sürdü.

Flaherty neler olduğunu tam olarak bilmeyi zorlaştırırcasına, bir Avustralyalının Aborjinli çocukların Avrupalılardan görsel-uzlamsal ödevlerde daha başarılı olduğunu saptadığını belirtti, üstelik Aborjinli çocuklar Flaherty'nin araştırması döneminde kesinlikle Japon alfabesi öğrenmiyordu.

Aynı zamanda farklı kültürlerden gelen insanların testlerde verilen yönergeleri çok farklı yorumladıklarına dair kanıt da vardır. İlginç bir dizi araştırmada, Cole ve diğerleri (1971) Nijeryalılara zekâ testlerinden sorular sordu. Nijeryalılar tamamen kötü sonuç aldı, ama araştırmacılar onlardan bu soruları aptal insanları çözeceği gibi çözmelerini isteyince, daha başarılı oldular.

Irklar ve kültürler arası karşılaştırmalar, bilimsel olarak zordur ve siyasi açıdan hassas bir konudur. Siyahlar, beyazlar, Çinliler ve Japonlar arasında farklılıklar olduğu kesindir, ama nedenlerinden emin olmak zordur.

Bu kültürler-arası sorunları aşmak amacıyla, bazı araştırmacılar olası en temel zekâ ölçütünü saptamaya çalışmıştır. Eyesenck, bunun için Piaget'in aşamalarını açıklarken Demetriou tarafından vurgulanan bilgi işleme hızı etkenini önerdi.

Zekâ sadece aklın hızıdır

Takistoskop adlı cihazda bir dizi çizgi gösterildi, denekler onları gördükleri an düğmeye basacaktı. Motor cevap vermek (düğmeye basmak) için gereken zaman, çizgilerin görülüp görülmediğiyle ilgili karar vermek için geçen zamandan çıkarılabilir. Yüksek IQ'su olan insanlar, düşük IQ'lulara gösterildiğinden çok daha kısa sürelerde, gösterildiği anda, çizgiyi doğru olarak gördüklerini bildirecektir.

Eyesenck, tepki zamanı –bir uyarana tepki vermek için geçen zaman– ile IQ arasında korelasyon olduğu görünen **tepki zamanları** çalışmalarını inceledi. Sonra, inceleme zamanı –bir uyaranı ve bazı özelliklerini "fark etmek" için geçen zaman– ve IQ arasında bir korelasyonun görüldüğü inceleme zamanı çalışmalarına baktı.

Eyesenck korelasyonların negatif olduğunu iddia etti. IQ puanı arttıkça, tepki zamanı (RT) ya da inceleme zamanının (IT) azalır. Bilgi işleme hızı son derece temel göründüğü için yine bu araştırmaların, kalıtım ve zekâ arasında yakın bir ilişkiye işaret ettiği anlaşılır. Bununla birlikte, Eyesenck ve diğerleri çok iyimserdi. Mackintosh, *IQ and Human Intelligence* (1998) adlı eserinde, korelasyonlar sorusunu böyle temel biyolojik ölçütlerle yeniden gözden geçirmiştir. Mackintosh (a.g.e) şöyle yazıyordu: "İki temel davranışsal ölçüt, tepki zamanı ve inceleme zamanının IQ ile ilişkili olduğu belirlenmiştir." Bu korelasyon katsayıları RT için -0.20 ile 0.30 ve IT için -0.25 ile -0.50 arasındadır. Mackintosh, "ne tepki zamanının ne inceleme zamanı ödevlerinin, bilgi işleme hızının tam ölçümleri olarak kabul edilemeyeceğini" ileri sürdü. Daha da kötüsü, tepki zamanı ile inceleme zamanı arasındaki korelasyonun sadece g ile değil, muhtemelen algısal hız faktörü, yani beynin duyu organlarından gelen bilgiyi ne kadar hızlı işlediğiyle de ilgili olduğu sonucuna varır. Bu, zekâyla ilgili olabilir ama zekâdan farklı bir şeydir. Bu konudaki araştırma devam etmektedir.

Motivasyon ve kişilik

Birçok eleştirmen, IQ puanlarının sadece kültürel farklılığı değil aynı zamanda kişilik ve motivasyonu da yansıttığını belirtmiştir.

En küçük oğlumla kişisel bir deneyim yaşadım. Onu, Londra'nın güneyinde çok ilgi gören bir anaokuluna vermek istedik. Otuz aylıkken, verilen bulmacaları çözüyor ve sonra öğretmenine neşeyle "İşte sınavı çözdüm" diyordu. Bulmacalarda aldığı puanlarla, yaşına göre çok akıllı olduğunu göstermişti.

IQ testlerinde başarılı olan insanlar daha iyi motive edildikleri ya da daha sabırlı oldukları için başarılı oluyorlarsa, herhangi biri onlardan sabır ve odaklanma gerektiren bir testte IO'su daha düşük olanları geçmesini bekleyecektir. Sayı dizisi uzamı ve saçma hecelerin ezber belleği gibi testlerde alınan puanların, IQ ile korelasyon katsayısı 0.30'dur. Mackintosh (1998), süreklilik çok önemi ise bunun beklenenden daha düşük bir korelasyon olduğunu ileri sürdü.

Kişilik ve mizacın da IQ ile çok az bir ilişkisi olduğu görünür. Petrill ile Thompson (1993) 163 çocuğa, kişilik ve mizacın altı yönünü ölçen IQ testleri ile başarı testlerini bir arada yaptı. Başarı ve IQ korelasyon katsayısı 0,46; başarı ve mizaç katsayısı 0,25 ve IQ ve mizaç katsayısı sadece 0,14 idi. Başarının hem IQ hem de mizaca katkısını sağlayan, IQ ile mizaç arasındaki gerçek korelasyon sadece 0,02 idi, yani hemen hemen bir şans konusuydu.

Mackintosh, IQ testlerinde farklı puanları nedenini açıklayabilecek her neyse, bunun kişilik olmadığını belirtti. Kişilik ve motivasyonun yaşamdaki başarıyı etkileyebileceğini ama IQ test performansında çok önemli olmadığını savundu. Bununla birlikte bazı psikologlar tersini, kişiliğin çok önemli olduğunu ileri sürer.

Paterson (1999) İngiliz Psikoloji Enstitüsü'nün Londra'da verdiği konferansta bir tez sundu, tezinde yenilikçi mühendislerle ilgili 5 yıllık çalışmasını açıkladı. Yeni çözümler bulmakta başarılı olan mühendislerin –kesinlikle pratik bir zekâ örneği– çok daha fazla meydan okuma eğiliminde olduğunu belirledi. Önceden izin istemek yerine sonradan af dilemek ifadesini kabul ediyorlardı ve bu bir kişilik göstergesiydi!

Erdem ve Zekâ

Akıllı olmanın sizi iyi bir insan yapmayacağına ilişkin kanıtlara rağmen, zekâyı değerli olma göstergesi olarak tanımlama eğilimindeyiz. Mackintosh bu düşünceye şiddetle karşı çıktı. Şöyle diyordu:

> Zekâ, erdemle eşanlamlı değildir. İnsanları IQ puanlarına göre sınıflandırmak, onlara değişen erdem nişanlarıyla ödüllendirmekle aynı değildir. Bazı insanlar zekâsına çok güvenir, kendilerini akıllı bulur ya da başka birisinin gözünde iyidir. (1998 s.3)

Mackintosh aynı zamanda, dürüstlük ve kişisel bütünlüğün IQ kadar önemli olduğunu söylemek gibi "basmakalıp sözlere" aslında gerek duyulmaması gerektiğini, ama IQ testler hakkında özellikle IQ testi uygulayanlardan edinilenleri çok sık vurgulamanın, çoğunlukla IQ ve genel değerin tıpatıp aynı olduğunu ima ettiğini, ama aynı olmadıklarını ileri sürdü.

Tüm bu eleştiriler, bilişsel gelişimi ölçmenin IQ'yu geride bırakması gerektiğini anlamına gelir.

Iraksak düşünce

Gerçek yaşamda birçok sorunun, tek bir doğru cevabı yoktur. Psikologlar, bunu insanların "Bir tuğlanın kaç kullanımı olabileceğini düşünürsünüz?" gibi soruları nasıl cevaplayacağını görerek araştırmaya çalışmıştır. Oldukça mantıklı bir biçimde "evler yapmak", "duvar örmek", "üstüne çıkmak", "pencereyi açık tutmak", "başkaldırıda polise atmak" için kullanılabilir cevabını verebilirdiniz. Bu tür soru, psikologların tanımıyla **ıraksak düşünce** gerektirir. Tek doğru cevaba odaklanmak yerine, ıraksak olarak iyi düşünen kişi, bir dizi değişken olasılık bulur.

Birçok psikolog, ıraksak düşünceyi yaratıcılıkla bir tutar, ama ıraksak düşünce, değişkenlik kadar yaratıcılık konusu değildir. Birincisi, testte tuğlanın kullanım alanlarının yanlış cevapları vardır. Bir kimse tuğlanın atıştırmalık olarak kullanımdan bahsetse, ya çıldırmıştır ya alay ediyordur ya da sadece hata yapmıştır. İkincisi, tuğlanın on beş kullanım alanını bulan bir kimsenin, üç iyi kullanım alanı bulan birinden, gerçekten daha yaratıcı olup olmadığına nasıl değerlendirirsiniz? Bu, cevapların kalitesine bağlıdır.

Aşağıda belirtilenler, nesnelerin başka bir kullanım alanı testinde elde edilmiştir:

Size göre Alfred ile Annabel eşit derecede mi yaratıcıdır?

Annabel'in altı cevabı: Kibriti ateş yakmak, burnumu karıştırmak (tiksindirici), model tekneler yapmak için, bir takoz olarak, bir diş fırçası olarak, doğrunun iki nokta arasındaki en kısa mesafe olduğunu gerçeğine örnek vermek için kullanabilirim.

Alfred'in cevapları: Kibriti kömür ateşi yakmak, soba yakmak, açık havada ateş yakmak, mum yakmak ve yakarak delik açmak için kullanabilirim.

Büyük bir olasılıkla kundakçı olan Alfred, kibritin sadece bir kullanım alanını, cisimleri yakmayı fark edebiliyor. Aslında ıraksak düşünceler üretmiyor. Annabel'in kullanımları daha değişkendir, bu bir kibritin tamamen birbirinden farklı kullanım alanlarını bildiğini gösterir. Ancak her iki denek de altı kullanım alanı bildirerek eşit puan almıştır.

Bununla birlikte, en hassas testler bazı durumlarda çok kullanılmayabilir. Çocuklar akıllı oldukları halde motive olamayabilir, testin yapısına öfkelenebilir ve kötü cevaplar verebilir. İngiliz psikolog Liam Hudson, *Contrary Imaginations* (1966) adlı eserinde, İngiliz okullarında A alan ergenleri araştırdı. Hepsi sanat dallarında mı yoksa bilim dallarında mı eğitim alacaklarını seçmek zorundaydı. Sanat dalında uzmanlaşanlar İngilizce, Fransızca ve tarihte; bilimde uzmanlaşanın matematik, fizik ve kimyada başarı gösterecekti.

Vaka geçmişi: Liam Hudson'un yaratıcı çocukları

Hudson, yetenekli ileri düzey sanat ve bilim öğrencilerine ıraksak düşünce testlerinden bazılarını yaptı. Sanat dalını seçenler, ıraksak düşünce testlerinde başarı gösterdi, ama bilim dallarını seçen birçok öğrenci başarılı olmadı. Çok yaratıcı olmalarına rağmen, yakınsak düşüncede yüksek puan aldılar. Spinks adlı bir oğlan 17 yaşındaydı ve bir pistin etrafında yarışan model otomobillerin hızlarını optimum hale getirecek bir bilgisayar yapıyordu.

Spinks'in hayal gücü yüksekti ve buna rağmen Nesnelerin Kullanım Alanlarına verdiği cevaplar yetersiz ve önceden tahmin edilebilirdi. Fıçı için, içinde bira saklanabileceğini, üstüne çıkıp yuvarlanılabileceğini, üstünde durulabileceğini söylüyordu. Kâğıt kıskacının, elektrot ya da yay olarak kullanımından bahsediyordu. Hudson, buna bir açıklama getirmeye çalıştı. Nesnelerin Kullanım Alanları testinin Spinks'i sıktığı sonucuna vardı.

Hudson'un araştırmaları, psikologları değişken düşünme ile kısa bir öykü yazmak, resim çizmek ya da yeni bir bilgisayar tasarlamak gibi gerçekten yaratıcı düşünce arasındaki farklılık konusunda uyardı. Bu tür yaratıcı bilişsel beceriyi ölçmek çok daha zordur.

Hudson'un fikirlerinin ilginç bir biçimde doğrulanması, Einstein, Newton ve fizikçi Richard Fenyman gibi büyük bilim adamlarının yaşamlarından ileri gelir. Her üçünün de sonuçlara sezgisel olarak ulaştığı anlaşılıyordu. Bu üç adam hem atomaltı hem de galaksiler düzeyinde işleyen görünmez kuvvetleri, zihinde canlandırması zor şeyleri araştırmıştı.

Einstein, yeteneğinin matematikten çok "nedenleri, sonuçları ve olasılıkları zihninde canlandırmak" ile bir ilgisi olduğunu söyler. John Maynard Keynes'e göre, Newton'un tamamen zihinsel bir sorunu doğru olduğunu anlayıncaya kadar aklında tutmak gibi "tuhaf bir yeteneği" vardı. Fenyman zihninde "olayların oluş şeklinin fiziksel bir fotoğrafını" çekiyordu ve bu fotoğraf ona minimum hesaplamalarla birlikte doğrudan çözümü gösteriyordu.

Howard Gardner'ın çalışması

Howard Gardner ile Robert Ornstein gibi psikologlar, tek beynimiz olmadığını, bunun yerine bazen birlikte çalışan bazen yürütme faaliyeti için mücadele eden bir bütün modül seti ya da parçaları olduğunu ileri sürer. Gardner, Harvard Üniversitesi'nde Sıfır Projesi'nde çalışmaktaydı. Proje, çocukların nasıl geliştiğini ve özellikle nasıl yaratıcı biçimde geliştiklerini araştırır. Gadner IQ testleriyle ilgili iddialarla alay etmiştir. Bana testlerin, birinci sınıf sömürge yöneticisinin kim olacağını seçmek ve tropikal bölgenin ortasında cin yudumlarken Londra ya da Paris'ten gelen yönergelerin nasıl dosyalanacağını bilmek için tasarlandığını söylemişti.

Çoklu zekâ

Gardner, yedi farklı zekâ türü olduğunu ileri sürdü. Sözel, mantıksal-matematiksel, uzamsal, kinestetik, müziksel, sosyal (başkalarını anlamak için kullandığımız) ve içsel (kendimizi anlamak için kullandığımız).

Gardner ve meslektaşı Robert Ornstein, bu temele dayanan karmaşık bir model tasarlamıştır. Beyinde, çok sayıda ayrı, yarı-özerk "modüller" olduğunu ileri sürdüler. Ornstein bu modülleri çoklu akıl; Gardner çoklu zekâ olarak adlandırdı. Modüller bazen birlikte çalışırlar, bazen rekabet ederler. Herhangi bir bireyde, bir modül dizisi diğerlerinden daha gelişmiş olacaktır. İnsanların ne kadar zeki olduğu sorusu yerine; A, B, C vb. modüllerinde ne denli başarılı oldukları sorulmalıdır.

Modül kavramı etkileyici hale gelmiştir. Gardner, bir çocuğun bilişsel gelişimini test etmenin, bu zekâların her birini ayrı ayrı ölçmek anlamına geldiğini ileri sürer. Bir çocuğun bazı zekâ türlerinde neden çok yüksek ve diğerlerinde neden çok düşük puan aldığının hiçbir mantıksal gerekçesi yoktur ve zekâ türleri aynı hızda gelişmez.

Vaka geçmişi: Otistik çocuk sanatçılar

Gardner olağandışı düzeyde bir becerisi olan ve diğer yaşamsal becerilerden yoksun çocukları fazlasıyla önemsemiştir. Olağanüstü bir at çizme becerisi olsa da diğer taraftan borderline-otistik olan Nadia adlı bir çocuk sanatçının vakasını anlatır. Başka bir ünlü sanatçı otistik olan Stephen Wilshire idi. Sözel IQ'su ortalama ve sosyal zekâsı düşük olsa da, görsel belleği o kadar güçlüydü ki bir binayı bir an bakıp yıllar sonra olağanüstü beceriyle kopyalayabiliyordu.

Gardner'ın yedi zekâ türü

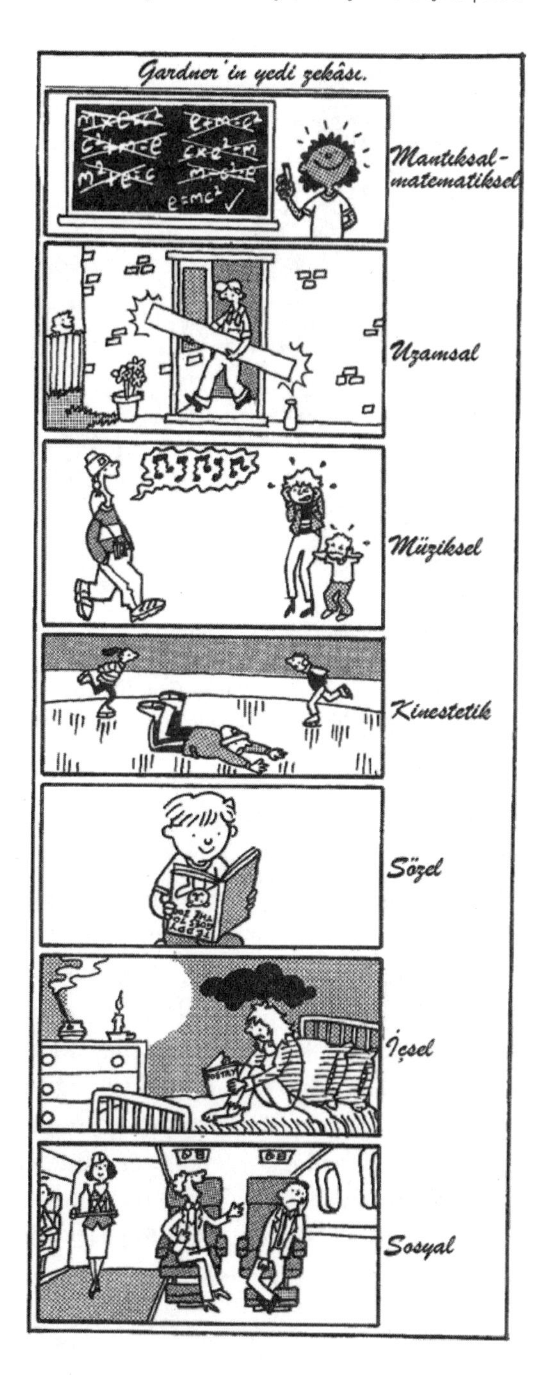

Otistik olan 5 yaşındaki Nadia'nın (solda) ve 6,5 yaşındaki ortalama bir çocuğun (sağda) çizimleri. L. Selfe'nin izniyle yeniden basıldı (1976). 'Olağandışı bir çizim yeteneği olan otistik bir çocuk' G.E. Butterworth'un editörlüğüyle, *The Child's Representation of the World, New York: Plenum Publishing Group.*

Sonuç

Bilişsel gelişimi ölçmenin güçlüklerinin farkında olmak önemlidir, çünkü bu sadece akademik bir çalışma değildir. Önemli yaşam kararları ve fırsatlar, çocukların testlerde nasıl başarı gösterdiklerine bağlıdır. Zekâyı ölçmenin insanların gelecek yaşamlarında ne kadar başarılı olacaklarını öngördüğü varsayıldığı için Batı dünyasında yüksek eğitime erişim, büyük ölçüde çocukların ne kadar başarı gösterdiğine bağlıdır. Gösteri dünyasının daha fazla egemenliği altına giren Batı kültüründe, başarıyı etkileyebilecek başka bir faktör vardır: şans. Televizyonda yarışma programı "*Kim Beş Yüz Milyar İster*'i" ele alalım. Hiç kimsenin dört dörtlük bir genel kültüre sahip değildir ve bu yüzden yetenekli yarışmacılar çoğunlukla bilgili oldukları alanlara girmeyen sorularla elenir. Yarışmada çok iyi giden genç bir kadın, 1970'lerin sıradan bir pembe dizisiyle ilgili bir soruyu cevaplamak zorunda kaldı. Bu dizi yayınlandığında dünyaya yeni geldiği için gülümsedi. Başarıda şansın rolü, psikologların düşünmeye bile başlamadıkları ve belki de düşünmeleri gereken bir konudur. Napolyon'un ünlü sorusu, generallerinin akıllı oldukları kadar şanslı da olup olmadığıdır.

İç gözlem alıştırması

Şimdi bu bölümün başındaki teste geri dönün. Okuduklarınız, kendi zekânız ya da zekâlarınızla ilgili görüşünüzü değiştirdi mi? Değiştirdiyse neden?

Cevap anahtarı

1. *TAT, KAT, SAT, YAT; AT*
2. *Komala = lotus; monoharm = güzel*
3. *3 +2 + 3 = 8*

   11 – 6 + 8 – 4 = 9
4. *16, 25*
5. *Cevap 2.*

Ek Okuma listesi

L. Hudson (1996) *Contrary Imaginations: A Psychological Study of the English Schoolboy*, Harmondsworth, UK: Penguin [yaratıcı çocuklar ve bilişsel gelişimlerinin neden basit teorilere uymadığı hakkında harika vaka çalışmaları].

P. Kline (1991) *Intelligence: The Psychometric View*, London: Rotledge [IQ'yu destekleyen yazarın mükemmel el kitabı].

H. Gardner (1992) *Multiple Intelligences*, New York: Basic Books

N. J. Mackintosh (1998) *IQ and Huma Intelligence*, Oxford: Oxford University Press [veriler ve tartışmalarla ilgili teknik olmakla birlikte eksiksiz bir açıklama].

8

Doğa mı, Çevre mi?

Filozoflar ve bilim adamları, zekâ, kişilik ve yaratıcılığın doğuştan gelen yeteneklerimiz (doğanın eseri) mi yoksa öğrendiğimiz beceriler (çevre/yetiştirme eseri) mi olduğunu yüzyıllar boyunca tartışmıştır. Eski Yunanlılardan beri, hekimler ve filozoflar bireyin kişiliğinin, vücut sıvıları tarafından belirlendiği iddia ediyordu. İnsanlar şu tipten biri olma eğilimindeydi; asabi, melankolik, sakin ya da dünyevi. Her bir türe eşlik eden psikolojik özellikler vardı. Örneğin, eğer hüzünlüyseniz büyük olasılıkla melankoliktiniz. Kişiliği belirleyen büyük ölçüde biyolojiydi.

Bu bölümde aşağıda belirtilenleri işleyeceğiz:

- **Doğaya karşı çevre/yetiştirme konusunu inceleme yöntemlerini;**
- **Sosyal sınıf ve IQ'yu;**
- **Vitaminlerin IQ'yu artırıp artıramayacağını;**
- **Hava kirliliğinin IQ'yu etkileyip etkilemediğini;**
- **Çocuklara daha zeki olmayı öğretip öğretemeyeceğimizi;**
- **Dehanın genetiğini;**
- **IQ puanlarının artış nedeninin gizemini.**
- **Kişilik özelliklerinin kalıtım yoluyla edinilmesi;**

Bir zamanlar, John Locke gibi filozoflar ve John B. Watson gibi psikologlar, yenidoğanların *tabula rasa,* boş bir tablet olduğunu ileri sürüyordu. Bu "boş" bebeğin, doğuştan gelen hiçbir özelliği yoktu. Ödül ve ceza yoluyla biçimlendirilerek, eğitilerek, koşullandırılarak ve kalıba dökülerek herhangi bir tür varlığa –tamirci, terzi, oyuncu, satıcı, garson, öğretmen, sporcu veya dolandırıcıya– dönüştürülebilirdi.

Watson ile Locke tarafından savunulan bu görüş, her zaman tartışmalıydı. Genetiğin doğuşuyla artık gözden düşmüştür. 1953'te DNA'nın (deoksiribonükleik asit), çift sarmal yapısının keşfi yeni bir bilim dalını, genetiği yaratmıştır. Şaşırtıcı olan bir bulgu, tüm farklılıklarımıza rağmen her insanın genlerinin yüzde 97'sinin aynı zamanda diğer insanların tümünde bulunmasıydı.

Geçen birkaç yıl içinde, genetikçiler zekânın, yaratıcılığın, şizofreninin, şişmanlamanın, zayıf kalmanın belirli yönlerinin ve bunun yanı sıra başka birçok şeyin genlerini bulduklarını ilan etmiştir. Örneğin, şizofreninin çok bileşenli bir genetiği vardır ama psikiyatrların hepsi bu rahatsızlığa bir genin neden olduğunu kabul etmez. Düşünme biçimimiz ve bilişsel gelişimimizi, genetik yapımız etkilemeseydi, bu durum şaşırtıcı olurdu.

Bu bölümde, genlerin kişiden kişiye farklılık gösteren yüzde 3'lük kısmını mercek altına alacağız. Genlerin bu küçük oranı, birini sarışın, ötekini kızıl, birini yeşil gözlü, ötekini mavi gözlü yapar. Bu genler, aynı zamanda bir kişinin dışa dönük, diğerinin içe dönük; birinin akıllı, ötekinin aptal olmasını belirler.

Doğa ve çevre ayrımı

Herhangi bir kişilik özelliğinin ne kadarının doğaya ya da genlere ve ne kadarının çevre ya da öğrenmeye bağlı olduğunu anlamak o kadar basit değildir. Genler nerede biter, çevre nerede başlar? Her bebeğin ilk çevresi anne rahmidir. 9 aylıktan itibaren, bebekler annelerinin verdiklerini yiyip içerler. Anne sigara içiyorsa, alkol tüketiyorsa ya da kokain bağımlısıysa, fetus rahimde etkilenecektir. Hamilelikte sigara içen anneler, az gelişmiş bebekler dünyaya getirir, bu bebekler 4 yaşına bastıklarında IQ'ları düşük olacaktır.

Bu genetik mi yoksa çevresel bir etken midir? Ernst ve diğerleri (2001), Kanada'da sigara içen annelerin doğurdukları bebeklerin 16 yaşına basınca, büyük olasılıkla çocuk suçlular olacaklarını gösteren çalışmaların izinden gitmiştir. Annenin sigara içmesi, doğumdan önce bebeğin biyolojisini etkileyen çevresel bir değişkendir. Ancak, bu, aynı zamanda okul ve ebeveynlik tarzıyla da ilişkili olabilir.

Ne kadarının doğa, ne kadarının çevreden kaynaklandığına dair asıl hesaplama, ortalamaya yaklaşma olarak bilinen fenomenle karmaşıklaşır. İstatistiksel olarak, zeki ebeveynlerin daha az zeki ebeveynlere göre daha zeki çocuğu olacaktır, ama çocuklar birey olarak ebeveynlerine göre ortalama zekâ puanına daha yakın olma eğilimindedir. Ortalamaya ya da ortalama puana "yaklaşırlar."

Çevre ve yetiştirmenin etkisini hesaplamak için, kişi genetik, istatistik ve psikolojiden başka sosyal hizmet uygulaması gibi daha belirsiz alanları da anlamalıdır. Sosyal hizmet uygulaması, çocukların nasıl evlat edinileceğini belirler. Evlat edinilen çocuklar –özellikle birinin evlat edinildiği ve diğerinin edinilmediği ikizlerde– doğaya karşı yetiştirme için önemli veri kaynağıdır.

Yirminci yüzyıl boyunca, ikizlerin özellikle birinin biyolojik ailesinde kaldığı, diğerinin evlat edinildiği koşularda yaşamlarını izlemeye çalışan projeler oldu. Bu araştırmayı örneklemdeki ikizlerin tümüyle iletişimi sürdürerek yürütmenin pratik sorunları büyüktür. Bu projelerin en kapsamlılarından biri, 1980'ler ve 1990'ların başında Colorado İkiz Projesinin

Ayrı büyüyen ikizler, doğaya karşı çevre tartışmasının önemli bir veri kaynağıdır.

başkanlığını yapan Robert Plomin tarafından yürütüldü. Plomin halen Londra'da Psikiyatri Enstitüsü'nde çalışmaktadır.

Doğaya karşı yetiştirme konusu, heyecan vericidir. IQ testleri tutku uyandırır, bu yüzden araştırmacılar çoğunlukla sınırlı verilerden abartılı sonuçlar çıkarır. Daha da kötüsü, doğa görüşünü destekleyen bazı klasik araştırmalar, aldatmaca içerir. 1970'ler ve 1980'lerde, IQ testlerinin siyahlara karşı ayrımcılık yaptığını iddia eden amansız tartışmalar yaşandı ama bu fikir çatışmaları sönmeye yüz tuttu. Yüzyıllardır son ve en şaşırtıcı çarpıklık, bilim adamlarının yeterli verinin kesin bir cevap sağlayacağına inanmaları oldu. Yeterince bilgi sahibi olduğumuzda, örneğin çocuğun bilişsel gelişiminde doğanın yüzde 70 ve çevrenin yüzde 30 sorumlu olduğunu açıklayabiliriz.

Ploim'in en son araştırmalarından bazıları, böylesine düzgün, kesin bir oranı hiçbir zaman belirtemeyeceğimizi gösterir. Genetik ve çevrenin katkısı, bir kimsenin yaşamının farklı dönemlerinde değişiklik gösterebilir.

İlerleme alıştırması – kendini kendine analiz

Kitabın geri kalanında olduğu gibi, bununla kendi kişisel deneyiminiz arasında ilişki kurun. Kendi ebeveynlerinizi, erkek ve kız kardeşlerinizi düşünün. Üvey aileden geliyorsanız, "geniş" erkek ve kız kardeşlerinizi hatırlayın.

Hangi yönlerden ebeveynlerinize benzediğinizi düşünüyorsunuz? Örneğin, büyük babanızdan kalıtımla aldığınız herhangi bir özellik fark ediyor musunuz? İnsanlar size tıpkı onun gibi –örneğin, matematikte iyi– olduğunuzu söylüyorlar mı?

Bu görünüşte kalıtsal özelliklerin listesini yapın.

Ailenizde hiç kimsede görülmese da, sizin sahip olduğunuz beceriler ve özelliklerin listesini yapın. Örneğin, iyi dans ediyorsanız, ailede dans pistinde ışık saçan başka kimse var mıdır?

İkizseniz, ikizinize çok benzer olduğunuzu düşündüğünüz yönleri ve farklılıkları listeleyin.

Doğaya karşı çevre araştırma yöntemleri

Bilim adamları, doğa ile çevrenin rolünü açıklığa kavuşturmak için birçok yöntem geliştirmiştir. Bu yöntemleri değerlendirmek, tartışmayı anlamaya çalışmakta önemli bir adımdır. Bilim adamlarının kullandığı iki temel araştırma stratejisi vardır.

İkizler üzerine araştırmalar

İkizler ya **monozigotik (MZ)** (tek yumurta ikizleri) ya da **dizigotik (DZ)** (çift yumurta ikizleri) ikizleridir. MZ ya da eş ikizler aynı yumurtadan gelir, döllenmeden önce ikiye bölünür. DZ ya kardeş ikizler, her ikisi de döllenmiş ve aynı rahimi paylaşan iki ayrı yumurta olarak oluşur.

MZ ikizler, tamamen aynı genleri paylaşır; DZ ikizler genetik açıdan öteki erkek ve kız kardeşler gibi benzerdir, bu yüzden kardeş ikizler olarak adlandırılırlar. Aynı dölyatağı ortamını paylaştıkları için birbirlerine daha yakındırlar. MZ ve DZ ikizlerinin farklı görevlerde ne kadar puan aldıklarını karşılaştırdığınızda, kalıtımın rolüne ilişkin bir ölçüt elde edersiniz.

İdeal olgular, birbirinden ayrılan ve farklı ailelerde yetiştirilen ikizlerdir. İkizler farklı çevrelerde büyütüldükleri için, birbirlerine ne ölçüde benzedikleri kalıtımın etkisini tam ölçecektir.

Evlat edinilen çocuklar üzerine araştırmalar

Evlat edinilen ikizlerin aldıkları puanlar biyolojik ebeveynlerininkine benziyorsa, bu kalıtım etkisinin daha yüksek olduğunu gösterir. Aldıkları puanlar evlat edinen ebeveynlerinkine benziyorsa, çevrenin rolü daha önemlidir.

IQ'da deneyimlere bağlı değişiklikler

Zekâ büyük ölçüde biyolojik kalıtıma dayanıyorsa, artırmak kolay olmasa gerek. Dezavantajlı çocukların IQ puanlarını (adeta her zaman) geliştirmeye çalışan çağdaş programların 30 yıllık bir geçmişi vardır. Bunlar arasında, yoksul çocuklara erken eğitim ve daha yakın zamanlarda beslenme programları veren Amerikan Head Start programı yer alır. Nobel ödüllü Linus Pauling, C vitaminin zekâyı geliştirdiğine inanıyordu. Zekâ büyük ölçüde kalıtımdan kaynaklanıyorsa, bu müdahalelerin pek işe yaramaması gerekirdi. Son zamanlara kadar uzlaşma şöyleydi: Bu çoğunlukla iyi niyetli ve pahalı programlar, çok önemli gelişmeler yaratmaz. İngiltere'deki Sure Start programını değerlendirmek için henüz çok erkendir.

Burt Efsanesi

Bununla birlikte, Freud tartışmayı karmaşık hale getirdi. Galton'dan sonra, zekâ ve kalıtımla ilgili tartışmaya büyük ölçüde bir İngiliz psikolog, Cyrill Burt (1883-1971) tarafından yön verildi. Burt, Londra'da baş eğitim psikologuydu ve yetmişli yaşlarının sonlarında hâlâ tezler yayımlıyordu. Zekânın büyük ölçüde kalıtımla edinildiğine dair hiçbir kuşkusu yoktu.

Burt, eş (MZ) ve kardeş (DZ) ikizlerin IQ puanlarına dayanan çalışmalar yayımladı. Veriler eş ikizlerin ayrı yetiştirildiklerinde bile çok benzer sonuçlar aldıklarını gösteriyor gibiydi. Bir başka deyişle, zekâ büyük ölçüde kalıtıma dayanıyordu.

Gerçek yaşam, teoriden daha karmaşıktır. Bir ikiz gerçek biyolojik ailede yetiştirilemezse, sosyal hizmet uzmanları, aileler ve evlat edinme kurumları çoğunlukla olabildiğince benzer başka bir aile ararlar. Eğer ikiz kardeşlerden A bir doktorun oğlu ise, öteki ikiz B'yi bir doktorun ailesine yerleştirmeye çalışacaklardır. İkizlerin her ikisi de biyolojik ailelerinde yaşayamazsa, çoğunlukla öteki ikizi yakın akrabalar alır. Genellikle ebeveynler, sınıf, eğitim, hatta kişilik açısından olabildiğince kendilerine benzeyen akrabaları seçecektir. Teoride, tamamen farklı iki çevre olarak görünen şey, aslında o kadar farklı olmayabilir.

Akrabaların ailelerinde büyütülen ikizler çok benzer puanlar alırsa, elbette bazılarında bunun nedeni kalıtım olsa da, bazılarında bu durum, aslında benzer çevrelerde, örneğin bir sürü kitabın olduğu ve ebeveynlerinin ödevlerinde yardım ettiği evlerde yetiştirilmeleri gerçeğinden de kaynaklanabilir. İkizlerin birbirine tamamen yabancı olan ailelerde yetiştirilmesi, nadirdir.

Cyrill Burt'ün çalışmasının önemli görünmesinin nedenlerinden biri, birbiriyle akraba olmayan ailelerde yetiştirilen 100 özdeş ikizlik grubu izlemesiydi. Mackintosh'a göre (1998), 90 yıllık çalışmada sadece 162 ikizlik grup araştırılmıştı. Lynn

(1997), Burt'un özdeş ikizlerinden başka oluşturulan yalnızca dört makale olduğunu işaret etti. Bunlar, ödüllü konular, çok rağbet gören araştırmalardı.

Burt, bu ikizler arasındaki ilişkileri 1930'ların sonu, 1955, 1958 ve yine 1966'da yayımladı. IQ korelasyonları tek yumurta ikizlerinin IQ'sunda 0,92-0,94 ve çift yumurta ikizlerinde 0,62 idi. O halde, aynı IQ'lar 1,0'lık puan anlamına geldiği için, özdeş ikizlerin IQ'su neredeyse aynıydı. Diğer ikizler de, zekâ puanları birbirine daha az yakındı. 1966 yılındaki araştırmasında, Burt'un açıkladığı korelasyonların yaklaşık yarısı, daha önce yayımladığı korelasyonlarla üç ondalık basamağa kadar aynıydı. Bu durumu anlatan en uygun sözcük, inanılmazdır. Psikologların bu değişmeyen korelasyonların ne kadar tuhaf olduğunu fark etmeleri gerektiği ileri sürülmüştür.

Çok saygın profesör Burt'ün uydurma veriler kullanma suçu işlediğinden kimse kuşkulanmamıştı. Aşırı mükemmel korelasyonlara rağmen, hem Hans Eyesenck hem de Arthur Jensen, Burt'un zekânın yüzde 69'unun kalıtsal, yani genlerin IQ puanlarının üçte ikisinin üzerinde etkili olduğunu destekleyen verisine güvenmişti. Eyesenck'in buna inanması özellikle garipti; çünkü Burt'u tanıyor ve ondan hoşlanmıyordu. Eyesenck otobiyografisi, *Rebel With a Cause* (1990)'da şöyle yazıyordu: 'Burt, İngiltere'de akademik yaşamı benim için imkânsız hale getirmekle tehdit eden giderek düşmanca bir güç haline geldi.

1974'te Amerikalı Leon Kamin, Burt'un verilerine güvenilemeyeceğini ileri sürdü. Hiçbir çalışma gerçekten böylesine sabit korelasyonlar ortaya koyamazdı. Aynı zamanda *Sunday Times*'da gazeteci olan Dr. Oliver Gillie, Burt'un 1955 ve 1958 tarihli bilimsel makalelerinin ortak yazarlarının nerede olduklarını hiç kimsenin bilmediğini belirledi. Büyük uluslararası ilân, bulundukları yere dair herhangi bir ipucu ortaya çıkarmadı. Gillie, Burt'ün bulgularını daha özgün hale getirmek için bu ortak yazarları uydurduğu sonucuna vardı.

Mackintosh mükemmel kitabı *Cyril Burt: Fraud or Framed?* (1995) adlı kitabında inandırıcı bir şekilde, Burt'un muhtemelen bazı verileri olduğundan daha iyi gösterdiğini iddia etti ve bu verilerin kalıtım olgusu için çok önemli olduğunu kabul etti.

Macintosh (1998) şöyle demiştir:

> Burt'ün verilerinin aslında ne kadarının kurmaca olduğu sorusunu bir kenara bırakırsak, neden uzun süredir bu kadar saygıyla karşılandığı daha önemli bir konudur. Verilerin yetersiz olarak açıklandığını ve hatayla dolu olduğunu fark etmek için özellikle dikkatli bir inceleme yapılmadı. Bu veriler, kalıtımsalcı komplonun kanıtını bulmaya cezbeder.

Mackintosh, Burt'ün herhangi bir verisini kullanmanın güvenli olmadığını ileri sürdü. Ancak o tarihten beri, Robert Plomin'in Colorado İkiz Projesi –İsveçli ikizlerle ilgili 60 yıllık uzun bir çalışma– ve Plomin'in meslektaşı Thomas Bouchard tarafından sürdürülen başka bir çalışma gibi, diğer iyi kontrol edilen çalışmalar ve doğru ikiz çalışmaları yapılmıştır. Tüm bu çalışmalarda, ayrı yetiştirilen tek yumurta ikizlerinin IQ puanlarının korelasyonları yüksekti. Örneğin, Bouchard'ın çalışmasında 0,79 idi.

Evlatlık verilen çocukların durumlarını araştırma, yararlı doğrulama sağlamıştır. Kalıtım çevreden daha önemli ise, biyoloji baskın olacağı için evlat edinilen çocukların evlat edinen ebeveynlerinden ikisinden birine çok benzememesi gerekir. Kant bunun doğru olduğunu gösterir. Evlat edinilen çocukların IQ puanlarıyla ilgili çalışmalar, farklı biyolojik ebeveynleri olan aynı ailede yetiştirilen üvey erkek kardeşler ile üvey kız kardeşler arasında 0,32'lik bir korelasyon gösterir. Kabaca ifade edilirse, zekânın üçte biri çevreye bağlanabilir.

Çevrenin azalan etkisi

Ancak Plomin *ve diğerleri* (1998) aynı zamanda çevrenin zekâ üzerinde zaman açısından ilginç bir etkisinin olduğunu da belirlemiştir. Daha önce, belirli davranışlar özellikle dilbilgisi için kritik ya da basımlama dönemi olduğunu gördük. Aynı evde yetiştirtilen farklı biyolojik ebeveynlerin çocuklarının, 7-14 yaşları arasında ileriki yaşlara göre daha yakın IQ puanları alma eğiliminde olacaktır. Sanki çevresel etkenler, 7 ile 14 yaş arasında en yüksek düzeye ulaşmış gibidir. Bundan sonra, çocuklar ortalama olarak biyolojik ebeveynlerinin puanlarına yeniden yaklaşır. Kişi yirmili yaşlarının ortasına geldiğinde, aynı ailede büyütülen evlat edinilmiş çocukların IQ puanlarında hiçbir korelasyon yoktur. Birçok bireysel istisna olması kaçınılmaz olduğu için, *ortalamaya* vurgu yapıyorum.

Plomin ve meslektaşları şaşkınlığa uğradıklarını kabul etti, çünkü çevrenin yıllar içinde bir kez daha etkili olacağını beklemişlerdi. Plomin çok zeki insanların farklı alışkanlıklar geliştirmesinin mümkün olduğunu savundu. 7 ile 14 yaşları arasında, çocukların okula gitmesi gerekir. Okumaya, matematik çalışmaya, beyinlerini kullanmaya zorlanırlar. Ancak bir kez okulu bitirdiklerinde, her şey onlara bağlıdır. Plomin ve diğerleri, zeki genç erişkinlerin daha çok okuduklarını ve daha çok düşündüklerini belirtti. Birçoğu günde bir kere Descartes'un "*Cogito, ergo sum*" sözü üzerine düşünmeyi gerekli görebilir. O halde, bizim bir çevremiz var. Zeki insanların genetik yapısı, zekâlarını pekiştirecek biçimlerde davranmalarına yol açar.

Plomin ve diğerlerinin –beyin yapısı açısından bazı olgularda 7-14 yaş arasında duran ya da tersine çevrilen bir gelişme gösteren– beklenmedik bulgusu zekâ konusunda doğa ve yetiştirme arasındaki karmaşık ilişkiyi örnekle açıklar.

Lynn (1997) Galway'de doğan 100 ikiz –otuz üçü tek yumurta ikizi ve altmış yedisi çift yumurta ikizi– üzerine bir çalışma bildirdi. Araştırma yapılan ikizlerin yaşları, 3 yıl 10 ay ve 6 yıl 7 ay arasındaydı. Olağandışı biçimde, ikizlere ayrıca bir sosyal zekâ testi –Vineland Sosyal Olgunluk Ölçeği– uygulandı.

Lynn, sözel zekâ puanında kalıtımın beklenenden daha az rolü olduğunu belirledi. Diğer IQ puanları –sayısal ve uzlamsal– Plomin ile Bouchard'ın rakamlarına tam anlamıyla uygundu. Lynn, aynı zamanda sosyal zekâ ölçeğinde 0,30 varyansın kalıtımlılıktan kaynaklandığını da belirledi. İlk kez sosyal zekânın genetiği üzerine açıklama yapıldığını söyledi ve 4-6 yaş grubunun, ebeveynlerinden bilişsel becerilere göre daha çok sosyal beceri öğrendiğini belirtti.

Kalıtım puanı

Zekânın hangi oranda kalıtımdan ve hangi oranda çevreden kaynaklandığını bulma iddiası yerini giderek konunun ne kadar karmaşık olduğunun anlaşılmasına bırakır. Rakamlarla uğraşmaya başlamak cesaret kırıcı gelebilir, ama ne kadar kısır tartışmalara yer verildiği dikkate alındığında kişi rakamlarla uğraşmayı denemelidir. Doğa yanlıları Eyesenck ile Jensen, bunu biraz yanlış anlamış gibiydi. Kalıtımın zekânın yüzde 69'unda rolü olduğunu ileri sürdüler. Plomin 0,48 kalıtımlılığın muhtemelen zekâ için doğru toplam olduğunu belirtti, bu zekânın yaklaşık yüzde 50'sinin nedeni olduğu anlamına geliyordu.

Plomin, 30 yıl önce Burt'ün aldatması ve bunun doğurduğu tartışmalardan dolayı IQ'nun hiçbir temel genetik bileşeni olmadığını ileri sürdü. Günümüzde, kendi Colorado Projesi ve bundan kaynaklanan araştırmalardan dolayı bu fikri sürdürmenin imkânsız olduğunu belirtmektedir.

Sınıf ve ebeveynlerin rolü

Çevrenin önemini işaret eden zıt tezler vardır. Sorunun ortaya atıldığı dönemden beri, IQ sosyal sınıf ile ilişkilendirilmiştir. Terman (1916), 1. sosyal sınıfın çocukları (üst sınıf ile meslek sahibi) ile 5. sosyal sınıfın çocuklarının (vasıfsız işçi sınıfı ve işsiz) ortalama IQ'su arasında yaklaşık 16 puanlık bir fark saptadı. 1958'de 15.000 İngiliz çocuk üzerinde yürütülen bir araştırma, bu sosyal sınıflardaki çocukların arasında 17 IQ puan farkı saptadı. Bu, zengin ailelerin çocuklarının daha uygun bir çevreye maruz kalsalar da, aynı derecede varlıklı (ve muhtemelen daha zeki) ebeveynlerinden kalıtımla daha iyi genler edindikleri anlamına gelebilirdi.

Ebeveynlerin gerçekten bir çocuğun zekâsında payları olup olmadığı hakkında tartışma olmuştur. Birkaç eski çalışma, oldukça etkili biçimde "her ebeveynin bildiklerinin" doğru olduğunu belirtiyordu. Majoribanks (1972) 200 Kanadalı erkek çocuğun ebeveynleriyle görüşme yaptı ve sosyal statü, iş, başarı ve zihinsel gelişime yönelik tutumları hakkında veri topladı. Çalışan sınıf ile orta sınıf ebeveynler arasında önemli farklılıklar saptadı. Aynı zamanda, ebeveynlik tutumlarının, çocukların IQ puanlarıyla ebeveynlik konumuna göre daha etkili biçimde ilişkili olduğunu da belirledi. Tutumlar, ebeveynlerin çocuklarına farklı davranmasına yol açar. Örneğin, Bradley ve diğerleri (1977) IQ ile ev ortamı ölçümleri arasında 0,77 kadar yüksek korelasyonlar saptadı. Bunlar, evde ne kadar oyun gereci olduğunu ve annenin çocukla ne kadar ilgilendiğini de içeriyordu. Ebeveynlerin sosyo-ekonomik konumu pek önemli değildi; önemli olan tutumlarıydı.

Ancak 1999'da Amerikalı psikolog David B. Cohen, ebeveynlerin çocukların zekâsı üzerinde hiçbir etkilerinin olmadığını ileri sürerek bir tartışma yarattı. Uzlaşmaz bir genetikçi değildi ama, yaşıtların bilişsel gelişimle daha çok ilgisi olduğunu ileri sürdü. Kısmen yukarıda özetlenen sonuçlardan dolayı, bu tezi kabul etmek zordur. Kesin olan ebeveynler ve çocuklarının zekâları arasındaki ilişkinin, hem kalıtım hem de ebeveyn ilgisi gerektirdiğidir. Temel sorular şunlardır:

- Çocuklarına daha çok kitap okuyan ebeveynler, daha iyi bir ortam sağlayarak IQ'yu geliştirir mi?
- Yoksa genleri onları daha zeki hale getiren çocuklar, ebeveynlerine daha fazla okumaları için mi ısrar eder?

Scarr (1997), bu korelasyonların genetik bir parçası olduğunu savunmuştur. Genetik katkıyı bileşenlerine ayıran bir model geliştirdi ve bu bir kez yapıldığında IQ'da ebeveyn payına dair çok az kanıt bulunacağını ileri sürdü. Mackintosh (1998), davranış genetikçilerinin çevre IQ'yu etkilediği halde zekânın ebeveynlerle ilgisi olmadığını savunma çabasıyla alay ediyordu. Çevrenin büyük bölümünü ebeveynler oluştur. Lynn'in sonuçları (1997) da ebeveyn etkisinin önemli olduğunu gösteriyordu.

Sınıf ve vitaminler

Ebeveynler, beslenme ve zekâ arasındaki ilişkinin, beslenmenin IQ ile bağlantılı bir konu olarak ileri sürüldüğünün çok daha fazla farkındadır. Üçüncü dünya ülkelerindeki bazı araştırmalar, yetersiz beslenmenin sıkıntısını yaşayan çocukların, IQ testlerinde düşük puanlar aldıklarını gösterir. Bu, hiç de şaşırtıcı değildir. Gelişmiş Batı'da yetersiz beslenen görece az sayıda çocuk vardır ve yetersiz beslenecek olanlar da diğer birçok dezavantajın mağduru olacaktır. Daha da ilginç olanı, iyi beslenmenin zekâyı artırdığına dair bir kanıt vardır.

Otuz Galli çocuk üzerinde yürütülen küçük bir çalışma (Benton ile Roberts 1998), bu alana duyulan ilgiyi tetikledi. Yazarlar, çocuklara 8 ay boyunca vitamin ve mineral destekleri verdi. Kontrol grupları herhangi bir şey ya da plasebo almadı. 8 ayın sonunda, deney grubu sözel olmayan IQ'da 10 puan daha yüksek puan aldı. Yinelemeler, tam anlamıyla başarılı olmadı. Bir vakada, sadece bazı sözel olmayan test puanlarında etki görüldü. Eyesenck ile Schoentaler (1997), sonuçların istatistiki olarak önemli olmasa da, en azından olumlu bir yönde olduklarını iddia ederek bu sonuçlara ilişkin oldukça iyimser bir görüş sundu.

Kalıtım görüşünün büyük savunucusu Eyesenck, ölümünden önceki son röportajlarından birinde bana vitamin araştırmaları karşısında şaşkına döndüğünü söylemişti.

> Bir grup son derece ortalama normal çocuklara test yaptık. Bu, beslenme uzmanı John Yudkin ile Nobel ödüllü Linus Pauling'in yer aldığı bir çalışmaydı...Üç ay sonra IQ'da 11 puanlık bir artış oldu. Bir yıl sonra, hâlâ artış vardı. Kentli çocukların IQ'sunu geliştirebiliyorsanız, bu önemlidir. Kesinlikle yıldırım çarpmışa döndüm.
>
> (Cohen 1995, s.95)

Eyesenck'in en cazip özelliklerinden biri, kanıt tarafından görüşlerinin çürütüldüğü için bazen tepki göstermesi gerektiğini hissetmesiydi.

Avon Gelişim Projesi için Smith ve diğerleri (2011) tarafından yakınlarda yapılan, 14.000 çocuğu izleyen bir çalışma, üç yaşında önce cips, kraker, bisküvi ve pizza yiyen çocukların beş yıl sonra daha düşük IQ'ya sahip olacakları uyarısında bulundu. Üç yeme modeli belirlediler: Yağ ve şeker oranı yüksek işlenmiş gıdalardan oluşan bir beslenme; et ve sebze ağırlıklı klasik bir beslenme ve salata, meyve ve sebzelerde oluşan sağlık bilinci yüksek bir beslenme. Son seçenekle beslenen çocukların, pizza ve cips oburlarından beş puan daha yüksek IQ'ya sahip olabiliyordu. Çalışma, bu durumda çocuklara daha sonra sağlıklı yiyecekler verilse bile, çok geç olabileceği uyarısında bulunuyordu.

2009'da Gürcistan Sağlık Bilimleri Üniversite'sinde yapılan son çalışmalar, formda olmanın zekâyı artırdığını gösterdi.

Araştırmacılar, genellikle çok az egzersiz yapan 7 ile 11 yaş arası 171 fazla kilolu çocuk üzerinde araştırma yaptı. Çocuklar farklı miktarlarda egzersiz yapan gruplara ayrıldı ve matematik, okuma ve planlama becerileriyle ilgili test yapıldı. Küçük bir örneklemin beyin etkinliğini ölçmek için beyin taramaları yapıldı. Üç ay boyunca günde 40 dakikalık egzersiz yapan çocukların IQ'larında 3,8 puanlık bir artış görüldü ve okuma becerisinde olmasa da matematikte daha iyi sonuçlar aldılar. Egzersiz yapan çocuklar, aynı zamanda prefrontal korteksde ve karmaşık düşünceyle ilgili alanda artan beyin etkinliği de gösterdi.

Saatlerce televizyon karşısında abur cubur yiyerek zaman harcayan kişiler için birçok ilaç şirketi günümüzde zihin güçlendiriciler, beyin gücünüzü artıracak kortikal karşımlar üretiyor. Lynch *Neuro Revolution* (2009) adlı kitabında, bunların başarılı kişiler için cazip olduğunu belirtti. 2008 *Nature*'da bir dizi bilimsel makale, iyi eğitimli insanların kendi çocuklarını böyle güçlendiricilerle beslemeye çok istekli olduklarını gösterdi.

Daha kaliteli gıda ve daha çok egzersiz, dezavantajlı çocuklara yardımcı olmakta karmaşık bilişsel programlara göre daha etkili olabilir. İngiliz Sure Start programı, derinlemesine değerlendirilecek kadar uzun sürmedi. Amerikan çağdaş eğitim programlarının uzun dönemli tamamlayıcıları oldu ve umut verici bir zemin oluşturdu. Amerikan Head Start programı, okul öncesi çocukların IQ'larında hemen 7,5 puanlık bir artış gösterdi. Daha sonraki Head Start etki araştırması, seksen dört Head Start programında yaklaşık 5000 çocukluk ulusal bir temsili örneklemi izledi. 2002'de başlayan ve 2006'da sona eren çalışmanın bulguları, 13 Ocak 2010'da yayımlandı. Bu bulgular, yine dil ve okuryazarlık puanlarında bir artış olduğunu gösterdi.

Ancak programın bir parçası, çocuklara okulda daha iyi gıda vermeyi kapsıyordu ve hiç kimse yürümeye yeni başlayan bazı çocuklara diğerlerinden daha iyi gıdalar vermek gibi ahlak dışı deneyi yapmamıştır. Bu yüzden, Head Start programı kaynaklı artışının gerçek nedenleri, belki sadece çocukların daha iyi beslenmesi olabilir.

Zekâ eğitimi için en iyi kanıt büyük çocuklardan gelir ve bu, oldukça eskidir. Amerikan üniversiteleri, öğrencilerin tercihlerini tutturmaları için Eğitim Yetenek Testine (SAT) girmelerini zorunlu kılar. Bunlar, uzmanlık konularının yanı sıra sözel ve sayısal yetenek testleridir ve IQ testlerine çok benzerler. Sınavlar yazılı değil, çoktan seçmelidir. 1960'larda öğrencileri SAT sınavına hazırlayan kurumlar türedi. 1971'de Üniversite Sınav Kurulu, bu özel ders kurumlarını kınadı. ABD'deki en büyük sınava hazırlık kurumunun yöneticisi olan Stanley H. Kaplan, araştırmanın temelini sorguladı. 1979'da Federal Ticaret Komisyonu, Kaplan'ın kurumlarının birinde 10 haftalık bir özel ders döneminin sonuçlarını yayımladı. Sonuçlar, sözel ve matematik yeteneklerinde önemli bir artış olduğunu gösterdi.

Psikologlar ikna olmadığı için Kaplan'ın okullarını saygın Eğitimsel Sınama Hizmetleri değerlendirdi. Sonuçlar garipti. İki okulda sadece küçük bir artış vardı ama üçüncü bir okulda öğrenciler sözel ve sayısal puanlarında yirmi ile otuz beş arasında etkili bir artış gösterdi. Tüm bunlar, bir kimsenin testlerde daha başarılı olmak için gereken becerileri IQ testlerine çok benzer biçimde öğrenebileceğini gösterir. Eleştirmenler, tüm öğrencilerin yaptıklarının, test çözme becerilerini öğrenmek olduğunu ve bunun daha zeki oldukları anlamına gelmediğini ileri sürdü.

Zekâyı değerlendirmenin tek yolu, deneklere test yapmak olduğu için, bu çok akıllıca bir eleştiri değildi.

Psikoloji jargonu ve beyin gücü

Birçok insanın kendisini geliştirmek için psikolojik teknikler kullanmak istediği bir kültürde yaşıyoruz. Kitapçı raflarını, belleğinizi ve beyin gücünüzü geliştireceğini iddia eden kişisel

gelişim kitapları dolduruyor. En iyi bilinenleri arasında, Tony Buzan'ın *Zihin Haritaları*, (Alfa Yayıncılık, İstanbul, 2013) ve Edward de Bono'nun yanal düşünmeyle ilgili kitaplarıdır (örn. 1990). Kendi çalışma tutumunuzu araştırmak yararlı olabilir.
Şimdi biraz kendi kendini analiz

Kendi kendini analiz

Bir şeyi anlamak için hangi teknikleri kullanırsınız?

Çok çalışmak mı?

Görevin üstesinden gelmek için çok gayret etmek mi?

Gösterdiğiniz çabanın bir fark yaratacağına inanır mısınız?

IQ'daki artışın gizemi

IQ ile ilgili en ilginç gerçek, yirminci yüzyıl boyunca artmasıydı. 1933 ile 1947'de İskoçya Eğitim Araştırma Konseyi, ülkede neredeyse 11 yaşındaki tüm çocukların zekâ puanlarını açıkladı ve aradan geçen zaman döneminde IQ puanlarında 2-3 puanlık artışlar belirledi. Fransa ile Hollanda'da gençlere askerliğe başlarlarken zekâ testi yapıldığı için neredeyse 18 yaşındakilerin tümü için veriler mevcuttu. 1950 ile 1980 arasında, IQ puanları ortalama yirmi-yirmi beş puan arttı. Japonya'daki çalışmalar, orada artışın daha da yüksek olduğunu göstermiştir. Doğaya karşı çevre tartışmasına herhangi bir katkının, artık belirgin biçimde çetrefilli bu sorunu çözmesi gerekir.

Mackintosh, IQ puanlarındaki bu artışların daha fazla sayıda çocuğun orta sınıfa ait olması gerçeğinden kaynaklanıp kaynaklanamayacağı sorusunu ortaya attı, ama Hollanda verilerinin yeniden analizi, artışın nedeninin en fazla yüzde 30'unun orta sınıfa ait olmaya bağlanabileceğini gösterdi. Mackintosh artışların çocukların eğitime ayırdıkları zaman dilimindeki artışla bir ilgisinin olduğuna inanmıyordu. Bu verilerdeki belirgin bir gariplik, IQ puanlarındaki en fazla artışın sözel IQ'da değil, sözel olamayan IQ'da, özellikle uzlamsal IQ'da olmasıdır. Bunun kısmen içinde yaşadığımız giderek artan çok yönlü görsel kültüre bağlı olabileceğini 10. Bölüm'de ele alacağım.

Deha

Son olarak, genetik ve başarı arasındaki ilişkinin uç bir örneği. Doğaya karşı çevre tartışmasının, bilişsel gelişimin özel bir biçimini –dehayı– incelemenin yararlı bir yöntemi olmayabileceğini gösterir.

Plomin ve diğerleri (1998), genlerin etkisinin katkı düzeyinde olduğunu ayrıntılı olarak belirtti. Buna rağmen, deha söz konusu olduğunda emergenetik* fikrini ortaya attı.

Daha önce *Hereditary Genius* adlı kitabın yazarı, Galton'un, dehanın daha çok doğanın konusu olduğuna inandığını gördük. Çoğunlukla Galton'un izinden giden Eyesenck, buna rağmen son kitaplarından biri olan *Genius* (1995)'ta Galton'un bir züppe olduğunu ve Viktorya tarzı seçkinciliğin iyi ailelerin çocuklarını gönderdiği en iyi okulların, en iyi en yaratıcı beyinler yaratmasının kaçınılmaz olduğu fikrinin etkisinde kaldığını ileri sürdü. Gerçek dehaya ailelerin katkısının olmadığını, aksine olası olmayan yerlerde ortaya çıktığını savunuyordu.

Ebeveynlerinin öznel bir yanı olmayan Shakespeare'in ifadesini başka sözcüklerle açıklarsak, doğuştan dâhi olunmaz. Shakespeare'in babası, Stratford belediye başkanı olmak isteyen kendini beğenmiş bir esnaftı. Hızlı atlar yetiştirebilirsiniz ama dâhi besteciler, yazarlar, ressamlar, bilim adamları ve matematikçiler yetiştiremeyeceksiniz gibi görünüyor.

Eyesenck örneklemini bozan ön yargılarına son vermek için, E.T Bell tarafından *Men of Mathematics* (1928) adlı kitabından seçilen gelmiş geçmiş en büyük yirmi sekiz matematik-

(*) Emergenetik: Karşılıklı etkileşim içine giren birkaç genin özel birleşiminin bir sonucu. (ç.n.)

çinin aile arka planını inceledi. Bu yirmi sekiz matematikçinin ailesinde matematik yeteneğiyle ilgili pek kanıt bulamadı. Fermat'ın babası, bir deri tüccarıydı, Pascal'ınki matematik kitapları okumasına izin vermeyen küçük bir memur; Gauss'un babası bir çiftçiydi; Monge'nin ki seyyar satıcıydı. Matematiksel yaratıcılık geçmişi olan tek aile Bernoullis'in ailesiydi. Yirmi sekizde bir, kuralı kanıtlayan bir istisnasıdır.

Vaka geçmişi: Hintli köylüye karşı Cambridge soylusu

Eyesenck şöyle yazıyordu: "En sevdiğim örnek, Hintli matematikçi Ramanujan'ın örneğidir." 1887'de Hindistan'ın güneyinde yoksul bir ailede doğdu. Annesi matematik dâhisi olduğunu inanmıştı ama okula gitmesini istemiyordu. Eyesenck şöyle özetledi: "Bulunduğu çevrede cesaretini kıracak olası her şey vardı ki bu oldukça tipiktir." 18 yaşındayken, genç Hintli lise diplomasını alamadığı için Madras Üniversitesi'nden kaydı silindi. Sonraki 5 yıl boyunca amaçsız yaşadı, hastalandı ve iş bulamadı. Kaderi, tuttuğu defterlerini görünce şaşıran Hindistan Matematik Derneği'nin kurucusu ile tanışınca değişti.

Üç yıl sonra, Ramaujan, Cambridge, Trinity Universitesindeki İngiliz matematikçi G.H. Hardy'e mektup yazdı. Hardy onu Trinity'ye davet etti ve sonraki 4 yıl boyunca ikisi birlikte çalıştı. Ramanujan, tüm matematikçiler içinde en büyüleyici ve sezgileri güçlü olanlardan biri olarak kabul edilmiştir ama herhangi bir seçkin insanla ilgisi yoktur, 32 yaşında hastalandı ve Hindistan'a geri döndü. Birkaç ay sonra yaşama gözlerini yumdu.

Yine müzikte, Bach ailesinde bile dehâda ailenin payının olmadığı anlaşılıyor. J.S. Bach'ın oğulları yetenekli besteciler arasında yer alsa da, gerçekten hiçbirinin adı Baba Bach gibi dahi besteciler arasında geçmiyordu.

Eyesenck, Galton'un hatasının dehânın normal bir istatistiki dağılım izlediğini düşünmesi olduğuna inanıyordu. Her bir milyonda 400 kişiyi "aptal" ve 250'sini büyük saygınlık kazanmış olarak kabul etti. Galton aptalların, 120'sini ortalamanın altında olan hafif aptallar olarak, geri kalan 280'ini gerçek aptallar olarak ayırdı.

Eyesenck, her yüz milyon insandan 280 gerçek dâhi çıkmayacağını ileri sürdü. Dâhiyi bir alana kalıcı katkıda bulunan bir kimse olarak tanımlarsanız, gerçek dehâ çok nadirdir. Newton, Einstein, Shakespeare, J.S. Bach, Beethoven ve Rembrandt dehâya sahipti. Tarih, şimdi eserleri çağın gerisinde kalmış görünen bir zamanların önemli yazarları ve bilim adamlarıyla doludur. Galton'un normal dağılımı, yüksek IQ'lu ve gerçek yeteneği olan seçkin insanlara uyabilir ama dehâ çok daha nadir görülür.

Eyesenck, kimlerin dâhi olduğu, kimlerin dâhi olmadığı hakkında şaşırtıcı ölçüde az tartışma olduğunu ileri sürdü. Eserleri günümüzde çalınan yaklaşık 250 besteci olduğunu ama çalınanlarının yarısının sadece 16 bestecinin eserlerine ait olduğunu belirtti. Beethoven, J.S. Bach, Mozart, Haydn, Chopin, Verdi dâhidir, ama hiç kimse Telemann'ı bu kategoriye koymaz. (Keşke son yaptığım söyleşide Eyesenck'e Freud'un bir dahi olduğunu düşünüp düşünmediğini sorsaydım. Sanırım, "Kesinlikle değil," cevabını verirdi. Yine de Freud kalıcı bir iz bırakmıştır ve kitapları ölümünden 70 yıl sonra hâlâ satmaktadır.)

Gerçek şu ki, dehânın normal bir dağılımın parçasını oluşturmaması, Eyesenck teorisinin kilit noktasıdır. Bu, Eyesenck'in dehânın az ya da çok rastlantı, Plomin'in tanımıyla emergenetik ucubesi ya da sonucu, olduğu iddiasına yol açar. Bu garipliği daha iyi anlamak için, Eyesenck, üç faktörü, bilişsel tarz, psikiyatrik bulgular ve beyin biyokimsasıyla ilgili artan bilgimizi değerlendirmemiz gerektiğini bildirir.

Aristoteles'ten beri, yazarlar dâhiliğin deliliğe yakın olduğunu söylemiştir. Şizofrenide kesinlikle önemli bir genetik bileşen vardır. Eyesenck, bazı bireylerin doğuştan daha fazla dopamin nörotransmitteri ve daha az serotonin üretmeye yatkın olduğunu ileri sürer. Bu tür insanların şizofren olma olasılıkları yüksektir. Ancak kişilerin birkaçında bu görülmez; aksine bağımsız poligenler kombinasyonu büyük bir niceliksel değişikliğe neden olur. Bu, emergenetik ucubesi ya da mucizesidir. Bu kombinasyon dâhilerin hem gerçekleşmeyecek, hatta çılgınca, yaratıcı çağrışımlar yapmasını hem de garip ve yararsız olanları ayıklayacak keskin zekâya sahip olmasını mümkün kılar. Eyesenck, dehânın kaynağının bu olduğunu savunur. Aile kalıtımıyla hiçbir ilgisi yoktur; "emergenetik" adeta kelimenin tam anlamıyla bir ucubedir.

Eyesenck'in teorisi, dehâlar üretmenin hiçbir yolu olmadığını belirtir. Bu, tamamen genlerin garip ya da mucizevi kombinasyonlar oluşturmaya devam etmesine bağlıdır. Gerçek deha, neredeyse tamamen biyolojik şanstır, ama aileyle hiçbir ilgisi yoktur. Plomin'in kabul eder gibi göründüğü bir düşüncedir ve yetiştirmeye karşı doğa tezinin ilginç bir örneğidir.

Kişilik

Plomin'in çalışma ortaklarından biri Thomas Bouchard, kişiliğin oluşmasında kalıtımın rolünü araştırdı. Bouchard beş temel özelliği inceledi: Nevrotiklik, açık sözlülük, cana yakınlık, dışa dönüklük ve duygusallık. Eyesenck tarafından toplanan verilerin bir kısmının doğruluğuna güvendi ve kişilik puanlarındaki varyansın yaklaşık yüzde 40'ının kalıtımdan kaynakladığı sonucunu çıkardı. Bir başka deyişle, kişilik zekâ kadar biyolojik temelli olmasa da, genetik yine de karakterlerimizin oluşmasına yardımcı olur. Bu, kişilikler teorisini geliştiren Yunanlıları herhalde hiç şaşırtmazdı.

Sonuç

Doğaya karşı çevre tartışmasını biçimlendirmenin geleneksel yöntemi artık eskimiştir, çünkü her birinin bilişsel gelişim ve kişiliğe ne kadar katkıda bulunduğunu ölçmekte eskisinden çok daha iyiyiz. Ancak birçok sonuç, genetiğin önemini belirttiği halde, toplumsal sınıfın çocukların geliştirme hızının zihin teorisini etkilediğine ilişkin Cutting ile Dunn'un (1999) kanıtı unutulmamalıdır.

Ek okuma Listesi

A Storr (1972) *The Dynamics of Creation*, London: Allen Lane.

D. Cohen ve S. MacKeith (1991) *The Development of Imagination: The Private Worlds of Childhood*, London: Routledge.

H.J. Eyesenck (1995) *genius: The Natural History Of Creativity*, Cambridge: Cambridge University Press.

P.L. Harris (2000) *The Work of Imaginatinon*, Oxford: Blackwell.

J. Freeman (2010) *Gifted Lives: What Happens when Gifted Children Grow Up*, London: Routledge.

9

Okulda Bilişsel Gelişim: Okuma, Yazma ve Aritmetik

Bilişsel gelişimi araştırmanın en göze çarpan yerlerinden biri, okuldur. Çocukların 16 yaşına basmadan önce 15.000 saatlerini okulda geçirdikleri tahmin edilmektedir. On dokuzuncu yüzyılda, Londra St. Paul okulunun müdürü ebeveynlere okulda öğretilen derslerin sadece Yunanca ve Latince olduğunu mektupla bildirdi. Çocukların haftada üç-buçuk gün tatili vardı. Ebeveynler, zamanı çocuklarına diğer dersleri öğretmeleri için özel öğretmenler tutmak için kullanma konusunda oldukça rahattı, okula göre herkesin düzgün bir eğitim alması için gereken klasiklerdi.

O tarihten beri eğitim tanınmayacak ölçüde değişmiş ve Piaget'in fikirlerinden son derece etkilenmiştir. Evet, sanıyorum Piaget, St. Paul'un takındığı alışılmadık tutumu onaylardı. 1930'da Piaget, UNESCO'nun atası olan Uluslarası Eğitim Bürosu'nun müdürü oldu. 1960'larda, İngiltere'de öğretmen eğitimini son derece etkilemeye başladı.

Yine de, Piaget ilginç bir biçimde biçimsel eğitime çok inanmıyordu. İdeal öğretmenin müfredattaki dersleri öğretmek yerine çocuğun gelişebileceği koşulları yaratarak daha iyi çalıştığını düşünüyordu. (Belki de, Piaget'in de bir parça sadist, yanan kibrit atan öğretmenleri olmuştu). Piaget'e göre, çocuklara nesneleri kullanma, pratik çalışma yapmak fırsatı vermek önemliydi, çünkü bu davranışlar sayesinde öğreneceklerdi. Piaget için önemli bir deyim şöyleydi: "öğretilecek çocuk" yerine "öğrenen çocuk" olacaktı.

Piaget şöyle yazıyordu: "Çocuğun sayı ve diğer matematiksel kavramları sadece öğretimden edineceğini sanmak büyük bir hatadır. Tam tersi, bunları dikkat çekici bir ölçüde kendi başına, bağımsız ve kendiliğinden öğrenir." (1953, s. 74) Teorilerinin çocukları daha fazla, daha küçük yaşlarda ve daha hızlı öğrenmeye zorlamanın yöntemlerini bulmaya nasıl yardımcı olacağını bilmek isteyen Amerikalılarla hep alay etti.

Eğitimde modalar o kadar değişti ki, Piaget'in bir zamanlar egemen olan, başka dünyadan gelmiş gibi görünen düşünceleri günümüzde kısmen modaya uygundur.

Standartların düşüşü

1980'lerden beri, art arda gelen İngiliz hükümetleri, okuldan "mezun", güçlükle okuyup yazabilen 16 yaşındaki çocuklarla ilgili magazin hikâyeleri ve etüt sınıflarına devam eden üniversite birinci sınıf öğrencileriyle ilgili daha da kötü ürkütücü hikâyelerden dolayı okuma-yazma ve matematikteki kötü standartlardan endişeleniyordu.

Şimdi, 4-14 yaş arası çocuklar, okuma, yazma, konuşma ve dinleme, matematik ve kişisel, sosyal gelişimi kapsayan sekiz ölçekte değerlendirilmektedir.

Eğitim Bakanlığı, bu testlerin üç yönden yararlı olduğunu varsayar. Birincisi, testler daha ileri eğitime devam etmeye ister hak etsin ister etmesin, belirli bir çocuğun 14 yaşında ne kadar başarılı olduğunu değerlendirmeyi mümkün kılar. İkincisi, test puanları bir çocuğun zayıf olduğu alanları belirler ve böylece bireysel yardım sunulmasını sağlar. Üçüncüsü, test puanları ebeveynlere hangi okulların iyi olduğunu ve hangi okullardan sakınılacağını bildirir. Hükümet, kötü okullardaki öğretmenlerini daha fazla gayret göstermeye motive olacağını umut eder. Öğretmenler, çoğunlukla hükümet standartlarının yoksul bölgelerdeki okulların dezavantajlı çocuklarla ilgilenmesi gerçeğine fırsat vermediğini ileri sürer.

Biçimsele karşı ilerici

Çocuklar elbettte at ya da fil gibi değildir, ama hayvanlar en olağanüstü becerileri gerçekleştirecek biçimde eğitilebilir. On dokuzuncu yüzyılda, Akıllı Hans adlı bir atın sayı sayabileceği ve matematik problemlerini çözebileceği sanılıyordu. Atın eğiticisinden gelen bazı çok ustaca işaretlere cevap verdiği anlaşıldı. Şempanzelerle ilgili araştırmalar, ne saymayı ne de okumayı öğrendiklerini gösterdi. Normal çocuklarda, bu beceriler ebeveynleri ve sonunda öğretmenleriyle olan sosyal etkileşimleri dikkate alındığında doğal biçimde gelişir. Bu, ilgi çekici bir soruyu gündeme getirir. Hayvanların dikkat çekici bir şey yapmalarını istersek, onları yetiştirmeli ya da eğitmeliyiz, ama aslında çocuklara en küçük bir şekilde biçimsel eğitim vermemiz gerekir mi? Eğitim görmemiş olsalar da, yine de öğrenirler miydi?

Eğitim uygulaması, neredeyse her zaman büyük filozofların fikirlerinden etkilenmiştir. Herhangi biri, son 300 yılda yaklaşık olarak iki görüşün ortaya çıktığını fark edebilir: **İlerici ve biçimsel.**

Fransız filozofu Jean-Jacques Rousseau (1712-1778) gibi ilericiler, çocuğun soylu bir yabani olduğunu ve disipline edilmemesi ya da öğrenmeye zorlanmaması gerektiğine inanıyordu. Rousseau, çocukların filiz vermesini istiyordu. Fikirleri, eğitim uygulaması yerine eğitim felsefesi üzerinde etkili oldu. Günümüzde hiçbir okul çocuklara böylesine tam özgürlük sunmasa da, 1938'de A.S. Neill (1888-1973) tarafından Suffolk'da kurulan Summerhill okulu buna yaklaşmıştı. Summerhill'de, çocuklar sadece istedikleri derse giriyordu. Hangi dersleri öğreneceklerine büyük ölçüde karar veriyorlardı; okul konseyinde disiplin uyguluyorlardı. (Okulun açıklaması için, bkz A.S. Neill'in *The New Summerhill*, 1992).

Neil'in birkaç taklitçisi oldu, ama liberal fikirleri eğitimi bir dereceye kadar etkiledi. Çocukların çok çalışmasına karşı çıkıyordu. En iyi eğitim biçimi, çocukların doğuştan meraklı olduğunu ve öğrenmek istediğini onaylar. Onlara hayal güçlerini kullanma ve yaratıcılıklarını geliştirme fırsatı verir.

Çocukların yapılandırılma ve disipline ihtiyacı olduğunu düşünene teorisyenler, bu liberal görüşe karşı çıkıyordu. Böyle teorisyenler, çocukların yetiştirilmesi, eğitilmesi ve sosyalleşmesi gerektiğine inanıyordu. 1789'da yayımlanan *Practical Education* adlı en çok satanlar listesindeki bir kitapta on dört çocuğu olan ve bu yüzden bir hayli pratik deneyime sahip Bay ve Bayan Edgerworth, bu düşünceyi savunuyordu. Çocuklara 4 yaşına girdiklerinde okumayı öğretmişlerdi. Edgerworths çifti, çocuklara masal okunmasına karşı çıkıyordu; çocukların gerçeklere, okuma, yazma ve matematik öğrenmeye ihtiyacı vardı.

Başarıyı değerlendirme

Birbiriyle çelişen bu düşünceler, okullardaki bilişsel gelişim üzerine yapılan araştırmalara yansıtılır. Ancak, eğitimsel müdahalelerin sonucunu ölçmek zordur ve herhangi bir farklılığın nedenlerini belirlemek daha da güçtür.

A sınıfı bu dönemde daha başarılı olursa, bunun nedeni, 1) yeni ve ilginç bir öğretmemelerinin olması; 2) okulun sonunda ders kitapları almaya para harcaması, böylece çocukların ortak kitap kullanmaması ya da 3) yerel polis okul kaçaklarını uyardığı için çocukların derslerden kaçmayı son vermesi olabilir mi?

Cambridge'deki çalışmanın sonuçlarına dayanarak, *The Economist* dergisi 2008'de öğrencilerin başka ülkelerdeki çocuklara göre daha fazla sınava girdiğinden ve aşırı sınav yapılmasının eğitimde yetersizliğe neden olabileceğinden yakındı. Bu, öğretimi teste teşvik ederek eğitimi daraltma ve ders programını çarpıtmaktı; sonuçta parlamenterlerden oluşan bir komisyon kuruldu. Üstelik bu sonu gelmeyen sınav modeli, 14, 16, 17 ve 18 yaşlarında dışarıdan yapılan sınavlarla devam ediyordu. Buckingham Üniversitesi'nden Alan Smithers, hükümetin sınavlara yüklemek istediği çoklu kullanımı suçluyordu. Sınavlar çocukları, öğretmenleri değerlendirmek, okulları sorumlu tutmak ve tüm eğitimi sistemini gözlemlemek için yapılmaktaydı.

Okumayı öğrenmek

Psikolojik teorilerin eğitim üzerindeki etkisinin herhangi bir uygun değerlendirmesi, okumak hakkındaki tartışmaları incelemelidir. Okumayı öğrenmek için gereken becerilere sahip olmakla ilgili karmaşık tartışmalar olmuştur. Okumak, bir beceriler kombinasyonu gerektirir. Çocuk bir sözcük oluşturmak için harflere onları işlemeye başlayacak kadar uzun süre bakmayı öğrenmelidir. Bu durumda çocuk, her bir harfin belirli bir sese karşılık geldiğini ve bu seslerin bir harfi oluşturduğunu fark etmelidir.

On dokuzuncu yüzyılda, çocuklara genellikle belirli harflerin çıkardığı seslerin ve sonra bu sesleri bir sözcük haline nasıl getireceklerinin öğretilmesi yoluyla, fonetik olarak okuma öğretiliyordu. Böylece bir öğretmen ARABA sözcüğünü A, RA, BA, diye üç heceye böler ve her bir heceyi oluşturan iki harfi öğretirdi.

Yaklaşık 1920'de, çocukların daha başarılı olabileceğini belirten çalışmalardan sonra, ABD'de yeni bir teknik popüler olmaya başladı. "Bak ve söyle" ya da görsel geri alma olarak adlandırıldı. Harflerin çıkardığı sesleri ve harflerin nasıl heceye dönüştüğünü öğretmek yerine, çocuklara ilk önce AT, TOP, AY vb. tam sözcükleri öğretildi.

Teori, insanların kalıpları ya da bütünü algıladığını ileri süren Gestalt psikolojisine dayanıyordu. Okumakla ilgili göz hareketlerini araştıran psikologlar, başarılı yetişkin okuyucuların genelde gözlerini sözcüğün bir parçasına sabitlediğini ve sonra ardından geleni görmek için seğirme (kısa, düzensiz hareketler) olarak adlandırılan hareketlerle ileri doğru taradığını belirlemiştir. Wood ile Terrel (1997)'nin çalışması, okumayı öğrenen çocukların bakma modellerinde çok daha kararsız olduklarını ileri sürdü. Bakışlarını harflere sabitler, sonra ileri doğru tarar, sonra çoğunlukla harflere tekrar bakmaya gerilerler. Okumak için gereken görsel beceriler, 3 yaşından itibaren ustalık kazanılabilir.

Erken okuma

Çocukların hayal edilenden çok daha erken okuyabileceğini gösteren çalışmalar vardır. Sodebergh (1977), bir çocuğa 2 yaş 4 aylıktan itibaren okuma malzemeleri verdi. İlk 6 hafta boyunca çocuğa sözcük kartları gösterildi. Sonra sözcük kartları, küçük bir kitapta birleştirildi. Gelecek 3 aylık dönemde, çocuk 150 sözcük okumayı öğrendi ve günde 5-10 yeni sözcük öğrendi. Sodebergh, çocuk kitapları tekrar tekrar okudukça, tonlama ve vurguyu hatasız yaptığını gözlemledi. Çocukların öğrenmelerine anlayışlı bir şekilde yardım edildiği takdirde, varsayılandan çok daha erken okumayı öğrenebileceğini iddia ediyordu.

Chall (1987), çocukların nasıl öğrendiğine ilişkin dört aşamalı yararlı bir teori geliştirdi. Teori, çok beklenmedik bir temel beceri olduğunu ileri sürdüğü için bilişsel gelişime cazip gelir.

Doğuştan 5 yaşına kadar, çocuklar okumaya hazırlık becerilerini öğrenir. Birçoğu, alfabenin harflerini tanımayı öğrenir, isimlerini yazar ve birkaç sözcük okur. Aynı zamanda okumayı sökmelerinden uzun zaman önce en sevdikleri fast food restoranının logosunu tanıyabilme eğiliminde olurlar. Çocuklar, ayrıca harf ve seslerden oluşan sözcükleri öğrenir, bunları ayırıp öğeleri farklı biçimlerde birleştirebildiğinizi böylece KAT sözcüğünün üç ses, K, A ve T'den oluştuğunu fark eder. İşte sürpriz.

Chall, 4-5 yaşındaki çocuklara kısa bir sözcükte her bir sese karşılık bir kez parmaklarını vurmalarının söylendiği araştırmanın sonuçlarını bildirir. AT –a ile t– sesi için iki kez ve KAT için üç kez vurmaları bekleniyordu. Liberman (1973), parmak vurma testinde iyi puan alan çocukların üç yıl sonra doğru okuma eğiliminde olduklarını belirledi. Chall sonuçların, okumayı öğrenmekte fonetik yeteneğin önemini gösterdiğini ileri sürdü.

Çocukların doğal bir fonetik yeteneği yoksa genellikle öğretilir. Bradley ile Bryant (1983) 4-5 yaşındakilere fonetik farkındalığı öğretmenin, daha iyi okuma becerileriyle sonuçlandığını gösterdi. Sözcüklerin nasıl farklı seslere ayrıldığını anlamanın, okuma becerisini harfleri tanıma becerisine göre çok daha iyi öngördüğü anlaşılır. Bryant bir dizi çalışmada, okuma becerisinin belirleyicileri olarak kafiye üretme ve kafiye bulmanın önemini vurgulamıştır. Tekerlemeler öğretilen çocukların okumada ilerleyen zamanlarda başarılı olur.

Kafiye

Bu beynin gizemidir. Öğrenmenin büyük bir bölümünde önemli olan okuma yeteneğimiz, ritmik beceriyle neredeyse kesinlikle ilişkili olan sesleri doğru olarak ayırma yeteneğimizle yakından ilişkilidir. Sezgisel olarak çocuklara sözcüklerin seslerini dinleten iyi yazarlar bunu bilir. Dr. Seuss'un kitapları, bu konuda ustalık doludur. *Yeşil Yumurta ve Jambon'u* inceleyin.

Kim gelmiş
Atlı bir süvari mi?
Kim gelmiş
File binmiş bir mi?

Bu alandaki en saygın araştırmacılardan biri olan Bryant ile Charles Hulme başkanlığında York Üniversitesi'nden bir ekip arasında çok şiddetli bir tartışma patlak verdi. Hulme ile meslektaşları, Bryant ile meslektaşlarının kafiyeleme becerilerine aşırı önem verdiğini ileri sürdü. Hulme "cat"i "hat" sözcüğüyle kafiye yapan bir sözcük olarak belirleme becerisini, fonem bulma ve fonem silme becerileri ile karşılaştırır. Bir çocuğa "blame" sözcüğünü söyleyip b harfini sildiğinizde hangi sözcüğün kalacağını sorun. Doğru cevap "lame" dir. Bu, fonem silmedir. Çocuğa "ca" hecesini söyleyip, "cat" sözcüğünü türetmek için hangi harfin gerektiğini sorun. Fonem saptamada iyi olan çocuk, "t" harfini söyler.

Hulme birkaç yıl boyunca okuma araştırmasına katılmıştı. Laing ile Hulme'ün araştırması (1999) okumakta çok yetersiz olan kişilerin, fonem becerileri hakkında eğitim aldıkları takdirde okumayı daha iyi öğrendiklerini saptadı. Bu bulgu, onunla Bryant arasında tartışmaya yol açan araştırmayı teşvik etti.

Hulme'nin ekibi tarafından yapılan çalışmada, Muter ve diğerleri (1998) iki yıllık bir dönem boyunca otuz sekiz çocuğa test taptı. 3 yaş 10 ay ve 4 yaş 10 ay yaşları arasındaki çocuklara bir dizi test uygulandı. Bu dönemde verilen ilk test (1. Dönem) bir IQ testiydi. Otuz sekiz çocuğun zekâ aralığı 90-142 idi. Ortalama IQ'ları 114 çıktı. Çocuklara aynı zamanda kafiye üretme, kafiye bulma, fonem belirleme ve fonem silme testleri de yapıldı. 5 yaş 3 aylık (2. Dönem) ve 6 yaş 3 aylıkken (3. Dönem) yeniden teste tabi tutuldular. Bu dönemlerde, çocuklara aynı zamanda okuma testi de yapıldı.

Muter ile Hulme, okumada can alıcı etkenlerin kafiyeyle bir ilgisi olmadığı ileri sürdü. 5,3 yaşında, çocukların 1. dönemde sahip olduğu fonemik beceriler ile okuma becerileri arasında olumlu bir korelasyon saptadılar. Sözcükleri bölümlere ayırma," b-lame" ya da "bo-ne" gibi bölme becerisini yansıttığı için Muter ile Halm bunları bölümlere ayırma becerileri olarak adlandırdı.

Kafiye kullanımının okumayı öğrenmemize faydası olur mu?

Bir diğer önemli etken, harf bilgisi, harfleri tanıyabilme becerisiydi. Çocuklar 6 yaş 3 aylık oldukları andan itibaren, kafiye becerileri ve okuma arasında bir korelasyon vardı, ama Hulme ile çalışma arkadaşları, bunun bölümlere ayırma becerisinden çok daha marjinal olduğunu ileri sürdü. Çocukların 2. dönemdeki sözcük dağarcığı, aynı zamanda 3. dönemden okuma becerilerini öngörmenin önemli bir faktörüydü.

Bryant (1998), *Journal of Experimental Child Psychology'de* aynı konuda, Muter ile Hulme'in çalışmasında yöntemsel hatalar yaptıklarını belirterek karşı çıktı. Kafiyelemenin etkisini incelerlerken, sorunun belirli sözcüklere ifade edilmesi, çocuklara sözcüklerin diğer sözcüklerle "kafiye mi oluşturduğunu yoksa benzer ses mi çıkardığını" sormaktı. Üç sözcüğü, "take", "bake" ve "bike"ı inceleyin. "Take" ile "bake" kafiyelidir, ama "bake", "bike" gibi söylenir. Kafiye yapmazlar ama iki fonemleri –"b" ile "k– ortaktır. Bryant bu nedenle Muter ile Hulme'ün kafiye ile benzer ses çıkarmayı sorarak kafiye becerilerine karşı bölümleme becerileriyle ilgili düzgün bir test yapmadığını iddia ediyordu.

Şimdiye kadar, akademik psikolojinin kibar konuşma tarzıyla çatışma keskindi. Sonra Muter ile Hulme, otuz küsur çocukla üçüncü bir deney yaptı. Bryant'ın iddiasını test ettiler ve *Journal of Experimental Child*'da aynı baskıyı yapacak sonuçları zamanında aldılar. Çocuklardan, ya "kedi" sözcüğüyle kafiyeli ya da "kedi" sözcüğüyle "kafiye yapan ya da benzer söylenen" bir sözcüğü seçmelerini istediler. İki durum arasında hiçbir farklılık olmadığını ve bundan dolayı çalışmalarının kafiyelemek ile bölümleme becerileri arasındaki farklılıkların düzgün bir testi olduğunu iddia ettiler. Açık bir öfkeyi yatıştırma çabasıyla Hulme ile Muter, Bryant'ın okuma araştırmasına olan büyük katkısını kabullendi. Buna rağmen, yine de bu ustanın hatalı olduğunda ısrar ettiler.

İngiltere ve diğer birçok ülkenin okuma yazma yetersizliği ile mücadele ettiği dikkate alındığında, tartışma hem teorik hem de pratik açılardan son derece önemlidir. Çocukların okumayı öğrenebilmesi için gereken mikro becerilere odaklanan bir tartışmadır. Chall'ın teorisi de makro becerilere odaklanır.

Otomatik okuma

Chall'ın 2. aşamasında, çocuklar oldukça akıcı okusa da süreç önemli ölçüde odaklanma gerektirir. Bu yüzden, beyin kapasitesinin büyük bölümü okuma eyleminin kendisine ayrılacağı için okuma yoluyla öğrenmekte zorlanırlar. Sonuç olarak, Chall, çocukların bu aşamada öğrenmek ve bilgi edinmek için okumadıklarını, öğrenmek için okumadıklarını, okumayı öğrendiklerini belirtir.

Okumak daha otomatik hale geldikçe, 3. aşamada beyinlerinin tüm gayreti asıl okuma sürecine ayrılmadığı için çocuklar okuma aracılığıyla yeni bilgiler edinebilir. Okuma materyali şimdi genel bilgiyle bütünleşir.

Chall'ın ileri sürdüğü bir sonraki aşama 4. aşamadır, esasen çocukların etkili ve eleştirel okuyucular haline geldikleri orta dereceli okul aşamasıdır. Chall, çocukların artık bilginin birçok farklı bakış açısından gelebileceğinin farkında vardığı gerçeğini fazlasıyla önemser. Tıpkı 6 yaşındaki çocuğun, farklı insanların farklı duygu ve düşünceleri olduğunu öğrenmesi gibi, çocuklar şimdi yazarların birbirinden farklı fikirleri olduğunu anlar.

Okul çocukları ancak 4. aşamaya ulaştığında, temel akademik oyunlardan biri olan, kompozisyon yazma işine girişebilir. "İspanyol donanmasının yenilgisinin nedenleri nelerdi?" sorusuna doğru bir cevap vermek için en azından şunları ele almalısınız: Sör Francis Drake'in kahramanlığını, kötü hava koşullarını, İspanyol donanmasının kötü hazırlanmasını, Kraliçe I. Elizabeth'in ilham verici önderliği. Sonra her bir faktörü donanmanın hırpalanmasının aşağı yukarı nedeni haline getiren tezleri sunarsınız.

Kompozisyon yazmanın, oyun olduğunu fark etmek önemlidir –benim tutumum, sadece konuyla ilgili kendi görüşlerimi açığa vurmak olabilir– ama sadece belirli bir bilişsel aşamaya ulaşınca oynayabileceğiniz bir oyundur.

Nicolson ve diğerleri (1999), zaten okuma sorunları oldukları belirlenen altı yaşına basan çocukları araştırmıştı. Bu çocuklara ek yardım sağlayan bir sistem geliştirdiler. Araştırmaları, hem müdahalelerin ne kadar yararlı olduğuna hem de ne kadar uygun maliyetli olduğuna odaklandı. Ek yardım, başlıca 3,5 saatlik ekstra öğretmen yardımı ve ebeveynlere çocuklarla birlikte okumayı önermekten oluşuyordu. Nicolson ile çalışma arkadaşları, altmış iki sorunlu çocuktan kırkının program sayesinde hızlandığını belirledi.

Hecelemede örtüşen stratejiler

Piaget'i ele alan 2. Bölüm'de, Siegler'in (1996) Piaget'in aşama teorisinin çocukların davranışındaki değişkenlik miktarını hafife aldığını belirten bir eleştiri geliştirdiğini gördük. Siegler, çocukların sürekli değiştiğini vurguluyordu. Analizini okumaya ve Chall'ın çalışmasıyla ilgili bir eleştiri olarak genişletti.

Rittle-Johnson ile Siegler (1999), bir heceleme çalışmasında, Amerikan okullarının birinci ve ikinci sınıfındaki çocukların (6 ve 7 yaş grubu) hecelemeyi öğrenme biçimlerinden benzer sonuçlar çıkarılabileceğini ileri sürdü. Erken dönem çalışmaların, birinci sınıf öğrencilerin büyük ölçüde sözcükleri yavaş yavaş okuyarak hecelediğini ve sonra kurallara dayanmayı ve benzetmeler yaratmayı içeren çeşitli ek stratejiler kullanmaya geçtiğini vurguladığını savunuyorlardı.

Rittle-Johnson ile Siegler, bulgularının çocukların birinci sınıftan başlayarak bir kuraldan daha fazlasını kullandığını açıklığa kavuşturduğunu belirtti. Çocuklar birinci sınıfta, ortalama üç strateji kullanır, bunlar başlıca kelimeleri yavaş yavaş okuma, görsel kontrol ve geri almadır. İkinci sınıfta, aynı stratejilerin yanı sıra heceleme kurallarıyla ilgili artan farkındalığı kullanırlar. Doğru heceleme yapanlar, daha çok strateji kullandıkça, hecelenecek sözcükler giderek zorlaşır.

Genelde Siegler'in üzerinde durduğu konu, çocuklar yeni bilişsel beceriler edinirken bir aşamadan diğerine düzgün bir şekilde geçtiklerini düşünmenin yanlış olduğudur. Çocukluk çağında tüm becerileri öğrenmek, çok sayıda farklı şeyi, farklı zamanlarda, esnek biçimde denemeyi gerektirir.

George Bernard Shaw, doğru heceleme çılgınlığından yakınıyordu. Braynt ile Nunes (2006), yakın zamanlarda doğru heceleme tuhaflıklarının birçok çocuk ve yetişkinde gereksiz sorunlar yarattığını belirtmiştir. Çocukların morfemler ile heceleme arasındaki ilişki olduğuna dair bilgilerini geliştirmenin kısmen kolay olacağını ileri sürdüler. İngilizcede hecelemesi gereksiz yere zor olan sözcüklerin, çoğu insanın yoksun olduğu bellek kaynaklarına dayandığını savunuyorlardı. Hecelemeyi daha kolay ve akılcı hale getiren birkaç fikir önerdiler.

Günlük metinlerdeki sözcükleri yarısı 100 sözcükten oluştuğundan dolayı –ve bu sözcüklerin otuz beşi düzensiz hecelendiği için– bu otuz beş sözcüğü "aldatıcı hecelemeler" olarak hecelemeye devam edin. Çocukların günümüzde öğrenmesi gereken binlerce sözcükle karşılaştırıldığında, bu öğrenilmesi çok zor olan bir şey değildir. Bu ortak sözcükler şunlardır: *all almost always among come some could should would half know of off one only once other pull push put their they two to too as was what want who why ve –ion, –tion, –sion, –zion* ekiyle biten sözcükler.

"Guardian" gibi sözcüklerde ne anlam ne de telaffuz ifade eden fazla harfleri ve accommodation gibi gereksiz "çift harfleri" sileriz.

Heceleme kuralları, tek sayfada prova edilebilir. Oldukça gereksiz olan 147 heceleme kalıbı, kısmen az ve daha az bilenen sözcükleri etkiler.

Özel isimleri ve yer isimlerini ve "burjuva" gibi yabancı sözcükleri italik yazın. Araştırmalar, çok az sayıda eşsesli sözcüğün heceleme farklılaşması gerektirdiğini gösterir.

Son olarak, Académie Française'nin yakın zamandaki bir örneğini izlememiz ve sözlüklerde daha farklı hecelemelere olanak sağlamız gerektiğini öne sürerler.

Nunes ile Braynt, bu küçük değişikliklerin, yeni başlayanlar, disleksikler, geç okuyanlar ve uluslararası öğrencilerin okuma güçlüğünde dikkat çekici etkiler yaratacağını iddia eder. Bu, radikal olsa da çaba harcamaya değer bir fikirdir.

Sayı saymayı ve matematiği öğrenmek

24 aylık olduğunda, birçok çocuk, "bir, iki, üç, dört" diye ezbere tekrarlamaya başlar. Bazıları parmaklarıyla sayar. Tıpkı çocuklara okumayı öğretmenin en iyi yöntemi hakkında bir tartışma olduğu gibi, çocuklara matematik öğretmenin en iyi yöntemi hakkında da uzun bir tartışma olmuştur. Psikologlar bile, çocukların parmaklarını kullanarak saymalarını sağlamanın iyi mi yoksa kötü mü olduğu hakkında tartışır.

Bazı kültürler bizim kültürümüze göre daha yaratıcıdır. Yeni Gine, Oksapminliler vücudun yirmi yedi bölümünü kapsayan ve yirmi dokuz sayılık temel bir dizisi olan bir sistem kullanır.

Sayılar çocuklar için ne anlama gelir?

İki üç yaşındaki birçok çocuk 3 ya da 4'ten büyük sayılara kadar hatasız sayamaz, ama bu "dört-beşin ötesindeki sayısal çokluğu, ayırt edilmeyen çokluk olarak" gördükleri anlamına gelmez.

E.L. Thorndike (1932), matematik öğrenmenin, kendi deyimiyle çok sayıda alışkanlık etkisi oluşturmayı gerektirdiğini savunuyordu. Alışkanlıklar ile 2 + 2 = 4 bağlantısını kastediyordu.

Çocuk bir kez 3 +3 = 6 ve 7 + 5 = 12 işlemini yaptığında, bu bireysel öğrenme adacıkları "diğerleriyle birlikte savaşan bir asker gibi" birbirine geçebilir.

Piaget bu yaklaşıma karşı çıktı. 3-4 yaşındakilere matematiksel tabloları ezbere tekrarlamayı öğretmenin mümkün olduğunu kabul etti, doğrusu onlara daha karmaşık materyali ezbere tekrarlatabilirdiniz. Ancak küçük çocukların bir metni ya da denklemi tekrarlayabildiği gerçeği, çocukların tüm bunların ne anlama geldiğini bildiğini göstermez.

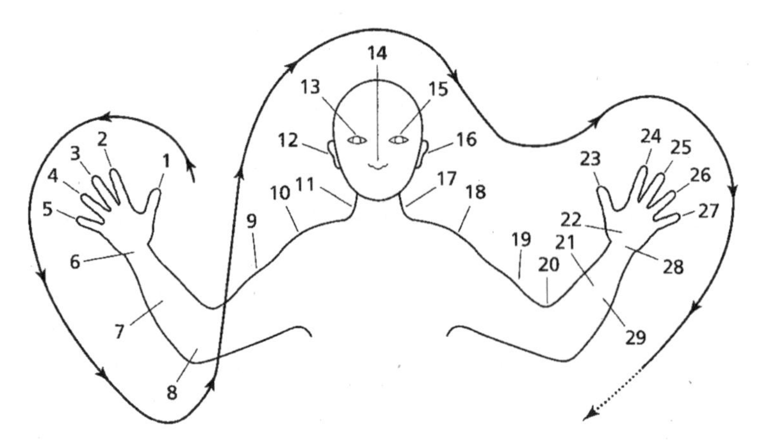

Sayı saymayı öğrenme. Yeni Gineli Oksapminliler vücutta sayıları simgeleyen yerler kullanır. G.B. Saxe'den (1981), "Body Parts as numerals: a development analysis of numeration among the Oksapmin in Papua New Guniea"

İşlem öncesi çocukta sayı ya da çoğaltma kavramı olmadığı için, yaptıkları görünen herhangi bir matematik işlemi sadece ezbere dayalı öğrenmenin ürünü olduğunu ileri sürdü. Piaget (1976b) şöyle yazdı:

> Çocuğun işlemleri birleştirebilmesi için, ister sayısal isterse uzlamsal işlem olsun, sadece şekiller üzerinde değil, gerçek materyaller, gerçek nesneler, noktalar, yüzeyler üzerinde elle işlem yapması, denemesi, uygulama yapması gerekir.

Ancak, tüm psikologlar Piaget kadar kötümser değildi. Brownwell Thorndike ile arasına mesafe koyarken, çocukların matematik işlemlerini onlar için anlamlı olacak bir şekilde düzene sokulursa öğrenebileceklerini ileri sürdü. Çarpım tabloları aracılığıyla bitmek bilmeyen alıştırma yapmak yerine, Brownwell neleri saydıklarını ya da böldüklerin anlayabilmeleri için resim ve şekilleri kullanmayı önerdi. Siegler'in alıntı yaptığı bir çalışmada, Brownwell ile Carper (1944) çocukların geri almak dışında stratejileri, kolay olanlar kadar zor sorularda üç kat daha sık kullandıkları zaman –örn. 7 x 8'in kaç yaptığını hatırlayarak– çarpma öğrenmeye başladıklarını belirledi.

Mc Connell (1958), tekrarlayan ezberci öğrenme ile daha kapsamlı bir yaklaşım olan resimler ile nesneleri "öğrenme destekleri" olarak kullanmaktan oluşan iki yöntemi karşılaştırdı. Mc Connel, alıştırmanın çocuklara öğretmenin mükemmel bir yolu olduğunu belirledi ama yeni sorunların üstesinden anlamayı teşvik eden bir biçimde eğitim verilen çocuklar kadar gelemiyorlardı.

6-9 yaş grubu çocukların çıkarma yaparken çoğunlukla nasıl hata yaptıkları üzerine ilginç bir araştırma vardı. Temel –ve hemen belli olmayan– yöntemlerden bazılarını unuttukları için çoğu kez hata yapıyorlardı.

$$
\begin{array}{r}
307 \\
\underline{-182} \\
\underline{285}
\end{array}
$$

Çocuk 10'dan 8'i çıkarıp 2'yi bulmak yerine, 8'den 0'ı çıkarınca 8 kalmıştır. Sonra basitçe 3'ten 1'i çıkarmıştır.

Bulgu, matematik bilgisine kısmen deneyim ve kısmen biçimsel öğrenme (Gelman ile Gallistel 1978) sonucu ulaştığımızı gösterir. Biçimsel öğrenmeyi zamanından önce uygulamaya çalışmak, Piaget'in en çok eleştirdiği ezbere öğrenmeyle sonuçlanır.

Case ile Okamoto (1996), çocukları Rightstart adlı bir sayı programı kullanarak eğitti. 4-5 yaşındaki çocuklara, nesneleri 1'den 10'a kadar, sonra aynı dizide 10'dan 1'e doğru sayma öğretiliyordu. Aynı zamanda onlara iki sırada düzenlenen nesne sayıları arasındaki ilişki de gösterildi. Sonra sayı bilgisi testi ve denge aleti testini içeren bir dizi görev üzerine test edildiler. İkinci testte, çocuklara her ucunda ağırlıklar yığılı ve bir dayanak noktasında dengelenen bir denge tahtası gösterildi. Payandalar denge tahtasını sabit tutuyordu. Çocuklardan payandalar kaldırıldığında hangi ucun düşeceğini öngörmeleri ve kararlarını açıklamaları istendi.

Rightstart programını bitiren çocuklar, bu ödevde bir kontrol grubu olarak iki kez yaptıkları için çok daha fazla ustalık kazandı. Case ile Okamoto, Piaget'in özel öğretimin işlevsizliği konusunda çok dogmatik olduğunu ileri sürdü, çünkü çocuklar denge tahtasının bir ucunun neden düşeceğini açıklayabilirse, Piaget'in hor gördüğü ezbere öğrenme ya da papağan gibi tekrarlamayı bir hayli aşacaktı.

Bulgular çocukların kendi tempolarında öğrenmeleri genellikle yararlı olduğu halde, eğitimin bu kadar pasif olmaması gerektiğini gösterir. Çocuklar eğitilebilir ve zorlanabilirler ama yine de doğru öğrenirler.

Ancak çocuk matematik öğrenmenin farklı yollarına erişmelidir. Siegler aynı zamanda fikirlerini, çocukların nasıl matematik öğrendiğine ilişkin çalışmaya aşılamayı da denemiştir. Örneğin 4-5 yaşında çocukların toplama yaparken tutarsız olduğunu ve parmakla saymayı, sayıları saymadan parmak kaldırmayı, basit toplama sorularını çözmeye çalışırken yüksek sesle sayıp geri getirme stratejileri kullandığını gösteren bir dizi deney yürüttü. Sorun kolaylaştıkça, daha fazla çocuk geri almaya güveniyordu; toplamlar 4 + 3 kadar zor olduğunda, daha karmaşık stratejiler kullanmaya eğilimli oluyorlardı. Çarpmayla ilgili bir çalışmada, 7 yaşındakiler içinde, geri alma ve yaptıkları hatalara karşılık karmaşık ya da destek stratejileri kullanımı arasında güçlü bir korelasyon vardı. Siegler, temel olarak çocukların bir soruyla tek yöntemle uğraşmaları gereken bir aşamada takılmadıklarını; bilişsel gelişim durumları akıcı olduğundan dolayı kesinlikle farklı yöntemler kullandıklarını vurgular.

Çocuklar daha hızlı ve becerilerde daha usta oldukça, işlerine yarayan yöntemi kullanmayı seçebilirler, ama bu mutlaka olacak diye bir kural yoktur. Siegler'in bilişsel gelişim modeli, çocukların çeşitli sorunlarla başa çıkma aşaması için bir yöntemden daha fazlasına eriştiğini varsaydığı için benimsenen aşama görüşüne son derece karşı çıkar.

Yeni teori

Alanın ne denli bölünmüş olduğunu şöyle anlayabiliriz; kısmen Piaget, kısmen Vygotsky'den ve kısmen de özgün görüşlerden yola çıkan yeni teori –Siegler gibi alana meydan okuduğu için değil, yazarı biraz konuştuğu için– alana ters düşer. Howard Gardner gibi Amerikalı olan Kieran Egan, bir teori geliştirmiştir. *Educated Mind* (1997) adlı kitabında, gelişim teorisinin sadece ilgi çekici olduğunu değil, çocuklara sınıfta nasıl eğitim verileceği üzerinde kesin sonuçları olduğunu vurguluyordu.

Egan, yine çocukların ve genç erişkinlerin bir dizi aşamayla geliştiğini belirtti. Çocukların okuma yazmayı öğrenirken özümseyip yarattıkları materyalin zihinlerinin gelişime biçimini etkilediğine inandığı için Batı kültürel geleneğine büyük önem verdi. Bu konuda Vygotsky'ye benziyordu. Ama Egan sadece öğrenmede sosyal ilişkinin yararından bahsetmedi. Zihnin, bazı aşamalarda belirli hikâye biçimleri ve öğrenmeye açık olduğunu ileri sürdü.

Egan'ın aşamalarından ilki Somatik kavrama, Piaget'in duyusal motor evresine çok benzer. Ancak ikinci aşamayla birlikte, Egan yeni bir çizgiye geçti. Egan bu ikinci Mitik kavrama döneminin (yaklaşı 2-8 yaş arası) çocukların yoğun bir sevgi fantezilerinin olduğu ve anlatım ya da hikâye anlatmayı anlamaya başladıkları bir zaman olduğunu ileri sürdü. Birey yavaş yavaş Batı kültürünün önemli geleneklerini özümser. Çocuklar genellikle karşıt olan bazı düzenleyici ilkeler doğrultusunda erken bir dünya algısı oluşturur. Dünyayı tıpkı masallardaki gibi iyi ya da kötü, sevgi ya da nefret, korku ya da güven diye bölerler. Bu, Vygotsky'nin çocukların yaklaşık 7 yaşında kaybettiğinden yakındığı tepkilerden biridir.

Egan, 8-15 yaşları arasında Romantik bir kavramanın geliştiğini fark etti. Bir özelliği insan deneyiminin sınırlarını çizmesi ve geleneksel gündelik deneyimin sınırlarını aşmasıdır. 15 yaşından sonra, çocuklar soyut düşünceleri daha rahat ele alacak ve sonra İroni kavramasına geçecektir (Kültürel bilgeler günümüzde İronik kavramının yaşın güzelliği olduğuna inanır).

Sonuç

Bilişsel gelişime duyulan büyük ilgi dikkate alındığında, belki de okullarda evlere göre daha az araştırma yapılması şaşırtıcıdır. Yakın zamanlardaki hükümetler, çocukların sınıf başarısını geliştirmeye daha da önem vermiştir. Kısa sürede çocukların okul yaşamlarının her yılında değerlendirildiklerini görmemiz olasıdır. Bazı çocuklar bu testlerde çok strese girseler de, araştırmalar Piaget'in çocukların zorlanmaması gerektiği ısrarında büyük olasılıkla aşırı dogmatik olduğunu gösterir.

Üzerinde düşünülecek konular

Bu kitabı okuyan birçok kişi, çocukları bir öğrenme ortamında ele almak zorunda kalacaktır. Tartışmalar hâlâ Piaget ile Vygotsky odaklıdır. Piaget, çocukların öğrenmek için olgunlaşmaları gerektiğine inanıyordu. Vygotsky, çocuklara anlayışlı öğretmenler ve yaşıtlar aracılığıyla yardım edilebileceğini düşünüyordu. Egan ABD'de taraftar kazanan, daha az bilinen bir teori sundu.

10

Oyuncaklar Çok Eskide Kaldı: Bilgisayarlar, Mobil İletişim Araçları ve Tüketici Olarak Çocuk

Günümüzde 10 yaşındaki çocuklar sadece tüm yeni teknolojiyle değil aynı zamanda yeni teknolojinin aşina haline getirdiği bilgiyle de büyür.

Bu bölümde şu konuları ele alacağım:

- **Bilgi bombardımanı ve çocuklar;**
- **Televizyonun, bilgisayarın ve bilgisayar oyunlarını etkisi;**
- **Çocukların daha akıllı olup olmadığı.**

Bu, Descartes'in *"Düşünüyorum, o halde varım"* sözünden, günümüzün bilgisayar oyunlarına, web sitelerine ve multimedya paketlerine kadar uzun bir yolculuktur. Bununla birlikte Descartes şu an yaşıyor ve düşünüyor olsaydı, sanırım bilgisayarların ve bilgisayar oyunlarının etkisiyle çok ilgilenirdi. Beyni çağının ileri teknolojisi olan hidrolik kaynaklara benzetiyordu. Günümüzde beyni bilgisayarlarla karşılaştırmak sıradandır; nöral ağlar, global interneti simgeler. Gelişmekte olan beyin, daha önce hiç bu kadar bilgi bombardımanına tutulmamıştı.

İngiltere'de çocuklar üzerinde televizyonun etkisiyle ilgili yapılan araştırma üzerinden, elli yıl geçmiştir. Yazılı kaynaklar neredeyse tamamen eleştireldi. Bize televizyon izleyen çocukların, tıpkı Viktoryan dönemi papazların mastürbasyonun kötülükleriyle ilgili uyarıda bulunması gibi akıl sağlıklarını yitirecekleri, şiddet uygulayacakları ve çıldıracaklarına dair korkunç uyarılar yapılıyordu.

Televizyonun eğitici potansiyelini yakalayan ilk program, Amerikan *Susam Sokağı* oldu. *Susam Sokağı,* yapımcısı New York merkezli, her zaman araştırmaya meraklı Eğitsel TV Atölyesi idi. Programı izleyen çocukları çekerek yeni program bölümlerini test ediyordu.

Küçük *Susam Sokağı* izleyicileri, harfleri ve sayıları tanımayı öğrendi ve programı izlemeyenlere göre daha iyi kelime dağarcıkları oldu. Buna rağmen, çocukların dikkat aralığı kısa olduğu gerekçesiyle her 30 saniyede yayın kesildiği için eleştirilere maruz kaldı.

Gunter ile McAleer (1990), televizyonu çeşitli yönlerden kınayan araştırmayı gözden geçirdi. Daha fazla televizyon izleyen çocuklar izlemeyenlere göre daha aptaldır; 8 yaşındakilerin yüzde 45'i filmlerde rol alan insanların oyuncu olduğunu fark etmez; sözde eğitici programlarda dinledikleri ya da izledikleri herhangi bir şeyi çok az çocuk aklında tutar. Televizyonda şiddet gören bazı çocuklar, büyük olasılıkla kahramanlarının kötülüklerini taklit eder. Medya, işe yaramazın tekidir; ondan kurtulmak gerekir.

Bu şiddetli zorbalığın ortasında, İngiltere'de hiç kimse belirgin bir eğitici amacı olmayan televizyon programlarını izlemenin herhangi bir bilişsel yararı olup olamayacağını sormaz. Teoride, televizyon gelişen beynin aradıklarının çoğunu sunar: sürekli uyarı, yeni görüntüler, yeni sesler. Gerçek dışı olabilirler ama nöronların yeşil ışık yakacağı türde şeylerdir.

Gunter ile McAlleer çarpıcı biçimde farklı sonuçları olan bir çalışma bildirdi, ama hakkında az yorum yaptılar. Çalışma

11 yaşına kadar daha fazla televizyon izleyen çocukların, az seyredenlere göre daha zeki olduğunu öne sürüyordu. Gunter ile meslektaşı, bu bulguya hiçbir açıklama getiremese de, ilgi çekici olduğunu kabul ettiler. Bu, geleneksel bilgiye uymayan, kafa karıştırıcı bulgulardan biriydi.

Çocukların medya kullanımı hakkında en iyi son verilerden bazıları, 2010'da çocukların medya alışkanlıkları üzerine bir anket yayımlayan, Kaiser Family Foundation tarafından yapılan çalışmalardan elde edilmiştir. Anket, 8-18 yaşlarındaki çocukların sıradan bir gün boyunca ortalama 7 saat 38 dakikalarını eğlence medyası kullanmaya ayırdıklarını saptadı, bu haftada 53 saatten fazla anlamına geliyordu. Bir kerede birden fazla araç kullanarak medya çoklu görevine bu kadar çok zaman harcarlarken, toplam 10 saat 45 dakika değerinde medya içeriğini 7.5 saate sığdırırlar.

Cep telefoları ve Ipodlar daha fazla kullanılır. 2010'da 8-18 yaş grubunun üçte ikisinin cep telefonu ve yüzde 76'sının Ipod ile MP3 çaları vardı. Çocuklar, mobil cihazlarda onlarla konuşmak gibi sıradan bir şey yapmak yerine oyunlar oynamaya, müzik dinlemeye ve televizyon izlemeye daha çok zaman ayırıyordu.

Örneklemin sadece üçte biri, ebeveynlerinin medyada sörf yapmaya ne kadar zaman ayırabileceklerine hiçbir kural koymadığını söyledi, ama ebeveynleri kural koyan çocuklar medyada günde üç saat daha az zaman harcıyordu, bu büyük bir farklılıktı.

On çocuktan yedisinin yatak odasında televizyonu ve yarısının odasında video oyunu konsolu vardır. Yine bu televizyon merkezli evlerdeki çocuklar, medya takibine çok daha fazla zaman harcar.

Çalışma neden ve sonuç belirleyemese de bazı etkileyici korelasyonlar vardı. Günde 16 saatten fazla medya tüketen yoğun medya kullanıcılarının yarısına yakını (yüzde 47'si), hafif medya kullanıcılarının yaklaşık dörtte biriyle (yüzde 23 oranında) karşılaştırıldığında derslerinde oldukça düşük notlar (çoğunlukla C ya da daha düşük) alıyordu. Anket, aynı zamanda deneklerin günde 1 saatlerini sosyal paylaşım sitelerinde, YouTube'da geçirdiklerini ve yaklaşık 90 dakikalarını cep telefonunda mesajlaşmaya ayırdıklarını saptadı. İçlerinden herhangi birinin yemek yemeye zaman ayırması şaşırtıcıydı. Yüzde 74'ü bir sosyal paylaşım sitesinde profili olduğunu söyledi.

11 yaşına gelinceye kadar, çocuklar medyayı günde sadece 7 saat 51 dakika kullanır, ama bu, 11-14 yaş grubu için günde toplam 11 saat 53 dakikaya yükselir. Çocuklar 11 yaşına bastığında medya kullanımı önemli ölçüde artsa da, küresel markaların yüzde 80'inin günümüzde yaklaşık 8 ile 12 yaş arası çocukların ihtiyaçlarını karşılayan 'tween stratejisi" vardır.

Medyaya maruz kalma, çocuk gelişiminin boyutlarını birçok yönden etkiler ve bazılarını belirlemek zordur, çünkü inceliklidir ve kendi deyimimle kurnazlık gerektirir. Anglo-Sakson filozoflar bilmek ile nasılı bilmek arasında ayrım yapar. Descartes'in "Düşünüyorum, o halde varım'ı" – özel bir bilgi parçası– söylediğini bildiğim halde, bir beceri olan helikopter kullanmayı biliyorum. Ama bilmenin başka bir anlamı vardır. Bir insanın bildiğini söylersem, alışılmadık ölçüde kendisinin farkındadır, bir bağlam ve kültür algısına sahiptir. Bilmek sadece bilmenin ötesindedir. Bilmek eleştirel olmak, bir durum içindeki ironilere karşı tetikte olmak demektir. Televizyon izleyen çocukların, çok küçük yaşta bilgili olacağı varsayılır.

Kinder, daha 1991'de çocuğunun 2 yaşından itibaren çizgi filmler izlediğini gözlemledi. Kinder, çizgi film dizisi *Garfield'da* "Fellini'yi yemek" adlı bir bölüme dikkat çekti. Garfield, Spagetti Western filmler çekecek türde bir insan olmayan Federico Fettuccine adlı benmerkezci bir İtalyan film yönetmeni tarafından yaratılmıştır. Diziye, benmerkezci bir İtalyan film yönetmeni Federico Fellini tarafından yönetilen 8½ filminin müziği eşlik ediyordu. Sekiz buçuk filmi, onun film yapmakta-

Medya bağımlısı çocuk pasif bir bilgi alıcısı olmanın ötesinde, bilişsel bir televizyon bağımlısıdır.

ki beceriksizliğinin göstergesidir. Çizgi fimde Garfield, filmin yıldızı olmak ister, ama ona dublör rolü verilir. Buna rağmen, filme egemen olmayı başarır ve yönetmenin rolüne el koyar.

Kinder, bazı bölümlerin çocuktan sadece görsel kelime oyununu değil film türleri arasındaki farklılıkları da anlamasını istediğini ileri sürdü.

İki çizgi film dizisi, *Taş Devri* ile *Simpsonlar,* çocukların medya tutkunu olduğunu varsayar. *Taş Devri, Simpsonlardan* 30 yıl önce yayımlanmıştı. Her iki dizi de Amerikan alt orta sınıfın banliyö yaşamına ironik bir yorum getiriyordu. *Taş Devrinin* birçok esprisi basitti. Taş Devri banliyösünde, otomobiller yerine dinozor-mobilleri vardı; giysileri peştemallerin Marks and Spencer's versiyonuydu. *Simpsonlar* aile ilişkileri ve kişilikler hakkında daha incelikli ironiler yapıyor ve kültürel modaları daha fazla açıklıyordu.

Çocuklara pazarlama

Bebekler ve küçük çocuklar için "pazar" gelişmeye devam etmiştir. Çocuğu bir tüketiciye dönüştürmeyi hedefleyen gerçek bir endüstri vardır. ABD'deki çocuk pazarının değerinin yılda 64 milyar dolar olduğu tahmin edilmiştir. Çocuklara yönelik reklamın, yıllık değeri 15 milyar dolardır. Bunun sonuçları, hem iyi hem de kötüdür: çocuklar hiç olmadığı kadar seçeneklere maruz kalsa da, aynı zamanda baskılara da maruz kalırlar.

Bunun tetiklediği temel tartışmalardan biri –bilişsel gelişimde etkileri olduğu için– çocuklar ve reklamla ilgili tartışmalı sorundur. Ancak, şu ana kadar yapılan çalışmalar, birbiriyle çelişir. Tutucu psikologlar çocuklar reklamın hedefinin satın aldırtmak olduğunu gerçekte anlamadıkları için reklama maruz kalmamaları gerektiğini savunur. Çoğunlukla endüstri tarafından görevlendirilen diğerleri, günümüzde çocukların psikolojinin izin verdiğinden çok daha medya okuryazarı olduğunu iddia eder. Akademik araştırmaya iki soru egemen oldu. Birincisi, çocuklar reklamların programlardan gösterilenden farklı olduğunu kaç yaşında fark eder? İkincisi, çocuklar reklamların tarafsız olmadığını, bir şey satmaya çalıştığını kaç yaşında anlar? Bu sorular, sadece akademik düzeyde değildir. Yunanistan ile İsveç bugünlerde çocukları hedefleyen televizyon reklamlarını yasaklamıştır. İngiltere ve diğer Batı Avrupa ülkelerinde reklamcılar, yasağın yayılmasını istemiyor.

Beş yaşındaki çocukların çoğunun, reklamların normal programlar olmadığını bildikleri konusunda fikir birliği vardır. (Son zamanlardaki bir araştırma bu oranın yüzde 79 olduğunu belirledi). Ancak küçük çocuklar türün farklı olduğunu fark ettiği halde, birçok psikolog hâlâ ticari gerekçeyi anlamadıklarını iddia eder.

Utrecht Üniversitesi'nden Jeffrey Goldstein, 5-6 yaş grubunun yüzde 96'sının, 8-9 yaş grubunun yüzde 85'inin ve 11-12 yaş grubunun yüzde 62'sinin televizyon reklamlarının amacını tam anlamadığını saptayan "yaygın olarak atıfta bulunulan", 35 yıllık araştırmaya (Ward ve diğerleri 1977) dikkat çekti. Ancak Goldstein, yaptıkları testin çok dar olup olmadığını sordu. Çocuklar sözel olarak reklamların bir şeyler satmaya ve bunlardan para kazanmaya çalıştığını farkında olduklarını açıklamalıydı. Bu, kesinlikle Piaget'in bir çocuktan, en erken, somut işlemler aşamasında cevap vermesini beklediği türde sorudur.

Bu araştırma yapılırken, küresel köy sakin bir yerdi. Buna rağmen, özel ilgi alanlarına yönelik kanallarla, 24 saat çizgi film yayını ve her yaşa hitap eden *Simpsonlar* gibi programlarda patlama oldu. Çocukların 1970'lerin ve 1980'lerin masum medyasında reklamın amaçlarının iç yüzünü anlamaları daha uzun sürmüş olması mümkündür.

Kinder'in ele aldığı medya okuryazarı çocuk fikrini pekiştiren dört araştırma vardır. Brian Young 66 çocuğa iki tür reklam gösterdi: gerçek ve üzerinde oynama yapılmış reklamlar. Üzerinde oynama yapılan reklamların, alışılmadık bitiş sözleri vardı. Bir reklam bir yüz kremini gösteriyordu. Gerçek versiyonu, yüz kremini daha iyi görünmenizi sağlar bitiş sözleriyle göklere çıkarıyordu; üzerinde oynama yapılan versiyonu kremi övse de, bitiş sözleri sizde iğrenç lekeler bırakır diyordu.

Çocuklara her iki versiyon da gösterildi, hangisini ve neden tercih ettikleri soruldu. Dört-beş yaş grubu komik sonlardan hoşlandı ve bitiş sözlerinin ticari anlam taşıyıp taşımadığını fark etmedi. 6 yaşındakileri tepkisi farklıydı. Yarısından fazlası, komik sonlarda bir hata olduğunu anladı ama hatanın ne olduğunu söyleyemedi; yarının hemen altında bir oran, küçük çocuklar gibi tepki verdi.

Sekiz yaşındakilerin hepsi, reklam oyununu çok iyi biliyordu. İçeriği değiştirilmiş reklamlara sadece komik olduklarından değil, reklamlar kadar içler acısı oldukları için güldüler. Yüzünüzde lekeler bırakan bir kremin, satacağınız bir ürün olmadığını belirttiler.

Diğer danışanları arasında reklam sektörü için de çalışan Çocuk Araştırma Birimi müdürü Glen Smith, çok küçük çocukların reklamın doğasını anladıklarını düşünüyordu. Bana 4 yaşındaki çocuklara reklamları gösterdiği bir çalışmadan söz etti.

> Çocukları, Anne ve Babayı simgeleyen oyuncak bebeklerimiz vardı. Çocuklardan reklamlar oynarken oyuncak bebeği ileri hareket ettirmelerini istedik. Dondurulmuş bezelye reklamı oynadıysa, anneyi ileri hareket ettirdiklerini, oyuncak reklamıysa çocuk bebeği ileri hareket ettirdiklerini saptadık.

Smith'in kanıtı, satış konuşmasının kimi hedeflediğini bildiklerine göre küçük çocukların reklamın doğasını anladığı yönündedir.

Ancak, Smith, bu araştırmayı hiçbir zaman yayımlamadı, çünkü Çocuk Araştırma Birimi'nin çoğu sonucu gibi, gizliydi ve müşteriler için uygun değildi. Smith çocuklara reklam yapmanın "günah ya da kötü" olmadığını düşündüğü halde, biraz paradoksal olarak bana kişinin "küçük çocukların kolay aldatılmasına karşı dikkatli olması gerektiğini" de söyledi.

Üçüncü bir araştırma olgusu, daha da ileri gitti. Galler'de Merris Griffiths büyük çocukların sadece bilgili olmakla kalmayıp aynı zamanda reddedici davrandıklarını belirlemiştir. *New Scientist* (1999) için yapılan bir söyleşide, bana şöyle dedi: "7-11 yaş grubuna oyuncaklarla ilgili seçilmiş on reklam göstermeye başladım." Toplam on reklam kullandı, üçü kız oyuncakları, üçü erkek çocuk oyuncakları ve dördü üniseks oyuncaklar içindi.

Çocuklar reklamları reddetti. Grifitth şöyle diyordu: "Reklamlar tarafından aşağılandıklarını hissettiler. En düşmanca tepkiler kızlardan geldi. Tamamen kuşkucuydular." Bu 11 yaşındaki kızda olduğu kadar 7 yaşındaki kız içinde de geçerliydi. "'Bu aldatmaca' gibi şeyler söylediler," diyordu. Şüpheciliğin boyutu onu şaşırtmıştı.

Medya danışmanları, günümüz çocuklarının eleştirel farkındalığını kabul eder. Ammirati Puris Lintas'tan Nicky Buss, 7 yaşındaki çocukların Burger King'in eldiven kuklaları kullanılan "Kayıp Dünyalar" reklamını izlediklerini bildirdi. İçlerinden biri, "O adam eline neden bir çorap takmış? Doğru yapmasını bilmiyorlar mı? Bu reklam, bana hamburger satın aldırtmaz," diye kusur buldu.

Noel Baba'ya mektuplar

Hertfordshire Üniversitesinden Profesör Karen Pine, çocukların 6 yaşına kadar reklamların amacını hiçbir şekilde anlamadıklarını iddia eden İsveçlilerle aynı fikirdeydi. Çocukların Noel Baba'ya yazdığı mektuplarda hangi oyuncakları istediğini incelemek gibi güzel fikri vardı. O ve meslektaşları aynı zamanda Noel'den altı hafta öncesinde televizyonda reklamları gözlemledi (Pine 2009). Buldukları sonuçlar şaşırtıcıydı: Çocuklar daha çok televizyon izledikçe, Noel Baba'ya yazdıkları mektuplarında daha fazla oyuncak istiyordu. 4-5 yaşındaki çocuklar, genellikle marka seçmez. Oyuncak bir bebek isteseler de, "Annabel Bebek" diye ismini belirtmezler.

Çocuklar 6-8 yaşındayken, markanın farkındadır, markayı bilir ve marka düşkünüdür. Reklam ajanslarının işine yarayabilirler. Reklamı yapılan oyuncakları sadece markalarıyla istemekle kalmayıp, Noel Baba'ya hangi mağazalardan satın alabileceklerini ve satış fiyatlarını bile söyleyebilirler. Pine, 6-8 yaşındaki çocukların izlediği televizyon reklamı miktarı ile Noel Baba'dan bulundukları istekler arasında yoğun bir ilişki olduğunu belirledi.

Ancak, Pine, Noel Baba'ya son çıkan Smasho Basho'yu nereden satın almaya gideceğini söyleyen bu çocukların, hâlâ reklamcıların istediği tek şeyin para olduğunu anlamadıklarını iddia etti. Çocukların büyüyüp 10-12 yaşlarına basıncaya kadar bilinçli tüketiciler olmadıklarını, reklamları anlamadan önce ergenlik çağına girdiklerini savundu. Sözlerine şöyle devam etti: "Bu çocuklar onlara sorduğumuz zaman, aslında reklamların bir tür 'kamu bilgilendirme' sistemi olduğunu düşünür. Reklamların programların arasında bir ihtiyaç molası sağladığını ya da bize basitçe mağazalarda neler olduğundan bahsettiğini sanırlar." 4-8 yaş grubu çocuklardan sadece biri, sözü edilen 180 reklam örneğinin reklamcıların bize bir şeyler satmak istediği gerçeğinden söz etti.

Kızlar, Noel Baba'dan erkeklere göre daha çok şey istedi. Pine, bunun nedeninin aşağıda belirtildiği gibi olabileceğini ileri sürdü

> Bu yaşta sözel yetenekleri oğlanlardan daha iyidir. Ya da duygusal mesajların daha iyi alıcısı ve vericisi oldukları için, reklamların ikna edici içeriğini daha çok kullanabilirler. Ya da belki de kızlar alışveriş yapmak için erken yaşta sosyalleşir ve "sahip olduklarınızın sizi temsil ettiğine" inanırlar.

Düşünceleri doğrultusunda, Pine ebeveynlere çocuklarıyla "Reklamı Tanıma" oyunu oynamalarını önerdi. Ebeveynler birlikte *Postacı Pat*'i izlerken, çocuklarına ticari gerçek olan "reklamlardaki insanların Anne ve Babanın parasını istediği, reklamların bunun için yapıldığını (ancak paranın en iyi nereye harcanacağına Anne ve babanın karar vereceğini)" söylemelidir. Sonra ebeveynler, kötü reklamcılar tarafından aldatıldıklarını itiraf etmelidir. Pine, ebeveynlerin Veel reklamına aldandıklarında neler olduğunu belirtmeleri gerektiğini önerdi. "Yerleri kesinlikle reklamdaki kadar temizlemedi."

Pine sözlerine şöyle devam etti: "Çocuklara televizyonun yalan söylediğini anlatmak istemeyiz, sadece onların abartılı iddiaları daha az kabullenmesini sağlarız." Ebeveynlere çocuklar ısrar ettiğinde dayanmalarını önerir. Ve bu direnç gerektirir. "Geri adım atmadığınız sürece, ısrar etmenin onları bir yere götürmeyeceğini öğreneceklerdir." Size iyi şanslar.

Ancak, Pine'ın bulguları, Glen Smith'inkilerle çelişiyordu ve her ikisi de çocukların yaratıcılığını hafife almış görünüyordu. 2000 ve 2001'de, iki projeye katıldım: Londra Victoria ve Albert Müzesi'nde yepyeni bir sergi ve BBC'de *Shopology* adlı bir televizyon dizisi. Her iki deneyim orta sınıf çocukların en azından marka ve medya konusunda bilgili olduğunu gösterdi. Reklam ajansları tarafından yönlendirilen çocuklardan oluşan odak grupları filme çektim. Çocukların söyledikleri, 7 yaşındakilerin bile çoğunlukla dikkat çekici ölçüde giysilere, harcamaya ve modaya düşkün olduklarını ortaya çıkardı.

Bu odak gruplarının birinde 10 yaşında Harry adlı akıllı bir çocuk, en sevdiği markanın Reebok olduğunu söyledi. Ona bir çocuğun odasının dünyanın her yerinde aynı olduğunu (Coca Cola'nın kullandığı bir mesaj) ve markayı her derde deva bir ilaç gibi satmaya –Cola'yı bir dikişte içersen, tüm duygusal ihtiyaçlarını karşılanır– çalıştıklarını belirttiğimde, Harry güldü.

Tıpkı bir yetişkin gibi reklamın hedefini anladığını oldukça belli ederek, "Saçma" dedi.

"O zaman neden Reebok'u seviyorsun?" diye üsteledim.

Kıkır kıkır güldü. Nedenini bilmiyordu ve umurunda değildi. Babası bunun nedeninin okulda akran baskısı olduğunu belirtti. Diğer ebeveynler, zorbalığa uğramak korkusundan kaynaklandığını ileri sürdü; geçerli markalara sahip olan çocukların statüleri vardır ve bu yüzden zorbalığa uğrama olasılıkları düşüktür.

Televizyon ve taklit

Gördüğümüz gibi psikologlar taklidin önemini vurgular. Taklitle ilgili bir çalışma, bebekler ile yeni yürümeye başlayan çocukların televizyonda gördükleri bir davranışı taklit etmede gerçek yaşamda gördüklerinde göre daha zorlandıklarını saptadı. Psikologlar, 15 aylık çocukların bir deneycinin kuklayla gösterdiği basit bir hareketi taklit edebildiğini, ama bu hareket televizyonda taklit edilmek için gösterildiğinde yapamadıklarını belirledi. Bununla birlikte, yeni yürümeye başlayan çocuklar 24 aylıktan itibaren televizyonda gördüklerini taklit edebiliyorlardı. Yazarlar, 24 aylık olmadan önce bebeklerin televizyonun temel ilkelerine, yani bir resim gördüklerini ve bu resmin gerçek hayattan farklı bir boyutta olduğuna uyum sağladığı tahmininde bulundu. Ancak 24 aydan sonra, görüntülerin "dilbilgisini" anlarlar. Deneyciler böyle olmadığını söylese de, buldukları sonuçların 24 aydan sonra çocukların televizyondan öğrenebileceklerini –bir kez televizyon görüntülerinin gerçekliği simgelediğini anladıklarında çok hızlı öğrenebileceklerini– gösterdiği anlaşılır.

Açıklanamayan durum

Bir diğer ilgi çekici bulgu, özellikle sözel olmayan IQ'nun yirminci yüzyıl boyunca yükselmesiydi. Bunun kaba türde –belki de verimli– tahminlere dayanan bir yorum olduğunu vurgulamak zorunda olsam da, bir yorum yapmak istiyorum. Televizyon ve görüntüleri, bilgi verir ve beyni uyarır. 11 yaşına kadar (en azından Gunter'in bu araştırmayı yaptığı döneme kadar) bu kadar küçük çocukların kendi odalarında ayrı bir televizyonu yoktu ve ebeveynleriyle birlikte izliyorlardı. Beyinleri televizyon tarafından uyarılıyor ve gördükleri hakkında konuşuyorlardı.

Bununla birlikte, 11 yaşından sonra ödev yapma baskıları artar ve bazı çocuklar odalarına giderek daha çok kapanır. Şimdi, daha fazla televizyon izleyen çocuklar ödevlerini yapmıyor; bu durumda daha çok soyutlanabilir ve saplantılı televizyon izleyicisi olabilirler. Televizyon bağımlısı ergenler haline gelebilirler ve sınavlarda başarısız olmaya mahkûm olurlar.

Bunun, dağınık fikirlerin incelendiği bir bölüm olduğunu söyledim. Yukarıda söz edilenlerin doğru olduğunu ileri sürmüyorum, ama hipotez, birkaç tuhaf sonuç ve sözel olmayan IQ'da artış bağlamında üzerinde düşünmeye değer.

Yirmi birinci yüzyıla doğru

Çocukların eskiden varsayıldığına göre psikolojik olarak daha küçük yaşta farkındalık kazandığına ilişkin kanıtlar vardır. Bunun nedeninin daha önceki psikologların ilgili soruları mı sormadığı yoksa çocukların değişmesi mi olduğu belli değildir. Muhtemelen ikisinin birleşimi doğrudur.

Aynı zamanda aşama teorilerinden, hem çocukların bireyselliğinin hem de psikolojik olgunluklarının önemini belirten önemsiz davranışlarla ilgili ayrıntılı ve çok özel çalışmalara yapılan yeni bir vurguya yönelişi de görüyoruz. Siegler'in örtüşen dalgalar kavramının Piagetvari ve yenileştirilmiş Piagetvari aşama-teorisi yaklaşımlarının yerini alacağını söylemek için henüz çok erkendir, ama Siegler çocukların davranışının alışılmadık ve daha değişken olduğunu vurgulamakla bir şey keşfetmiştir.

Gelişimsel psikologlar hem bilişsel gelişimin temellerini anlamaya hem de yaşadığımız değişikliklerin çocukların düşünme biçimini nasıl etkilediğini incelemeye çalışarak özgür bir yol izlemelidir. Psikoloji, sosyal ya da kültürel değişikliklere hızla cevap vermelidir yoksa çocukların günümüzde yaptıkları, düşündükleri ve hissettiklerinin oldukça gerisinde kalacaktır. Böylesine ilginç bir alan olmasının bir nedeni budur.

Çocukların, zihinsel olarak geçmişe göre çok daha rekabetçi bir çevreyle karşı karşıya olduğunu ileri sürmüştüm. Aynısı öğrenciler için geçerlidir. Bu kitabı sınavlardan geçmek için okuyorsanız, küçük riskler alın. En iyi notları, sadece araştırmaların bulduklarını ezbere söylemekle kalmayıp araştırmanın ardındaki eğilimleri ve altta yatan örüntüleri özümseyenler alacaktır. Deneylerin ortaya çıkardığı doğru bir anlayışa dayandığı sürece kendi yaratıcılığınızdan, görüşlerinizi söylemekten korkmayın.

Ve ebeveynlere basit bir önerim olacak. Çocuklarınızın tadını çıkarın, onlarla zaman geçirin, oynayın, bunlar bilişsel gelişimleri ve kendi mutluluğunuz için harikalar yaratacaktır.

Kaynakça

Andwers G. and HAlford, G.S. (1998) 'Children's ability to make transitice inferences: the importance of premise inegration and structural complexity', *Cognitive Development* 13: 479-513.

Baddeley, A. (2000) "Short-term and working memory' in E. Tulving and F.I.M. Craik (eds), *The Oxford Handbook of Human Memory,* Oxford: Oxford University Press.

Baillargeon, R. (1993) 'The object concept revisited: new directions in the investigation of infants 'physical knowledge', in C.E. Granrud (ed.), *Visual Perception and Cognition in Infancy,* Hillsdale, NJ: Lawrence Erlbaum.

Bar-On, R. (2004) 'The Bar-On Emotional Quotient Inventory (EQ-i): rationale, description and psychometric properties', in G. Geher (ed.), *Measuring Emotional Intelligence: Common Ground and Controversy,* Hauppage, NY: Nova Science.

Bar-On, R. (2006) 'The Bar-On model of emotional intelligence (ESI' *Psicothema* 18, Suppl.: 13-25.

Baron-Cohen, S.Leslie, A.M. and Frith, U. (1985) 'Does the autistic child have a "theory of mind"?', Cognition 21: 37-46.

Barr, R. And Hayne. H. (1999) 'Develeopmentel changes in imitation from television during infancy', *Child Development* 70: 1067-81.

Bartrip, J., Morton J. And the Schonen, S. (2001) 'Responses to mother's face in 3-week to 5-month-old infants', *British Journal of Developmental Psychology* 19: 219-32.

Bartsch, K. and Wellman, H.M. (1995) *Children Talk About Mind,* New York: Oxford University Press.

Bell, E.T. (1928) *Men of Mathematics,* New York: Simon and Schuster.

Benney, M. (1936) *Low Company: Describing the Evolution of a Burglar,* London: Caliban.

Benton, D. and Roberts, G. (1988)' Effect of vitamin and mineral supplementation on intelligence' *Lancet* 331 (8578): 140-4.

Binet, A. And Henri, V. (1896) 'La Psychologie individuelle', L' *Année Psychologique* 2: 411-65.

Bivens J.A. and Birk, L.E: (1990) 'A longitudional study of the development of elementary school children's private speech', *Merril-Palmer Quarterly* 36: 443-63.

Bloom, P. (in press) *Just Babies,* New York: Crown.

Bower, T.G.R. (1973) *Development in Infancy,* San Francisco: W.H. Freeman.

Bradley, L and Bryant, P. E. (1983) 'Categorizing sounds and learning to read', *Nature* 301: 419- 21.

Bradley, R.H., Caldwell, B.M. and Elardo, R. (1977) 'Home environment, social status, and mental test performance' *Journal of Educational Psychology* 69: 697-701.

Bradmetz, J (1999) 'Precursors of formal thought: a longitudinal study' *British Journal of Development Psychology* 17: 61-81.

Breslau, N. Lucia, V.C. and Alvarado, G.F. (2006) 'Intelligence and other predisposing factors in exposure to trauma and posttraumatic stress disorder: a follow up study at age 17 years' *Archieves of General Psychiatry* 63: 1238-45.

Brownell, W.A (1928) *The Development of Children's Number Ideas,* Supplemantary Educational Monographs no: 35 Chicago: University of Chicago Press.

Brownwell, W.A and Carper R. (1944) *Learning the Multiplication Combination,* Durham, NC: Duke University Press.

Bruck, M and Ceci, S.J. (1999) 'The suggestibility of children's memory' *Annual Review Psychology* 50: 419-39.

Brueer, J. (2001) *The Myth of the First Three Years,* New York: Free Press.

Bruner, J.S. (1972) *Beyond the Information Given: Studies in the Psychology of Knowing,* London: Allen and Unwin.

Bryant, P. (1998) "Sensitivty onset and rhyme does predict young children's reading: a comment on Muter, Hulme, Snowling, and Taylor (1997)'i *Journal of Experimental Child Psychology* 71:29-37.

Bryant, P. and Nunes, T. (2006) *Improving Literacy by Teaching Morphonesi* London, Routledge.

Brayant, P.E. and Trabasso, T. (1972) 'Transitive inferences and memory in young children' *Nature* 232: 456-8.

Buzan, T. (1998) *The Mind Map Book,* London: BBC Books.

Caruso, D. (2003)'Defining the inkblot called emotional intelligence'i *Issues and Recent Developments in Enotional Intelligence* 1.

Case, R. (1985) *Intellectual Development: A Systematic Reinterpretation,* New York: Academic Press.

Case, R. Abd Okamoto, Y. (1996) *The Role of Central Conceptual Structures in the Development of Children's Thought,* Chicago: University of Chicago Press.

Ceci, S (1998) *When Children Remember* [film]. Can be bought formdcpsychologynews@gmail.com.

Chall, J (1987) 'Developing literacy in children and adults', in D.A. Wagner (ed.), *The Future of Literacy in a Changing World,* Oxford: Pergamon Press.

Chomsky, N. (1977) in an interview in D. Cohen, *Psychologists on Psychology*, London: Routledge.

Churchland, P.S and Sejnowski, T.J. (1994) *The Computational Brain,* Cambridge, MA: MIT Press.

Cohen, D. (1995) *Psychologists on Psychology*, 2nd edn, London: Routledge.

Cohen, D. (1997) *Carl Rogers,* London: Constable.

Cohen, D. (1999) 'Toy story', *New Scientist,* 30 October.

Cohen, D. (2011) *Home Alone,* London, JR Books.

Cohen, D.B. (199) *Stranger in the Nest: Do Parents Really Shape Their Child's Personality, Intelligence or Character?*, New York: John Wiley.

Cole, M. Gay, J. Glick, J.A. and Sharp, D.W. (1971) *The Cultural Context of Learning and Thinking: An Exploration in Experimental Anthropology*, New York: Basic Books.

Conway M. (1988) *Autobiographical Memory,* Cambridge: Cambridge University Press.

Cosmides, L. and Tooby, J (1998) 'Dissecting the computational architecture of social inference mechanisms', in *Characterizing Human Psychological Adaptations,* Civa Foundations Symposium, Chichester, UK. John Wiley.

Cox, R.R.and Griggs, R.A. (1982) 'Everyday attention' *Psychology News* 28.

Cutting, A.L. and Dunn, J. (1999) 'Theory of mind, emotional understanding, language, and family background: individual differences and interrelations' *Child Development* 70: 853-65.

Damasio, A. (2006) *Descartes' Error,* New York: Vintage.

Damon, W. (1977) *The Social World of Child,* San Francisco: Jossey-Bass.

Dasgupta, S (1998) interview in *Looking to the Future,* video produced by *Pyschology News for the* Lord Chancellor's Department, Selborne House, LOndon SW1.

de Bono, E. (1990) *Lateral Thinking,* Harmondsworth, UK: Penguin.

de Botton, A (1998) *The Romantic Movement,* London: Picador.

Demetriou, A., Efklides, A. and Platsidou, M. (2000). *The Architecture and Dynamics of Developing Mind,* Chichester, UK: John Wiley.

Descartes, R. (1634/1999) *Discourses on Method and Related Writings,* London: Penguin.

Egan, K. (1997) *The Educated Mind: How Cognitive Tools Shape Our Understanding,* Chicago: University of Chicago Press.

Ernst, M., Moolchan, E.T. and Robinson, M.L. (2001) 'Behavioral and neural consequences of prenatal exposure to nicotine' *Journal of the American Academy of Child and Adolescent Psychiatry* 40: 630-41.

Eyesenck, H.J. (1979) *The Structure and Measurement of Intelligence,* New York: Springer-Verlag.

Eyesenck, H.J. (1990) *Rebel with a Cause,* London: W.H. Allen.

Eyesenck, H.J. (1995) *Genius: The Natural History of Creativity,* Cambridge: Cambridge University Press.

Eyesenck, H.J. and Schoenthaler, S.J. (1997) 'Raising IQ level by vitamin and mineral supplementation', in R. J. Sternberg and E: Grigorenko (eds), *Intelligence, Heredity and Environment,* Cambridge, Cambridge University Press.

Fischer, K.W. (1987), K.W: (1987) 'Relations between brain and cognitive development' *Child Development* 58: 632-32'

Fivush, R. (1998) 'Children's recollections and traumatic and nontraumatic events', *Development and Psychopathology* 10: 699-716.

Fivush, R (2011) 'The development of autobiographical memory," *Annual Review of Psychology* 62: 559-82.

Fivush, R. and Haden, C.A. (2003) *Autobiographical Memory and the Construction of a Narrative Self, Mahwah,* NJ. Lawrence Erlbaum.

Flaherty, M. (1997) 'The validity of tests of visuo-spatial skills in cross-cultural studies' *Irish Journal of Psychology* 18: 404-12.

Flavell, J.H. (1962) *The Developmental Psychology of Jean Piaget,* Princeton, NJ. Van Nostrand.

Flavell, J.H. (1971) *The Developmental Psychology of Jean Piaget,* New York: Van Nostrand Reinhold.

Flavell, J.H. (1992) 'Cognitive development: past, present and future', *Developmental Psychology* 28: 998-1004.

Flavell, J.H. (1999) 'Cognitive Development' *Annual Review of Pscychology* 50: 21-45.

Flavell, J.H. and Wellman, H.M (1977) 'Metamory', in R.V. Kail and J.W. Hagen (eds), *Perspectives on the Development of Memory and Cognition,* Hillsdale, NJ: Lawrence Erlbaum.

Flavell, J.H., Green, F.L. and Flavell, E.R. (1998) 'The mind has a mind of its own: developing knowledge abput mental uncontrollability', *Child Development* 13: 127-38.

Flavell, J.H., Green, F.L., Flavell, E.R. and Grossman , J.B. (1977) 'The development of children's knowledge about inner speech' *Child Development* 68: 39-47.

Fodor, J. (2008) *LOT 2: The Language of Thought Revisited,* Oxford: Oxford University Press.

Friedman, W.J: (1993) "Memory for the time of past events', *Psychological Bulletin* 113: 44-66.

Frisell, T. Lichtenstein, P. and Langstrom, N. (2011) 'Violent crime runs in families' *Psychological Medicine* 41 (1): 41-5.

Frith, C. and Frith. U. (2000) 'The physiological basis of theory of mind: functional neuroimaging studies' in S. Baron-Cohen, H. RAger-Fluesberg and D.J. Cohen (eds), *Understanding Other Minds,* 2nd edn Oxford: Oxford Universtiy Press.

Furrow, D. (1984) 'Social intelligence and processing speed at 2 years of age' *Child Development* 55: 335-62.

Galton, F. (1869) *Hereditary Genius,* London: Macmillan.

Gardner, H. (1992) *Multiple Intelligences,* New York: Basic Books.

Gelman, R. and Gallistel, C.R. (1978) *The Child's Understanding of Number,* Cambridge, M.A.: Harvard University Press.

Gerhardstein, P. Adler, S. and Roove-Collier, C. (2000) ' A dissociation in infants' memory for stimuli', *Developmental Psychobiolgy* 36: 122-38.

Gibson, E.J. and Walk, R. (1960) 'The visual cliff', *Scientific American* 202: 64-71.

Golding, E. (1979) Paper read to the British Psychological Society annual conference, reported in *Psychology News* 13.

Goleman, D. (1992) *Emotional Intelligence,* London: Bloomsbury.

Gottman, J. (1997) *Raising an Emotionally Intelligent Child: The Heart of Parenting,* New York: Simon and Schuster.

Gunter, B. and McAleer, S. (1990) *Children and Television,* London: Routledge.

Happé, F. and Frith, U (1995) 'Theory of mind in autism' in E. Schopler and G.B. Messibov (eds), *Learning and Cognition in Autism,* New York: Plenum.

Harris, P. and Leevers (2000) 'Pretending, imagery and self awareness', in S. Baron-Cohen (ed.) *Understanding Other Minds,* Oxford: Oxford University Press.

Hepper, P. (1991) 'An examination of fetal learning before and after birth' *Irish Journal of Psychology* 12:95-107.

Hudson, L (1966) *Contrary Imaginations: A Physchological Study of the English Schoolboy,* Harmondsworth, UK: Penguin

Hughes, M (1975) 'Egocentrism in young children' unpublished PhD dissertation, Edinburgh University.

Huttenclocher, J. Smiley, P. and Charney, R. (1983) 'Emergence of action categories in the child: evidence of *verb* meanings', *Physchological Review* 90: 72-73.

Janowsky, J.S. and Carper, R. (1996) 'Is there a neural basis for cognitive transitions in school-age children?' in A.J. Samerroff and M.M. Haith (eds), *The Five to Seven Year Shift: The Age of Reason and Responsibility,* Chicago: University of Chicago Press.

Joseph, R.M. and Tager-Fluesberg, H. (1999) 'Preschool children's understanding of the desire and knowledge constraints on intended-action', *British Journal of Developmental Psychology* 17: 221-43.

Joseph, R.M and Tanaka, J. (2003) 'Hollistic and part-based face recognition in children with autism' *Journal of Child Psychology and Psychiatry:* 44: 549-42

Kail,R. (1991) 'Developmental change in speed of processing during childhood and adolescence' *Psychological Bulletin* 109: 490-501.

Kamin, L. (1974) *The Science and Politics of I.Q.,* Potomac, MD: Lawrence Erlbaum.

Kandel, E. (2007) *In Search of Memory,* New York: W.W. Norton.

Kartz, L.F. and Gottman, J.M. (1993) 'Patterns of marital conflict predict children's internalizing and externalizing behaviors' *Developmental Psychology* 29: 940-50.

Kavanaugh, R.D. and Harris, P.L. (1999) 'Pretense and counterfactual thought in young children' in L.Balter and C.S. Tanis-LeMonda (eds), *Child Psychology: A Handbook of Contemporary Issues,* Hov, UK: Psychology Press.

Kinder, M. (1991) *Playing with Power in Movies, Television and Video Games: From Muppet Babies to Teenage Mutant Ninja Turtles,* Berkeley: University of California Press.

Kline, P. (1991) *Intelligence: The Psychometric View,* London: Routledge.

Kohlberg, L. (1984) *The Psychology of Moral Development,* San Francisco: Harper and Row.

Köhler, W. (1925) *The Mentality of Apes,* English translation, Harmondsworth, UK:Penguin

Kraebel, K. (2008) Baby at play, online.

Kurtines, W and Greif, E.B. (1974) 'The development of moral thought: review and evaluation of Kohlberg's approach' *Psychological Bulletin* 81: 453-70.

Laing, E and Hulme C. (1999) 'Phonological and semantic processes influence beginning readers' ability to learn to read the words' *Journal of Experimental Child Physchology* 73: 183-207.

Laing, R.D. (1970) *Knots, London:* Tavistock.

Liberman, I.Y. (1973)' Segmentation of the spoken World and reading acquisition' *Bulletin of the Orton Society* 23: 65-77.

Locke, J. (1693) *Some Thoughts Concerning Education,* The Harvard Classics (1909-14) vol. 37, part 1, New York: P.F. Collier.

Lorber, K. (1981) findings reported in *Psychology News*, 12.

Lynch, Z. (2009) *The Neuro Revolution: How Brains Science Is Changing Our World*, New York: St Martin's Press.

Lynn, R. (1997) 'Geographical variation in intelligence' in N. Nyborg (ed.), *The Scientific Study of Human Nature: Tribute to Hans J. Eyesenck at Eighty*, Hillsdale, NJ. Lawrence Erlbaum.

McConnel, T.R (1958) 'Discover or be told?', in C.W. Hunnicutt and W.J. Iverseon (eds.) *Research in the Three R's*, New York: Harper.

McDonough, L. (1999) 'Early declarative memory for location', *British Journal of Developmental Psychology* 17: 381-402.

McGarrigle, J. and Donaldson, M. (1975) 'Conservation accidents', *Cognition* 3: 341-50.

Mackintosh, N.J (ed.) (1995) *Cyrill Burt: Fraud or Framed?*, Oxford: Oxford University Press.

Mackintosh, N.J. (1998) *IQ and Human Intelligence*, Oxford: Oxford University Press.

Majoribanks, K. (1972). 'Ethnic and enviromental influences on mental abilities' *American Journal of Sociology* 78: 323-37.

Mayer, J.D. and Cobb, C.D. (2000) 'Educational policy on emotional intelligence: does it make sense?' *Educational Pyschology Review* 12: 163-83.

Mayer, J.D., Salovey, P. and Caruso, D.R. (2008) 'Emotional intelligence: new ability or eclectic traits?, *American Psychologist* 63. 503-17.

Meins, E. and Fernyhough, C. (1999) 'Linguistic acquisitional style and mentalising development: the role of maternal mind-mindness', *Cognitive Development* 14: 363-80.

Meins, E., Fernyhough, C. Fradley, E., and Tuckey, M. (2001) 'Rethinking maternal sensitivity: mothers' comments on infants' mental processes predict security of attachment at 12 months' *Journal of Child Psychology and Psychiatry* 42: 637-48.

Meltzoff, A.N. and Moore, M.K. (1983) 'Newborn infants imitate adult facial gestures' *Child Development* 54: 702-9.

Mikes, A. (1946) *How to Be Alien,* London: André Deutsch.

Monk, R. (1999) *Bertrand Russell,* vol. 1, New York: Penguin

Mukamel, R. Ekstrom, A.D. Kaplam, J. Iacoboni, M. and Fried, I. (2010) 'Single-neuron responses in humans during execution and observation of actions', *Current Biology* 20: 750-6.

Muter, V., Hulme, C. and Snowling, M. (1988) 'Segmentatino does predict early progr essin learning to read better than rhyme: a reply to Bryant', *Journal of Experimental Child Psychology* 71: 39-44.

Neill, A.S. (1992) *The New Summerhill,* London: Penguin.

Nelson, C. (1995) 'The ontogeny of human memory: a cognitive neuroscience perspective' *Developmental Psychology* 31: 723-38.

Nelson, K. (1989) *Narratives from the Crib,* Cambridge, MA: Harvard University Press.

Nelson, K. (2007) *Young Minds in Social Worlds: Experince, Meaning and Memory,* Cambridge, MA: Harvard University Press.

Nicholson, R.I., Fawcett, A.J., Moss, H. Nicolson, M.K. and Reason, R. (1999) 'Early reading intervention can be effective and cost-effectiv' *British Journal of Educaion* 69: 47-62.

Ornstein, R. (1986) *Multimibd: A New Way of Looking at Hman Behavior*, Boston: Houghton Mifflin.

Palermo, G.B. and Ross, L. (1999) 'Mass murder, suicide and moral development: can we separate the adults from the juveniles?', *International Journal of Offender Therapy and Comparative Criminology* 43: 8-20.

Paterson, E. (1999) paper on personality of engineers presented to the London Conference of the British Psychological Society.

Perner, J. (1999) 'Theory of mind' in M. Bennett (ed.) *Developmental Psychology:Achievements and Prospects*, Philadelphia: Psychology Press.

Perner, W. Leekham, S.R. and Wimmer, H. (1987) 'Three-year-olds' difficulty with false belief: the case for a conceptual deficit' *British Journal of Developmental Psychology* 5: 125-37.

Petrill, S.A. and Thompson, L.A. (1993) 'The pheneotypic and genetic relationships among measures of cognitive ability, temperament, and scholastic achievement' *Behavior Genetics* 23: 511-18.

Piaget, J. (1924) *The Language and the Thought of the Child*, London: Kegan Paul, Trench and Trubner.

Piaget, J. (1932) *The Moral Judgement of the Child*, London: Routledge and Kegan Paul.

Piaget, J. (1950) *The Psychology of Intelligence*, London: Routledge and Kegan Paul.

Piaget, J. (1951) *Play, Dreams and Imitation in Childhood*, London: Routledge and Kegan Paul.

Piaget, J. (1953a) *Logic and Psychology*, Manchester: Manchester University Press.

Piaget, J. (1953b) *The Origin of Intelligence in the Child,* London: Routledge and Kegan Paul.

Piaget, J. (1953c) 'How children form mathematical concepts', *Scientific American* 189: 74-9.

Piaget, J. (1976a) *Psychology et épistémologie génétiques,* Paris: PUF.

Piaget, J. (1976b) *Le Comportement, motoeur de l'évolution,* Paris: Gallimard.

Piatelli-Palmarini, M. (1994) *Inevitable Illusions: How Mistakes of Reason Rule Our Minds,* New York: John Wiley.

Pillener, D.B. and White, S.H. (198)9 'Childhood events recalled by adults and children', *Advances in Child Development and Behaviour* 21: 297-340.

Pine, K.J. (2009) 'Consumer kids: how tv advertisers get in to the mind of children', *Pediatrics for Parents* 25 (7/8): 17-18.

Pinker, S. (1994) *The Language Instinct,* New York, William Morrow.

Pinker, S. (2007) *The Stuff of Thought,* London: Penguin.

Plomin, R. Defries, J.C. and Fulker, D.W. (1988) *Nature and Nurture during Infancy and Early Childhood,* Cambridge: Cambridge University Press.

Prêcheur, J.C. (1976) 'Etude introductive à une analyse de l'expression écrite, de la rhétorique et du raisonnement formel chez les adolescents des classes terminales', unpublished thesis, Nancy: University of Nancy.

Reissland, N. (1988) 'Neonatal imitation in the first hour of life: observations in rural Nepal', *Developmental Psychology* 24: 464-9.

Repacholi, B. M. and Gopnik, A. (1997) 'Early understandings of desires: evidence from 14- and 18-month-olds' *Developmental Psychology* 33: 12-21.

Rittle-Johnson, B. and Siegler, R.S: (1999) 'Learning to spell: variability, choice and change in children's strategy use', *Child Development* 70: 332-48.

Rizzolatti, G. and Craighero, L (2004) 'The mirror-neuron system', *Annual Review of Neuroscience* 27: 169-92.

Roazzi, A. and Bryant, P. (1998) 'The effect of symmetrical and asymmetrical social interaction on children's logical inferences', *British Journal of Development Psychology* 16: 175-81.

Rogers, C.R. (1939) *The Clinical Treatment of a Problem-Child,* Boston: Houghton Mifflin.

Rovee-Collier, C. (1996), 'Measuring infant memory: a ciritical commentary', *Developmental Review* 16: 301-10.

Rovee-Collier, C. (1997) 'Dissociations in infant memory: rethinking the development of implict and explicit memory', *Psychological Review* 104: 467-98.

Salovey, P. and Mayer, J.D. (1990) 'Emotional Intelligence', *Imagination, Cognition, and Personality* 9: 185-211.

Salthouse, T. (1998) 'Pressing issues' in N.Schwarz, D. Park, B. Knäuper and S. Sudman (eds), *Cognition, Aging, and Self-Reports,* Hove, UK: Brunner-Routledfge.

Savage-Rumbaugh, S. Shanker, S.G. and Taylor, T.J. (1998) *Apes, Language, and the Human Mind,* New York: Oxford University Press.

Scarr, S. (1997) 'American childhood today', *American Psychologist* 53: 95-108.

Siegle, R.S. (1996) *Emerging Minds: The Process of Change in Children's Thinking,* New York: Oxford University Press.

Smith, A.D. Emmettt, P.M. NEwby, P.R. and Northstone, K. (2011) 'A comparison of dieatry factors in a UK cohort of childreb, *European Journal of Clinical Nutrition* 65(10): 1102-9.

Sodebergh, R. (1977) *Reading in Early Childhood*, Washington, DC: Georgetown University Press.

Speece, M.W. and Brent S.B. (1984) 'Children's understanding of death: a review of three components of a death concept', *Child Development* 55: 1671-86.

Stern, W. (1912) *Die psychologische Methoden der Intelligenz-prüfüng und deren Anwendung an Schulkindern*, Leipsizg: J.A. Barth. English translation: Stern, W. (1914) *The Psychological Methods of Testing Intelligence*, trans. G.M. Whipple, Baltimore, MD: Warwick and York.

Subbotsky, E.V. (1996) *The Child as a Cartesian Thinker*, Hove, UK: Psychology Press.

Sully, J. (1895) *Studies of Childhood*, London, Longman.

Terman, L.M. (1916) *The Measurement of Intelligence*, Boston: Houghton Mifflin.

Thorndike, E.L. (1932) *The Fundementals of Learning*, New York: Teachers College, Columbia University

Tomasello, M. (2008) *Origins of Human Communication*, Cambridge, MA: MIT Press.

Tomasello, M. (2009) *Why We Cooperate*, Cambridge, MA: MIT Press.

Tooby, J. and Cosmides, L. (1992) 'The psychological foudantions of culture' in J.H. Barkow, L. Cosmides and J. Tooby (eds), *The Adopted Mind: Evolutionary Psychology and the Generation of Culture*, New York: Oxford University Press.

Tulving, E. and Craik, F.I.M. (eds) (2000) *The Oxford Handbook of Memory*, New York: Oxford University Press.

Turliel, E. (1983) *The Development of Social Knowledge: Morality and Convention*, Cambridge University Press.

Valentine, C.W. (1942) *The Normal Child and Some of His Abnormalities,* Harmondsworth, UK: Penguin.

Valsiner, J. (1984) *Developmental Psychology in the Soviet Union,* Brighton: Harvester.

van Geert, P. and Steenbeek, H. (2005) 'The Dynamics of scaffolding', *New Ideas in Psychology* 23: 115-28.

Veresov, N. (1999) *Undiscovered Vygotsky,* Munich: Peter Lang.

Vizueta, N. and Patrick, C. (2011) 'Dispositional fear and neuro -imaging responses to visually suppressed faces," *Neurolmage* 59: 761-71.

Vygotsky, L.S. (1962) *Thought and Language,* Cambridge, MA: MIT Press.

Vygotsky, L.S. (1978) *Mind in Society: The Development of Higher Psychology Processess,* Cambridge, MA: MIT Press.

Ward, S. Wackman, D.B. anb Wartella, E. (1977) *How Children Learn to Buy: The Development of Consumer Information-Processing Skills,* Beverly Hills, CA: Stage.

Wason, P.C. and Johnson-Lairs, P.N. (1972) *Psychology of Reasoning: Structure and Content,* London: Batsford.

Wellman, H.M. and Lagattuta, K.H. (2000) 'Developing understandings of mind' in S. Baron-Cohen, H. Tager-Flusberg and D.J. Cohen (eds), *Understanding Other Minds,* 2nd edn, Oxford: Oxford University Press.

Wells, G. (1981) *Learning Through Interaction,* Cambridge: Cambridge University Press.

Wood, C. and Terrel, C. (1997) 'Pre-school phonological awareness and subsequent literacy development' *Educational Psychology* 18: 253-74.